New Morning
Mercies
A Daily
Gospel
Devotional

폴 트립의
복음 묵상

NEW MORNING MERCIES: A DAILY GOSPEL DEVOTIONAL

Copyright ⓒ 2014 by Paul David Tripp
Published by Crossway
a publishing ministry of Good News Publishers
Wheaton, Illinois 60187, U.S.A.

This edition published by arrangement with Crossway through rMaeng2, Seoul, Republic of Korea.
All rights reserved.

This Korean Edition Copyright ⓒ 2020 by Word of Life Press, Seoul, Republic of Korea

이 한국어판의 저작권은 알맹2 에이전시를 통하여
Crossway와 독점 계약한 생명의말씀사에 있습니다. 신 저작권법에 의하여
한국 내에서 보호 받는 저작물이므로 무단 전재와 무단 복제를 금합니다.

폴 트립의 복음 묵상

ⓒ 생명의말씀사 2020

2020년 2월 25일 1판 1쇄 발행

펴낸이 | 김재권
펴낸곳 | 생명의말씀사

등록 | 1962. 1. 10. No.300-1962-1
주소 | 서울시 종로구 경희궁1길 5-9(03176)
전화 | 02)738-6555(본사) · 02)3159-7979(영업)
팩스 | 02)739-3824(본사) · 080-022-8585(영업)

기획편집 | 구자섭
디자인 | 박소정 윤보람
인쇄 | 영진문원
제본 | 정문바인텍

ISBN 978-89-04-16701-2 (04230)
ISBN 978-89-04-70058-5 (세트)

저작권자의 허락없이 이 책의 일부 또는 전체를
무단 복제, 전재, 발췌하면 저작권법에 의해 처벌을 받습니다.

New Morning Mercies
A Daily Gospel Devotional

폴 트립의
복음 묵상

추천사

"로버트 로빈슨의 찬송 '복의 근원 강림하사'는 언제 들어도 공감이 된다. 특히 '저는 걸핏하면 방황하고 사랑하는 하나님을 떠나기 일쑤입니다'(우리말 가사는 '우리 맘은 연약하여 범죄하기 쉬우니'-역주)라는 3절 가사가 그렇다. 하나님의 선함을 멀리하고 우리 자신의 선함을 추구하려 하고, 하나님께서 은혜로이 받아주시는 것을 멀리한 채 우리에게 유리한 국면을 만들려는 힘들고 현실성 없는 짐을 지는 쪽으로 마음이 끌리는 것을 우리는 날마다 느낀다. 그런 우리를 도우려고, 로빈슨의 표현을 빌리자면, 위에 계신 하나님 어전의 인(印)을 치려고 폴이 이 매일 묵상집을 쓴 것에 대해 하나님께 감사드린다. 걸핏하면 방황하는 사람, 당신이 만약 그런 사람이라면, 이 책은 바로 당신을 위한 책이다."

매트 챈들러와 로렌 챈들러, 텍사스주 댈러스 소재 빌리지 교회 대표목사.
액츠 29 교회 개척 네트워크 대표. 아내 로렌은 작가, 강연가, 가수다.

"이 묵상집은 복음으로 충만한 이야기와 함께, 우리 일상생활에 도전이 되고 적용점을 줄 만한 내용을 하루하루 제공해 준다. 폴이 전하는 소망 가득한 메시지와 짝을 이룬 성경 구절들은 복음의 메시지와 예수 그리스도에 관해 더 많이 알 수 있게 해주는 탁월한 통로다."

페리 노블, 사우스캐롤라이나주 앤더슨 소재 뉴스프링 교회 담임목사

"생각을 유발시키는 힘 있고 간결한 트윗을 통해, 갓 우려낸 지혜와 격려의 말을 제공함으로써, 모든 것을 충족시키는 그리스도와 그분의 은혜를 거듭 거듭 우리에게 일깨워 주는 일을 폴 트립은 매일 아침 여러 해 동안 해 왔다. 이 책은 동일한 일을 더 확장해서 하고 있다. 이 묵상집은 읽는 이의 마음을 강하게 하고, 영적 자양분을 공급해 주고, 방향을 재조정하게 해주며, 날마다 하루가 새롭게 밝아오는 시간 눈을 뜨고 하나님의 신선한 자비를 바라보게 한다."

낸시 리 드모스, 작가, 라디오 방송 "Revive Our Hearts" 사회자

"폴 트립은 여러 해 동안의 상담 사역을 통해 얻은 지혜, 성경의 구속(救贖) 스토리에 대한 통찰, 그리고 우리의 대속주 그리스도에 대한 확고한 이해를 아름답게 버무려, 상처받은 이의 마음을 따뜻하게 해주고 자족하는 이에게는 도전을 던지는 매일 묵상 시리즈를 만들어냈다. 성경의 진리에 깊이 뿌리내리고 있으면서도 탁월한, 그러면서도 읽기 쉬운 책이라는 사실을 알게 될 것이다. 강력히 추천한다!"

엘리즈 M. 피츠패트릭, 상담가, 강연가, 『Found in Him』 저자.

서론

매일 아침, 나는 복음과 관련된 세 가지 생각을 "트윗"한다. 즉, 기독교 신앙에 관한 짤막한 세 가지 생각을 소셜 미디어 사이트 트위터(tweeter)에 올린다. 트위터를 하는 나의 목적은 우리 삶에 활기를 북돋는 예수 그리스도의 복음의 진리를 사람들에게 알리며, 그 진리로 이들을 위로하려는 것이다.

나는 복음의 은혜란 단지 삶의 종교적인 측면만을 변화시키는 것이라기보다 삶의 모든 면을 규정하고 정체성을 밝히며 그 모든 면에 동기를 불어넣어 주는 것이라는 점을 사람들이 알았으면 한다.

나는 트윗 글을 통해, 복음을 알고 그 복음을 창문 삼아 삶의 모든 것을 바라보라고 사람들에게 강조해 왔다.

주님의 은혜로 그 글들이 사람들의 호응을 얻자, 그 글을 바탕으로 개인 경건 시간을 위한 책을 내보라고 여러 사람이 권했다. 365일 묵상집을 내보면 어떻겠느냐고 말이다. 여러분이 지금 들고 있는 책은 바로 그런 요청들에 대한 나의 답변이다. 복음에 관한 내용을 가볍게 설명한 하루 분량의 글은 그 트윗 내용을 상술하는 묵상으로 이어진다.

가만히 앉아 365일치 묵상을 써내려간다는 것은 힘겨운 일이다. 그런 힘든 일을 해보려는 내 의지는 글 쓰는 사람으로서의 내 능력에 대한 자

부심이 아니라 예수 그리스도의 복음의 놀라운 넓이와 깊이에 대한 확신에 뿌리를 두었다.

  집필을 시작하면서, 나는 어떤 영적 탐험, 즉 내가 그토록 소중히 여기는 믿음의 동굴 깊은 곳으로 모험을 떠나는 듯 기분이 들떴다. 나는 전문가라기보다는 순례자나 탐구자로서 그 탐험을 했다. 내가 복음에 통달했다고 생각한 것이 아니라, 아직 내 삶에는 사역자로서 나의 사역의 중심에 자리 잡고 있는 은혜의 메시지에 내가 아직 더 숙달되어야 함을 보여 주는 증거가 있다고 생각하면서 이 책을 썼다.

  이제 이쯤에서 나는 정직해져야 한다. 내가 이 묵상집을 쓴 것은 단지 독자들만을 위해서가 아니다. 그렇다, 나는 나 자신을 위해서도 이 책을 썼다. 이 책에 그 어떤 현실·원리·관측·진리·명령·격려·권면 혹은 질책이 등장하든, 나 자신에게 절실히 필요하지 않은 것은 하나도 없다.

  나도 여러분과 똑같다. 예수 그리스도의 복음을 당연히 소중히 여겨야 하건만, 익히 잘 안다는 이유로 그렇게 하지 못했다. 은혜와 관련된 여러 주제들이 점점 친숙해지고 흔해짐에 따라, 이 주제들은 한때 그랬던 것만큼 내 관심을 끌지도 못하고 경외의 대상이 되지도 못한다. 복음의 놀라운 현실이 내 관심, 내 경외, 내 경배를 더는 요구하지 못할 때, 내 삶의 다른 일들이 대신 관심을 끌 것이다. 은혜를 찬양하기를 그치면 내게 은혜가 얼마나 필요한지를 잊기 시작하며, 내게 은혜가 얼마나 필요한지 잊으면 오직 은혜만이 줄 수 있는 구원과 힘을 구하지 않게 된다. 이는 곧 자기 자신을 실제보다 더 의롭고 강하고 지혜롭게 여기기 시작한다는 의미이며, 이렇게 되면 그 사람은 마침내 곤경에 처할 수밖에 없게 된다.

그래서 이 묵상집은 여러분과 나를 향해 '기억하기'를 촉구하는 나의 외침이다. 이 책은 죄의 무시무시한 참화를 기억하라는 부름이다. 이 책은 예수님을, 우리가 서야 할 자리에 대신 서신 예수님을 기억하라는 부름이다. 이 책은 예수님의 선물인 의로움을 기억하라는 부름이다. 이 책은 여러분과 내 힘으로는 획득할 수 없는, 우리를 변화시키는 은혜의 능력을 기억하라는 부름이다. 이 책은 하나님께서 피로 값 주고 사신 그분의 모든 자녀들에게 보장된 미래를 기억하라는 부름이다. 이 책은 하나님의 주권과 하나님의 영광을 기억하라는 부름이다. 이 책은 '기억하기'가 영적 전쟁임을 기억하라는 나의 외침이다. 이 전쟁을 위해서도 우리에게는 은혜가 필요하다.

이 묵상집의 영문 제목(*New Morning Mercies*)은 성경이 하나님의 은혜에 관해 어떤 식으로 말하고 있는지를 가리킬 뿐만 아니라(애 3:22-23), 내가 생각하기에 우리가 날마다 불러 마땅한 유명 찬송가에 대한 암시이기도 하다.

오 신실하신 주 오 신실하신 주
날마다 자비를 베푸시며
일용할 모든 것 내려주시니
오 신실하신 주 나의 구주

그리스도인의 삶에서 기막히게 멋진 현실 한 가지는, 만물이 어떤 식으로든 부패 상태에 있는 세상에서도 하나님의 자비는 절대 낡아지지 않는다는 것이다. 하나님의 자비는 절대 닳아 없어지지 않는다. 하나님의 자비는 때를 못 맞추는 법이 절대 없다. 하나님의 자비는 절대 마르지 않는다. 하나님의 자비는 절대 약해지지 않는다. 하나님의 자비는 절대 싫증나지 않는다. 하나님의 자비는 우리의 필요를 채우지 못하는 법이 절대 없다. 하나님의 자비는 우리를 절대 실망시키지 않는다. 하나님의 자비는 절대, 절대 쇠하지 않는다. 그 자비가 정말 아침마다 새롭기 때문이다. 갖가지 난제, 실망스러운 일, 고난, 유혹, 안팎의 죄와의 싸움에 최적화된 것이 바로 우리 주님의 자비다.

그 자비는 때와 장소에 따라,

경외감을 불러일으키는 자비
우리를 꾸짖는 자비
우리를 강건하게 하는 자비
소망을 주는 자비
우리 마음을 폭로하는 자비
우리를 구원하는 자비
변화시키는 자비
용서하는 자비
필요한 것을 공급해 주시는 자비
불편한 자비
영광을 드러내 보이는 자비
진리를 조명하는 자비
담대함을 주는 자비다.

하나님의 자비는 한 가지 색깔로 찾아오지 않는다. 그렇다, 그 자비는 하나님의 은혜의 일곱 빛깔 무지개 그 다채로운 색깔로 찾아온다. 하나님의 자비는 한 가지 악기 소리가 아니다. 그렇다, 그 자비에서는 하나님 은혜의 모든 악기 선율이 들린다. 하나님의 자비는 보편적이어서 하나님의 자녀라면 누구나 다 그 자비에 흠뻑 잠길 수 있다. 하나님의 자비는 구체적이어서 각 자녀마다 하나님의 자비가 필요한 특정 순간을 위해 마련된 자비를 받는다. 하나님의 자비는 예측가능하다. 이 자비는 언제나 흘러넘치는 샘이다. 하나님의 자비는 예측불가능하다. 이 자비는 의외의 모습으로 우리를 찾아온다. 하나님의 자비는 근본적 변혁의 신학이다. 하지만 이 자비는 신학 그 이상이다. 하나님의 자비는 모든 믿는 이에게 생명이다. 하나님의 자비는 궁극적 위로다. 하지만 이는 아주 새로운 삶의 방식으로 나아오라는 부름이기도 하다. 하나님의 자비는 이 자비가 부여된 모든 사람을 위해 실제로 만사를 영원히 변화시킨다.

그러므로 아침마다 새로운 하나님의 자비를 읽고 기억하며, 자신이 그 자비의 대상임을 기뻐하라. 그 자비는 일개 저자가 마음으로 납득해 말로 표현할 수 있는 영역을 초월하는 자비다.

contents

Part 1 아침마다 새로운 하나님의 자비를 구하다 / **13**

Part 2 아침마다 새로운 하나님의 긍휼을 구하다 / **105**

Part 3 아침마다 새로운 하나님의 은혜를 구하다 / **195**

Part 4 아침마다 새로운 하나님의 도우심을 구하다 / **291**

Part 1

아침마다
새로운 하나님의
자비를 구하다

NEW MORNING
MERCIES
A DAILY
GOSPEL
DEVOTIONAL

1

이것이 핵심이다. 그리스도인의 삶, 교회, 그리고 우리의 믿음은
우리 자신에 관한 일이 아니라 그분에 관한 일, 즉 그리스도의 계획,
그리스도의 나라, 그리스도의 영광에 관한 일이다.

이는 정말 고투 중의 고투다. 이것은 우리 모두에게 직관에 반하는 일이다. 이는 우리 삶을 번잡하게 만들고 우리의 인간관계를 갈등으로 몰아넣는 일이다. 이 때문에 우리 자신의 생각은 묵살되고 우리의 욕망은 재조정된다. 이는 우리에게 은혜가 필요함을 보여 준다고 말할 수 있는 다른 모든 일의 기저(基底)에 있는 일이다. 이는 절대 빠져나갈 수 없는 전쟁이다. 열이면 열 모두가 도움을 필요로 하는 영역이다. 이는 인생이 단순히 우리 자신에 관한 일이 아님을 기억할 수 있게 도우시려고 하나님께서 우리 대신 싸우시는 싸움이다. 이는 하나님에 관한 일, 즉 하나님의 계획, 하나님의 나라, 하나님의 영광에 관한 일이다.

이것이 바로 성경의 처음 두 마디가 성경에서 가장 중요한 말일 수 있는 이유다. "태초에 하나님이…" 이것은 우레같이 울려 퍼지는 중요한 말이다. 이 두 마디 말이 사실, 나의 정체성·의미·목적에 관해 생각하는 방식에서부터 아주 부수적인 인간의 본분에 접근하는 방식에 이르기까지 모든 것을 변화시킨다. 창조된 만물은, 하나님께서 하나님을 위해 만드셨다. 창조된 세계의 모든 영광은 본디 하나님의 영광을 가리키려는 것이었다. 우주는 하나님의 것으로서, 원래 하나님의 목적과 계획에

따라 움직이게 되어 있었다. 그 우주에는 여러분과 나도 포함된다. 우리는 독립적인 삶, 스스로 방향을 결정하는 삶을 살아야 할 존재로 지음 받지 않았다. 우리는 본디 보잘것없는 자기 본위적 계획을 따라 존재하면서 자기 영광의 순간을 위해 살아야 할 이들이 아니었다. 그렇다, 우리는 하나님을 위해 살아야 할 존재로 창조되었다.

하나님을 향한 이 삶은 어느 부분에서 표현이 되어야 하는가? 원래 이는 단순히 우리 인생의 신앙적 차원뿐만 아니라 우리 존재의 모든 면에서 표현되어야 한다.

나는 바울이 고린도전서 10장 31절에서 이 사실을 포착하고 있는 방식이 마음에 든다. "그런즉 너희가 먹든지 마시든지 무엇을 하든지 다 하나님의 영광을 위하여 하라." 하나님의 영광을 위해 살라는 부르심에 대해 생각할 때 바울은 삶을 변화시키는 엄청난 순간, 스스로 신령하다고 의식하는 삶의 어떤 순간을 먼저 떠올리지 않았다. 그렇다, 바울은 먹고 마시기처럼 무언가 일상적이고 반복적인 일을 생각한다. 나의 삶에서 가장 일상적이고 별로 중요해 보이지 않는 의무들이, 하나님의 영광을 위하려는 진심 어린 소원에 따라 구체화되고 방향이 정해져야 한다. 여러분은 어떤지 모르겠지만, 분주한 생활 가운데서 나는 하나님의 영광은 고사하고 하나님의 존재마저 시야에서 놓치곤 한다!

나 아닌 다른 누군가의 영광을 위해 산다는 것만큼 우리에게 부자연스러운 일은 없음을 인정함으로써 오늘을 시작하자. 이를 인정하는 것은 절망이 아니라 소망으로 통하는 길이다. 우리가 죄 가운데 있기 때문에 이런 식으로 살고자 하지 않는다는 것을 하나님께서는 잘 알고 계셨고, 그래서 자기 아들을 보내사 우리 힘으로는 살 수 없는 삶을 살게 하시고 우리를 대신해 죽게 하시고 죄와 죽음을 정복하고 다시 살아나게 하셨다. 하나님께서 이렇게 하심은 우리가 우리 자신의 영광에 충실했던 것을 용서받도록 하기 위해서일 뿐만 아니라 하나님의 영광을 위해 사는 데 필요한 모든 은혜를 다 받을 수 있도록 하기 위해서였다. 도움이 필요하다는 사실을 우리가 인정하면, 그 순간 우리는 하나님께서 자기 아들 예수 안에 이미 예비해 두신 도움에 연결된다. 오늘 또 한 번 그 도움을 위해 손을 내밈으로써 소망을 향해 다가가자.

더 깊이 묵상하고 격려를 얻으려면 시편 115편을 읽으라.

~

1 여호와여 영광을 우리에게 돌리지 마옵소서 우리에게 돌리지 마옵소서 오직 주는 인자하시고 진실하시므로 주의 이름에만 영광을 돌리소서 2 어찌하여 뭇 나라가 그들의 하나님이 이제 어디 있느냐 말하게 하리이까 3 오직 우리 하나님은 하늘에 계셔서 원하시는 모든 것을 행하셨나이다 4 그들의 우상들은 은과 금이요 사람이 손으로 만든 것이라 5 입이 있어도 말하지 못하며 눈이 있어도 보지 못하며 6 귀가 있어도 듣지 못하며 코가 있어도 냄새 맡지 못하며 7 손이 있어도 만지지 못하며 발이 있어도 걷지 못하며 목구멍이 있어도 작은 소리조차 내지 못하느니라 8 우상들을 만드는 자들과 그것을 의지하는 자들이 다 그와 같으리로다 9 이스라엘아 여호와를 의지하라 그는 너희의 도움이시요 너희의 방패시로다 10 아론의 집이여 여호와를 의지하라 그는 너희의 도움이시요 너희의 방패시로다 11 여호와를 경외하는 자들아 너희는 여호와를 의지하여라 그는 너희의 도움이시요 너희의 방패시로다 12 여호와께서 우리를 생각하사 복을 주시되 이스라엘 집에도 복을 주시고 아론의 집에도 복을 주시며 13 높은 사람이나 낮은 사람을 막론하고 여호와를 경외하는 자들에게 복을 주시리로다 14 여호와께서 너희를 곧 너희와 너희의 자손을 더욱 번창하게 하시기를 원하노라 15 너희는 천지를 지으신 여호와께 복 받는 자로다 16 하늘은 여호와의 하늘이라도 땅은 사람에게 주셨도다 17 죽은 자들은 여호와를 찬양하지 못하나니 적막한 데로 내려가는 자들은 아무도 찬양하지 못하리로다 18 우리는 이제부터 영원까지 여호와를 송축하리로다 할렐루야 / 시 115:1-18

2

우리의 안식은 자기 삶을 파악하는 데서 찾을 것이 아니라 우리의 유익과
자신의 영광을 위해 이 모든 것을 다 알고 계신 분을 의지하는 데서 찾아야 한다.

아들 둘을 데리고 동네 쇼핑몰에 가고 있었는데, 둘 중 이제 세 살 된 아이가 불쑥 이렇게 물었다.

"아빠, 하나님이 모든 걸 다 만드셨으니까 가로등도 만드셨지요?"

아이들이 끝도 없이 "왜"라는 질문을 할 때마다 모든 부모가 하는 생각을 나도 했다.

"어떻게 해야 이 곤경에서 벗어나 상황을 정답으로 이끌어갈 수 있을까?" "이 아이는 왜 늘 '왜'냐고 묻는 것일까?"

인간에게는 알고자 하고 이해하고자 하는 깊은 욕구가 있다. 우리는 날마다 무언가를 파악하려 애쓰면서 정신적으로 많은 시간을 소비한다. 우리는 본능으로 살지 않는다. 우리는 삶이 혼자 알아서 굴러가게 내버려두지 않는다.

우리는 다 신학자다. 우리는 다 철학자다. 우리는 다 우리의 역사인 문명을 납득하려 애쓰며 우리 삶의 둔덕을 파고들어가는 고고학자다. 하나님께서 설정하신 이 정신적 욕구에는 놀랍고 신비한 분석 재능이 동반된다.

이 욕구와 이 은사 덕분에 우리는 다른 피조물들과 구별된다. 이 욕구

와 은사는 거룩한 욕구와 은사로서, 하나님께서 우리를 자신에게로 이끌려고 이 욕구와 은사를 창조하셨으며, 그래서 우리는 하나님의 존재와 뜻에 비추어 하나님을 알 수 있고 이해할 수 있다.

하지만 죄가 이 욕구와 은사를 위험하게 만든다. 죄는 우리를 유혹해, 우리가 이 모든 것을 다 이해해야 우리의 마음을 정할 수 있다고 생각하게 만든다. 이는 "이것 또는 저것을 알 수 있을 때만 내가 안전할 것"이라는 생활 방식이다.

하지만 이런 방식은 소용없다. 머리가 가장 잘 돌아가는 순간에도 우리 삶에는 여전히 신비한 부분이 남아 있을 것이며, 때로 그 신비는 고통스러운 신비일 수도 있다.

살다 보면, 도무지 납득이 안 될 것 같고 그 어떤 선한 목적에도 도움이 안 될 것처럼 보이는 일을 누구나 다 마주한다. 그래서 모든 것을 다 알려는 탐색 가운데서는 결코 안식을 찾을 수 없다. 그렇다, 안식은 이 모든 것을 다 아시고 자신의 영광과 우리의 유익을 위해 이 모든 것을 다 지배하시는 분을 의지하는 데서 찾을 수 있다.

시편 62편 5-7절만큼 안식을 잘 포착한 성경 구절도 별로 없다. "나의 영혼아 잠잠히 하나님만 바라라 무릇 나의 소망이 그로부터 나오는도다 오직 그만이 나의 반석이시요 나의 구원이시요 나의 요새이시니 내가 흔들리지 아니하리로다 나의 구원과 영광이 하나님께 있음이여 내 힘의 반석과 피난처도 하나님께 있도다."

내가 알 수 없는 것을 알고 싶은 바로 그 순간에, 발견되는 진정한 안식이 있다. 바로 모든 것을 알고 계시는 하나님이시다. 그분은 우리를 사랑하시며 우리가 이해하지 못하는 것을 다스리시되 우리의 유익을 염두에 두고 다스리신다.

더 깊이 묵상하고 격려를 얻으려면 고린도후서 5장 1-10절을 읽으라.

~

¹ 만일 땅에 있는 우리의 장막 집이 무너지면 하나님께서 지으신 집 곧 손으로 지은 것이 아니요 하늘에 있는 영원한 집이 우리에게 있는 줄 아느니라 ² 참으로 우리가 여기 있어 탄식하며 하늘로부터 오는 우리 처소로 덧입기를 간절히 사모하노라 ³ 이렇게 입음은 우리가 벗은 자들로 발견되지 않으려 함이라 ⁴ 참으로 이 장막에 있는 우리가 짐 진 것 같이 탄식하는 것은 벗고자 함이 아니요 오히려 덧입고자 함이니 죽을 것이 생명에 삼킨 바 되게 하려 함이라 ⁵ 곧 이것을 우리에게 이루게 하시고 보증으로 성령을 우리에게 주신 이는 하나님이시니라 ⁶ 그러므로 우리가 항상 담대하여 몸으로 있을 때에는 주와 따로 있는 줄을 아노니 ⁷ 이는 우리가 믿음으로 행하고 보는 것으로 행하지 아니함이로라 ⁸ 우리가 담대하여 원하는 바는 차라리 몸을 떠나 주와 함께 있는 그것이라 ⁹ 그런즉 우리는 몸으로 있든지 떠나든지 주를 기쁘시게 하는 자가 되기를 힘쓰노라 ¹⁰ 이는 우리가 다 반드시 그리스도의 심판대 앞에 나타나게 되어 각각 선악간에 그 몸으로 행한 것을 따라 받으려 함이라 / **고후 5:1-10**

3

영원을 계획한다면, 이 찰나의 필요와 욕구에
내 삶을 함몰시키는 것은 이치에 맞지 않는다.

이 점에는 의심이 있을 수 없다. 성경은 큰 그림의 삶으로 우리를 부르는 큰 그림 책이라는 점. 성경은 세상이 시작되기 전, 영원으로 통하는 수천 년 세월에 대해 생각해 보라고 우리를 불러 우리의 이지(理智)를 탄력 있게 확장시킨다. 성경은 단순히 순간만을 살도록 우리를 버려두지 않는다. 성경은 우리의 생각과 욕구와 말과 행동이 주어진 어떤 순간의 즉흥적인 생각이나 감정 혹은 필요에 휘둘리는 수준으로 뒷걸음칠 여지를 주지 않는다. 어떤 특정한 순간, 내 생각이 실제 이상으로 중요하게 여겨질 수 있다. 어떤 특정한 순간, 내 감정이 실제보다 더 믿음직하게 여겨질 수 있다. 어떤 특정한 순간, 내 욕구가 실제 이상의 본질적 욕구로 느껴질 수 있다.

우리는 본디 시작과 끝에 연결되는 삶을 살게 되어 있는 존재들이다. 우리가 본디 이런 식으로 살아야 함은 우리가 하는 모든 일이 원래 처음과 끝이신 하나님께 연결되어야 하며, 우리가 그분에 의해, 그리고 그분을 위해 창조되었기 때문이다.

영원을 염두에 두고 살기는 쉽지 않다. 인생은 자꾸 순간의 차원으로 움츠러든다. 교통지옥을 뚫고 지나가기, 논쟁에서 이기기, 성적 욕구를 충족시키기 등 인생에서 당장 중요해 보이는 순간들이 있다. 우리의 행복과 만족이 그저 새 구두를 사거나 10분 거리 식당에 가서 스테이크 먹기에 달려 있는 순간들이 있다. 내가 누구이고, 하나님이 어떤 분이시며, 이 모든 상황이 벌어지는 곳이 어디인지가 그 순간의 생각과 감정과 욕구의 배경 수준으로 격하되는 순간들이 있다. 하나님의 이야기 한가운데서 우리가 길을 잃는 순간들이 있다. 생각할 수 있는 머리를 잃고, 방향 감각을 잃고, 하나님에 대한 기억을 잃는다.

하나님께서는 이것이 전부가 아님을, 우리는 영원을 위해 그리스도 예수 안에서 창조되고 재창조되었음을 우리에게 일깨워 주신다. 하나님께서는 순간의 보화를 위해 살지 말라고 우리를 일깨워 주신다.

"너희를 위하여 보물을 땅에 쌓아 두지 말라 거기는 좀과 동록이 해하며 도둑이 구멍을 뚫고 도둑질하느니라 오직 너희를 위하여 보물을 하늘에 쌓아 두라 거기는 좀이나 동록이 해하지 못하며 도둑이 구멍을 뚫지도 못하고 도둑질도 못하느니라"(마 6:19-20).

이것을 생각해 보라. 만약 하나님께서 영원 세상에 내가 있을 곳을 이미 허락하셨다면, 거기까지 가는 길에 내게 필요한 모든 은혜까지 허락하신다. 그렇지 않으면, 나는 절대 그곳에 이르지 못한다. 변덕스럽고 쉽게 산만해지는 우리 마음을 위한 은혜가 있다. 자기 자신에 몰두해 초점을 잃은 우리를 위한 도움의 손길이 있다. 영원의 하나님께서 우리에게 영원한 은혜를 주사 영원을 염두에 두고 살 수 있게 하신다.

더 깊이 묵상하고 격려를 얻으려면 누가복음 12장 13-21절을 읽으라.

~

[13] 무리 중에 한 사람이 이르되 선생님 내 형을 명하여 유산을 나와 나누게 하소서 하니 [14] 이르시되 이 사람아 누가 나를 너희의 재판장이나 물건 나누는 자로 세웠느냐 하

시고 15 그들에게 이르시되 삼가 모든 탐심을 물리치라 사람의 생명이 그 소유의 넉넉한 데 있지 아니하니라 하시고 16 또 비유로 그들에게 말하여 이르시되 한 부자가 그 밭에 소출이 풍성하매 17 심중에 생각하여 이르되 내가 곡식 쌓아 둘 곳이 없으니 어찌할까 하고 18 또 이르되 내가 이렇게 하리라 내 곳간을 헐고 더 크게 짓고 내 모든 곡식과 물건을 거기 쌓아 두리라 19 또 내가 내 영혼에게 이르되 영혼아 여러 해 쓸 물건을 많이 쌓아 두었으니 평안히 쉬고 먹고 마시고 즐거워하자 하리라 하되 20 하나님은 이르시되 어리석은 자여 오늘 밤에 네 영혼을 도로 찾으리니 그러면 네 준비한 것이 누구의 것이 되겠느냐 하셨으니 21 자기를 위하여 재물을 쌓아 두고 하나님께 대하여 부요하지 못한 자가 이와 같으니라 / 눅 12:13-21

4

**최고의 신학도 우리 삶에서 이유를 알 수 없는 일들을 다 없애 주지는 않는다.
그러므로 안식은 다스리시는 분, 전부이신 분,
이유를 알 수 없는 일 같은 것은 없는 분을 의지하는 데서 찾을 수 있다.**

그 날 아침, 최대한 빨리 집으로 오라는 아내의 떨리는 목소리가 있었다. 내 아내 루엘라는 정서적으로 매우 안정된 여성이다. 아내는 쉽게 흔들리지 않는다. 그런 아내가 흔들리고 있는 것으로 봐서 집에 무언가 심각한 문제가 생겼음을 알 수 있었다. 집에서 여섯 시간 거리의 타지에 와 있던 나는 긴장된 귀갓길에 올랐다.

전날, 우리 딸 니콜은 밤늦게 퇴근해 집으로 향하는 길이었다. 전에도 여러 번 그런 적이 있었다. 그런데 음주 상태에다가 면허도 없는 운전자가 전속력으로 차를 몰다 보도를 덮쳐 니콜을 벽 쪽으로 밀어붙였다. 니콜은 골반뼈가 열한 군데나 부러지고 대량의 장기 출혈을 일으키는 등 말도 못할 중상을 입었다. 병원에 도착해 니콜이 누워 있는 중환자실로 들어선 순간, 나는 부모의 피가 한 방울이라도 흐르는 사람이라면 누구나 그럴 수밖에 없는 행동을 했다. 그 자리에 주저앉고 만 것이다. 나는 엉금엉금 기어 니콜의 침대로 다가갔다. 내 말이 들리는지 알 수 없었지만 그래도 아이에게 말했다.

"아빠야, 넌 혼자가 아니야. 그리고 하나님께서도 너와 함께 계셔."

그 방으로 들어설 때, 마치 온 세상이 다 캄캄해진 것 같았다. 나는 속으로 울부짖었다. "왜, 왜, 왜?" 내게 그런 선택권이 있다면 내 아이들 중 그 누구도 그런 일을 겪게 하지 않을 터였다. 하지만 아이들 중 누구든 하나는 그런 일을 겪어야 했다 해도 나는 그 순간의 니콜을 선택하지는 않았을 것이다. 니콜은 너무도 약해 보였다. 한순간에 우리는 이유를 알 수 없는 일 속으로 내동댕이쳐진 채 삶이 뒤집어졌고, 타협할 수 없는 신학적 진리도 우리에게 왜 그런 일이 일어났는지 이유를 설명해 주지 않았다. 니콜은 잘 회복되었지만, 우리 가족은 4년 동안 힘겨운 시간을 보냈다.

나는 우리 삶이 하나님의 통제를 벗어나지는 않았다는 생각을 계속 유지했다. 니콜의 사고에 관한 한 하나님께서는 놀라지도, 두려워하지도 않으셨다고 생각하면서 거듭거듭 위로를 받았다. 알다시피 하나님에게는 이유를 알 수 없는 신비란 것이 없다. 하나님은 절대 방심하시지 않는다. 예기치 못한 일을 어떻게 처리해야 할까 고민하시는 법이 없다. 나는 다니엘서 2장 22절 말씀을 좋아한다. "그는… 어두운 데에 있는 것을 아시며 또 빛이 그와 함께 있도다."

어두운 순간에도 하나님께서 우리와 함께 하심은, 하나님은 절대 우리를 떠나지 않으시기 때문이다. 그리고 우리에게는 어둠인 일도 하나님께는 어둡지 않다. 우리로서는 이유를 알 수 없는 신비도 하나님께는 신비가 아니다. 우리에게는 놀라운 일이 하나님께는 놀랍지 않다. 하나님은 우리를 가장 혼돈스럽게 만드는 모든 일을 다 알고 계신다. 우리에게는 신비인 일이 하나님께는 신비롭지 않을 뿐만 아니라, 하나님은 여러분과 나에게 신비로 여겨지는 그 모든 일을 완전히 주관하고 계신다.

오늘, 우리 눈에 어둡게 보이는 일을 주시하고 빛을 보는 분이 계심을 기억하라. 이를 기억하면서, 그분은 지혜롭고 선하고 참되고 사랑스럽고 신실한 모든 것의 궁극적 정의(定義)인 분이라는 것 또한 기억하라. 하나님은 우리는 물론 우리에게 일어나는 이유를 알 수 없는 일들까지 그 은혜로운 손으로 붙들고 계시며, 하나님께서 그렇게 하시기에 우리는 이유를 알 수 없는 일들의 어둠이 내 집으로 들이닥칠 때에도 안심하고 쉴 수 있다.

더 깊이 묵상하고 격려를 얻으려면 이사야 40장 12-31절을 읽으라.

~

12 누가 손바닥으로 바닷물을 헤아렸으며 뼘으로 하늘을 쟀으며 땅의 티끌을 되에 담아 보았으며 접시 저울로 산들을, 막대 저울로 언덕들을 달아 보았으랴 13 누가 여호와의 영을 지도하였으며 그의 모사가 되어 그를 가르쳤으랴 14 그가 누구와 더불어 의논하셨으며 누가 그를 교훈하였으며 그에게 정의의 길로 가르쳤으며 지식을 가르쳤으며 통달의 도를 보여 주었느냐 15 보라 그에게는 열방이 통의 한 방울 물과 같고 저울의 작은 티끌 같으며 섬들은 떠오르는 먼지 같으니 16 레바논은 땔감에도 부족하겠고 그 짐승들은 번제에도 부족할 것이라 17 그의 앞에는 모든 열방이 아무것도 아니라 그는 그들을 없는 것 같이, 빈 것 같이 여기시느니라 18 그런즉 너희가 하나님을 누구와 같다 하겠으며 무슨 형상을 그에게 비기겠느냐 19 우상은 장인이 부어 만들었고 장색이 금으로 입혔고 또 은 사슬을 만든 것이니라 20 궁핍한 자는 거제를 드릴 때에 썩지 아니하는 나무를 택하고 지혜로운 장인을 구하여 우상을 만들어 흔들리지 아니하도록 세우느니라 21 너희가 알지 못하였느냐 너희가 듣지 못하였느냐 태초부터 너희에게 전하지 아니하였느냐 땅의 기초가 창조될 때부터 너희가 깨닫지 못하였느냐 22 그는 땅 위 궁창에 앉으시나니 땅에 사는 사람들은 메뚜기 같으니라 그가 하늘을 차일 같이 펴셨으며 거주할 천막 같이 치셨고 23 귀인들을 폐하시며 세상의 사사들을 헛되게 하시나니 24 그들은 겨우 심기고 겨우 뿌려졌으며 그 줄기가 겨우 땅에 뿌리를 박자 곧 하나님이 입김을 부시니 그들은 말라 회오리바람에 불려 가는 초개 같도다 25 거룩하신 이가 이르시되 그런즉 너희가 나를 누구에게 비교하여 나를 그와 동등하게 하겠느냐 하시니라 26 너희는 눈을 높이 들어 누가 이 모든 것을 창조하였나 보라 주께서는 수효대로 만상을 이끌어 내시고 그들의 모든 이름을 부르시나니 그의 권세가 크고 그

의 능력이 강하므로 하나도 빠짐이 없느니라 27 야곱아 어찌하여 네가 말하며 이스라엘아 네가 이르기를 내 길은 여호와께 숨겨졌으며 내 송사는 내 하나님에게서 벗어난다 하느냐 28 너는 알지 못하였느냐 듣지 못하였느냐 영원하신 하나님 여호와, 땅 끝까지 창조하신 이는 피곤하지 않으시며 곤비하지 않으시며 명철이 한이 없으시며 29 피곤한 자에게는 능력을 주시며 무능한 자에게는 힘을 더하시나니 30 소년이라도 피곤하며 곤비하며 장정이라도 넘어지며 쓰러지되 31 오직 여호와를 앙망하는 자는 새 힘을 얻으리니 독수리가 날개치며 올라감 같을 것이요 달음박질하여도 곤비하지 아니하겠고 걸어가도 피곤하지 아니하리로다 / 사 40:12-31

5

**천 년 동안 순종한다 해서, 처음 믿었을 때보다 하나님께 더 잘 받아들여지지 않는다.
하나님께 받아들여지느냐의 여부는 나의 순종이 아니라 그리스도의 의에 달려 있다.**

사실 죄는 우리가 생각하는 것보다 더 큰 참사이고, 은혜는 우리가 다 알 것 같아도 사실 그 이상으로 놀랍다. 죄는 포괄적일 뿐만 아니라 한 사람의 존재를 구성하는 모든 측면을 다 바꿔 놓는 성질이 있다.

죄의 이런 성질에 대해 성경이 하는 말을 정말로 모두 이해한 사람이라면, 완전함에 대한 하나님의 기준에 도달하기에 충분한 동기부여와 힘을 발휘할 수 있는 사람이 있으리라고는 생각하지 못할 것이다. 인간은 모두 타락했는데 그런 인간이 자기 식으로 무언가를 행해서 하나님께 받아들여질 수 있다고 생각한다면, 이는 망상 중에서도 가장 비상식적인 망상일 것이다.

그런데 우리는 다 자신을 실제 이상으로 의롭다 생각하는 경향이 있으며, 우리가 어쨌든 하나님 보시기에 그렇게 악하게 보이지 않을 거라는 망상을 받아들이는 것이 이런 생각에 이르게 되는 첫 단계다.

이것이 바로 로마서 3장 20절이 말하는 현실을 점검해 보는 게 그토록 중요한 이유다. 바울은 "그러므로 율법의 행위로 그의 앞에 의롭다 하심을 얻을 육체가 없"다고 말한다.

매 순간 기도하면서 인생을 산다 해도, 하나님께 받아들여짐을 넉넉히 획득할 수 있을 만큼 기도하지는 못한다. 어떤 일을 해서 얼마를 벌든 그 돈을 다 털어 구제를 한다 해도, 하나님께 받아들여질 자격을 얻을 만큼은 못 된다. 무슨 말을 하든 더할 수 없이 순수한 양심적 동기에서 말한다 해도, 그런 식의 언어생활로는 절대 하나님과의 화해에 이르지 못한다. 한 순간도 쉬지 않고 섬김의 삶에 자신을 바친다 해도, 하나님의 은총을 획득할 수 있을 만큼 섬기지는 못한다. 죄는 너무 크다. 하나님의 빗장은 너무 높은 곳에 있다. 그 빗장은 세상에 태어나 첫 호흡을 한 사람으로서는 누구도 닿을 수 없는 높이에 있다.

이것이 바로 하나님께서 사랑으로 자기 아들을 보내신 이유다. "우리가 아직 죄인 되었을 때에 그리스도께서 우리를 위하여 죽으심으로 하나님께서 우리에 대한 자기의 사랑을 확증하셨느니라"(롬 5:8).

알다시피, 다른 길은 없었고 지금도 없다. 하나님께 받아들여지기 위해 들어가는 문은 단 하나뿐이다. 그리스도의 의가 바로 그 문이다. 그리스도의 의가 우리 계좌로 양도된다. 다른 이의 완전한 순종에 근거해 죄인들이 거룩하신 하나님의 임재 안으로 반갑게 맞아들여진다. 그리스도가 우리의 소망이다. 그리스도가 우리의 안식이고, 그리스도가 우리의 화평이다. 그리스도께서 하나님의 요구를 완벽히 이행하셨기에 우리는 죄와 연약함과 실패 가운데서도 두 번 다시 하나님의 진노를 두려워할 필요가 없을 것이다.

이것이 바로 은혜가 하는 일이다! 그러므로 은혜의 자녀로서 우리는 예배를 통한 섬김으로 순종하며, 불가능한 일을 하려는 절박한 노력으로가 아니라 이와 상관없이 하나님의 은총을 획득한다.

더 깊이 묵상하고 격려를 얻으려면 갈라디아서 3장 1-14절을 읽으라

[1] 어리석도다 갈라디아 사람들아 예수 그리스도께서 십자가에 못 박히신 것이 너희 눈 앞에 밝히 보이거늘 누가 너희를 꾀더냐 [2] 내가 너희에게서 다만 이것을 알려 하노니 너희가 성령을 받은 것이 율법의 행위로냐 혹은 듣고 믿음으로냐 [3] 너희가 이같이 어리석으냐 성령으로 시작하였다가 이제는 육체로 마치겠느냐 [4] 너희가 이같이 많은 괴로움을 헛되이 받았느냐 과연 헛되냐 [5] 너희에게 성령을 주시고 너희 가운데서 능력을 행하시는 이의 일이 율법의 행위에서냐 혹은 듣고 믿음에서냐 [6] 아브라함이 하나님을 믿으매 그것을 그에게 의로 정하셨다 함과 같으니라 [7] 그런즉 믿음으로 말미암은 자들은 아브라함의 자손인 줄 알지어다 [8] 또 하나님이 이방을 믿음으로 말미암아 의로 정하실 것을 성경이 미리 알고 먼저 아브라함에게 복음을 전하되 모든 이방인이 너로 말미암아 복을 받으리라 하였느니라 [9] 그러므로 믿음으로 말미암은 자는 믿음이 있는 아브라함과 함께 복을 받느니라 [10] 무릇 율법 행위에 속한 자들은 저주 아래에 있나니 기록된 바 누구든지 율법 책에 기록된 대로 모든 일을 항상 행하지 아니하는 자는 저주 아래에 있는 자라 하였음이라 [11] 또 하나님 앞에서 아무도 율법으로 말미암아 의롭게 되지 못할 것이 분명하니 이는 의인은 믿음으로 살리라 하였음이라 [12] 율법은 믿음에서 난 것이 아니니 율법을 행하는 자는 그 가운데서 살리라 하였느니라 [13] 그리스도께서 우리를 위하여 저주를 받은 바 되사 율법의 저주에서 우리를 속량하셨으니 기록된 바 나무에 달린 자마다 저주 아래에 있는 자라 하였음이라 [14] 이는 그리스도 예수 안에서 아브라함의 복이 이방인에게 미치게 하고 또 우리로 하여금 믿음으로 말미암아 성령의 약속을 받게 하려 함이라 / 갈 3:1-14

6

자족은 은혜를 찬양한다. 자족하는 마음은 주시는 분에게 만족하며, 그러므로 다음 번 주실 것에 대한 갈망에서 자유롭다.

죄는 우리 모두에게 아주 의미심장한 일 두 가지를 한다. 첫째, 죄는 우리 자신을 우리가 속한 세상의 중심에 끼워 넣어 삶을 온통 우리 자신에 관한 것으로 만들어 버린다.

자신에게 초점을 맞춘 세상에서, 우리는 지나치게 자신의 욕구, 자신의 필요, 자신의 감정에 따라 행동하며, 그렇기 때문에 우리에게 이미 주어진 여러 가지 놀라운 복보다는 가지지 못한 것을 더 많이 의식하게 되는 경향이 있다. 이뿐만이 아니다. 자기에게 온통 초점이 맞춰져 있기 때문에, 우리는 자기의 물질 더미를 다른 이의 더미와 끊임없이 비교하는 점수 기록원이 되는 경향이 있다. 이런 삶은 불만족과 시기심이 지배하는 삶이다. 시기심은 언제나 이기적이다.

죄가 우리에게 하는 두 번째 일도 이에 못지않게 의미심장하다. 죄는 수직적 관계에서만 찾을 수 있는 것을 수평적 차원에서 구하게 만든다. 그래서 우리는 창조 세상에서 생명·소망·평화·안식·만족·정체성·의미·목적·내적 평안·무언가를 지속하려는 행동 동기를 찾는다.

문제는, 창조 세상의 그 어떤 것도 우리에게 이런 것들을 줄 수 없다는 사실이다. 창조 세상은 절대 우리 마음을 만족시키려는 의도로 만들어지지 않았다. 창조 세상이 만들어진 것은 우리 마음을 충족시킬 능력을 지닌 유일한 분을 가리키는 커다란 손가락 역할을 하기 위해서였다.

오늘도 많은 이들이 잠에서 깨어나 어떤 식으로든 창조 세상을 향해 자기들의 구원자가 되어 달라고, 즉 창조 세상을 향해 오직 하나님만이 주실 수 있는 것을 달라고 구한다.

"하늘에서는 주 외에 누가 내게 있으리요 땅에서는 주 밖에 내가 사모할 이 없나이다 내 육체와 마음은 쇠약하나 하나님은 내 마음의 반석이시요 영원한 분깃이시라"(시 73:25-26).

이는 자족의 비결을 배운 사람이 하는 말이다. 주시는 분에게 만족하면 게걸스레 만족을 추구하는 삶에서 자유로워진다. 우리가 찾던 생명을 그분 안에서 발견했기 때문이다. 그렇게 탐욕스럽게 만족을 추구하는 것이 수많은 사람들의 낙심의 실체다. 그렇다, 실로 우리 마음은 그분 안에서 안식을 찾을 때에만 비로소 안식할 것이다.

여기 은혜의 가장 아름다운 열매 중의 하나가 있다. 바로 자족하는 마음이다. 요구하는 사람보다는 예배하는 사람에게 이 열매가 더 주어질 것이고, 부족해서 불안해하는 사람보다는 감사하며 기뻐하는 사람에게 이 열매가 더 주어질 것이다. 우리 각 사람에게 이런 종류의 화평한 삶을 가능하게 해주는 것은 은혜, 오직 은혜뿐이다. 그 은혜를 향해 오늘 손을 내밀어 보지 않겠는가?

더 깊이 묵상하고 격려를 얻으려면 디모데전서 6장 6-10절을 읽으라.

~

6 그러나 자족하는 마음이 있으면 경건은 큰 이익이 되느니라 7 우리가 세상에 아무 것도 가지고 온 것이 없으매 또한 아무 것도 가지고 가지 못하리니 8 우리가 먹을 것과 입을 것이 있은즉 족한 줄로 알 것이니라 9 부하려 하는 자들은 시험과 올무와 여러 가

지 어리석고 해로운 욕심에 떨어지나니 곧 사람으로 파멸과 멸망에 빠지게 하는 것이라 10 돈을 사랑함이 일만 악의 뿌리가 되나니 이것을 탐내는 자들은 미혹을 받아 믿음에서 떠나 많은 근심으로써 자기를 찔렀도다 / **딤전 6:6-10**

7

날마다 우리에게는 이것이 필요하다. 여러분과 나는 정말 이것 없이는 살 수 없다.
이것이 무엇인가? 성령의 내주(內住)다.

어떤 상황에서 내가 그 기억을 잃었는지 모르겠다. 그 맛을 왜 놓쳤는지 잘 모르겠다. 나의 복음 이해에 왜 이런 참담한 결함이 생겼었는지 설명할 수가 없다. 나의 신학 개요에서 왜 이 항목이 사라졌는지 잘 모르겠지만, 어쨌든 사라진 것은 분명했고, 그 항목이 사라졌다는 사실 때문에 그리스도인으로서의 내 삶은 아주 비참해졌다.

하나님의 자녀인 내 삶의 신학을 기능 본위로 설명하자면 이러했다. 나는 은혜로 하나님의 사함을 받았음을 알고 있었고, 영원으로 들어가는 포괄적 통행증을 부여받는 영광을 누렸음을 알고 있었다.

하지만 이따금 그저 끝까지 견뎌내는 게 내 일이라는 생각이 들 때가 있었다. 죄를 규명하고, 죄를 내 삶에서 제거해 내고, 좀 더 바람직하고 좀 더 성경적인 방식으로 살아나가는 데 나 자신을 바치는 것이 내 책임이라고 말이다.

나는 노력했다. 노력했지만 소용이 없었다. 나는 엉망이 되고 또 엉망이 되었다. 성공할 때보다 실패할 때가 더 많은 것 같았다. 나는 점점 더 좌절하고 낙심하게 되었다. 내가 전혀 할 줄 모르는 어떤 게임에서 늘 만점만 받는 어떤 사람이 그 게임으로 나를 불러들인 것 같은 느낌이었다.

대학 시절, 모든 것이 마침내 위기에 빠졌던 순간이 기억난다. 아침 여섯 시, 개인 경건의 시간을 갖던 중 그 시간이 정말 싫었던 나는 끝내 책상에 고개를 파묻고 소리를 질렀다. "당신이 요구하시는 일을 나는 할 수가 없다고요!" 그러고 나서, 나는 나의 성경 읽기의 다음 장을 읽었다. 하나님의 은혜로 마침 그 장이 로마서 8장이었다.

나는 다음 구절을 포함해 그 장을 읽고 또 읽었다. "너희가 육신대로 살면 반드시 죽을 것이로되 영으로써 몸의 행실을 죽이면 살리니"(13절). 마치 머릿속에서 폭죽이 터지는 것 같았다. 죄인으로서의 내 욕구가 너무 크기 때문에 그저 나를 용서해 주시는 것만으로는 충분치 않다는 것을 하나님께서는 알고 계셨다. 하나님께서 오셔서 내 안에 사셔야 했다. 하나님께서 나를 재창조하신 목적, 혹은 나를 거듭나게 하신 이유가 있을 텐데, 하나님께서 오셔서 내 안에 거하지 않으시면 나는 그 목적이나 이유에 합당한 사람이 되지 못할 터였다.

나는 내 안에 사시는 성령님의 임재와 능력이 필요하다. 죄가 내 마음의 욕구를 채가고, 내 눈을 멀게 하고, 내 무릎을 약하게 하기 때문이다. 내 문제는 단순히 죄책만이 아니다. 죄가 나를 무력하게 만든다는 것 또한 문제다. 그래서 하나님께서는 죄를 깨우쳐 주시고 분별할 수 있는 지각을 주시고 능력을 주시는 성령의 임재로 자기 자녀들에게 은혜를 끼치신다. 성령의 은사에 대한 논의 말미에서 바울이 하는 이야기보다 이를 더 잘 표현할 수는 없을 것이다. "하나님께서 너희의 죽을 몸에 생명을 주신다"(롬 8:11, 저자 사역).

더 깊이 묵상하고 격려를 얻으려면 로마서 8장 1–17절을 읽으라

¹ 그러므로 이제 그리스도 예수 안에 있는 자에게는 결코 정죄함이 없나니 ² 이는 그리스도 예수 안에 있는 생명의 성령의 법이 죄와 사망의 법에서 너를 해방하였음이라 ³ 율법이 육신으로 말미암아 연약하여 할 수 없는 그것을 하나님은 하시나니 곧 죄로 말미암아 자기 아들을 죄 있는 육신의 모양으로 보내어 육신에 죄를 정하사 ⁴ 육신을 따르지 않고 그 영을 따라 행하는 우리에게 율법의 요구가 이루어지게 하려 하심이니라 ⁵ 육신을 따르는 자는 육신의 일을, 영을 따르는 자는 영의 일을 생각하나니 ⁶ 육신의 생각은 사망이요 영의 생각은 생명과 평안이니라 ⁷ 육신의 생각은 하나님과 원수가 되나니 이는 하나님의 법에 굴복하지 아니할 뿐 아니라 할 수도 없음이라 ⁸ 육신에 있는 자들은 하나님을 기쁘시게 할 수 없느니라 ⁹ 만일 너희 속에 하나님의 영이 거하시면 너희가 육신에 있지 아니하고 영에 있나니 누구든지 그리스도의 영이 없으면 그리스도의 사람이 아니라 ¹⁰ 또 그리스도께서 너희 안에 계시면 몸은 죄로 말미암아 죽은 것이나 영은 의로 말미암아 살아 있는 것이니라 ¹¹ 예수를 죽은 자 가운데서 살리신 이의 영이 너희 안에 거하시면 그리스도 예수를 죽은 자 가운데서 살리신 이가 너희 안에 거하시는 그의 영으로 말미암아 너희 죽을 몸도 살리시리라 ¹² 그러므로 형제들아 우리가 빚진 자로되 육신에게 져서 육신대로 살 것이 아니니라 ¹³ 너희가 육신대로 살면 반드시 죽을 것이로되 영으로써 몸의 행실을 죽이면 살리니 ¹⁴ 무릇 하나님의 영으로 인도함을 받는 사람은 곧 하나님의 아들이라 ¹⁵ 너희는 다시 무서워하는 종의 영을 받지 아니하고 양자의 영을 받았으므로 우리가 아빠 아버지라고 부르짖느니라 ¹⁶ 성령이 친히 우리의 영과 더불어 우리가 하나님의 자녀인 것을 증언하시나니 ¹⁷ 자녀이면 또한 상속자 곧 하나님의 상속자요 그리스도와 함께 한 상속자니 우리가 그와 함께 영광을 받기 위하여 고난도 함께 받아야 할 것이니라 / **롬 8:1–17**

8

하나님께서 우리를 부르셔서 믿게 하시고, 열심을 갖고 일하셔서
정말 믿음으로 사는 사람으로 우리를 빚어 가신다.

이에 대해 여러분은 얼마나 많이 생각해 봤는지 모르겠지만, 믿음은 여러분과 나에게 절대 자연스럽지 않다. 오히려 의심이 더 자연스럽다. 두려움이 더 자연스럽다. 축적된 경험을 바탕으로 사는 게 더 자연스럽다. 잠자리에 들기 전이나 아침에 눈을 뜰 때 "~라면 어떨까" 목록을 머릿속으로 우겨넣는 것이 더 자연스럽다. 두뇌의 생각과 몸의 감각을 기반으로 사는 게 더 자연스럽다. 다른 어떤 사람의 삶을 부러워하면서 내 삶은 왜 그렇지 못한지 궁금해 하는 게 더 자연스럽다. 사람 위에, 어떤 상황 위에, 어떤 영역 위에 좀 더 군림할 수 있었으면 하고 바라는 것이 더 자연스럽다. 이렇게 저렇게 방법을 조작해 직접 지휘권을 가짐으로써 나에게 필요하다고 여겨지는 것을 손에 넣을 수 있음을 확실히 해두는 게 더 자연스럽다. 수직적 관계에서만 찾을 수 있는 평안을 수평적으로 기대하는 게 더 자연스럽다. 내 능력으로는 달라지게 만들 수 없는 일에서 초조하게 변화를 바라는 것이 더 자연스럽다. 의기소침·낙담·우울 혹은 절망에 무릎 꿇는 것이 더 자연스럽다. 분주함·물질적인 것·미디어·음식·혹은 다른 어떤 실체에 정신이 팔리는 것이 더 자연스럽다. 실망하기 싫어 기준을 낮추는 것이 더 자연스럽다. 그러나 솔직히

믿음은 우리에게 자연스럽지 않다.

그래서 하나님께서는 은혜 가운데 우리가 믿는 것을 허락하신다. 바울이 에베소서 2장 8절에서 말하는 것처럼, 믿음은 정말로 하나님의 선물이다. 죄로 훼손된 평범한 인간에게 하나님을 믿는 믿음보다 더 직관에 반하는 것은 없다. 물론 우리는 많은 것을 믿는다. 하지만 보이지도 않고 들리지도 않는 하나님, 너무 엄청나서 지킬 수 없을 것 같은 약속을 하시는 하나님은 믿지 않는다. 하나님은 그런 우리에게 믿을 수 있는 능력을 먼저 주시지만, 거기서 그치지 않으신다. 은혜로써 하나님께서는 우리 일상생활의 상황과 장소와 관계 가운데서 역사하사 우리를 정교하게 빚고, 망치질하고, 구부리고, 주조하여, 하나님이 정말 존재하시며 자신을 찾는 이들에게 정말로 상 주신다는(히 11:6) 근본적 믿음 위에 삶을 구축하는 사람으로 만드신다.

예기치 못한 일, 정말로 겪고 싶지 않은 어떤 난관의 순간과 마주칠 때 이것을 기억하라. 그런 순간들은 하나님이 나를 잊어버리신 분이 아니라 오히려 내 안에 가까이 계시며 내 안에서 선한 일을 하고 계신 분이심을 보여 준다는 것을.

하나님께서는 내가 나의 지혜, 나의 경험, 나의 의, 나의 힘에 의지해 살고 있으면서도 제대로 된 삶을 살 수 있다는 생각으로부터 나를 구해내신다. 또한 하나님께서는 근본적으로 하나님 중심적인 믿음으로 사는 사람으로 나를 변화시켜 가신다.

하나님은 최고의 장인(匠人)이시고, 우리는 그분의 손에 들린 진흙이다. 하나님의 손가락이 우리를 빚어 정말로 믿고 의심하지 않는 사람으로 만드실 때까지 하나님은 우리를 자신의 주조 틀에서 내려놓지 않으실 것이다.

더 깊이 묵상하고 격려를 얻으려면 마가복음 6장 30-52절을 읽으라.

~

30 사도들이 예수께 모여 자기들이 행한 것과 가르친 것을 낱낱이 고하니 31 이르시되 너희는 따로 한적한 곳에 가서 잠깐 쉬어라 하시니 이는 오고 가는 사람이 많아 음식 먹을 겨를도 없음이라 32 이에 배를 타고 따로 한적한 곳에 갈새 33 그들이 가는 것을 보고 많은 사람이 그들인 줄 안지라 모든 고을로부터 도보로 그 곳에 달려와 그들보다 먼저 갔더라 34 예수께서 나오사 큰 무리를 보시고 그 목자 없는 양 같음으로 인하여 불쌍히 여기사 이에 여러 가지로 가르치시더라 35 때가 저물어가매 제자들이 예수께 나아와 여짜오되 이 곳은 빈 들이요 날도 저물어가니 36 무리를 보내어 두루 촌과 마을로 가서 무엇을 사 먹게 하옵소서 37 대답하여 이르시되 너희가 먹을 것을 주라 하시니 여짜오되 우리가 가서 이백 데나리온의 떡을 사다 먹이리이까 38 이르시되 너희에게 떡 몇 개나 있는지 가서 보라 하시니 알아보고 이르되 떡 다섯 개와 물고기 두 마리가 있더이다 하거늘 39 제자들에게 명하사 그 모든 사람으로 떼를 지어 푸른 잔디 위에 앉게 하시니 40 떼로 백 명씩 또는 오십 명씩 앉은지라 41 예수께서 떡 다섯 개와 물고기 두 마리를 가지사 하늘을 우러러 축사하시고 떡을 떼어 제자들에게 주어 사람들에게 나누어 주게 하시고 또 물고기 두 마리도 모든 사람에게 나누시매 42 다 배불리 먹고 43 남은 떡 조각과 물고기를 열두 바구니에 차게 거두었으며 44 떡을 먹은 남자는 오천 명이었더라 45 예수께서 즉시 제자들을 재촉하사 자기가 무리를 보내는 동안에 배 타고 앞서 건너편 벳새다로 가게 하시고 46 무리를 작별하신 후에 기도하러 산으로 가시니라 47 저물매 배는 바다 가운데 있고 예수께서는 홀로 뭍에 계시다가 48 바람이 거스르므로 제자들이 힘겹게 노 젓는 것을 보시고 밤 사경쯤에 바다 위로 걸어서 그들에게 오사 지나가려고 하시매 49 제자들이 그가 바다 위로 걸어 오심을 보고 유령인가 하여 소리 지르니 50 그들이 다 예수를 보고 놀람이라 이에 예수께서 곧 그들에게 말씀하여 이르시되 안심하라 내니 두려워하지 말라 하시고 51 배에 올라 그들에게 가시니 바람이 그치는지라 제자들이 마음에 심히 놀라니 52 이는 그들이 그 떡 떼시던 일을 깨닫지 못하고 도리어 그 마음이 둔하여졌음이러라 / 막 6:30-52

9

신자에게 두려움이란 언제나 하나님을 망각하는 것을 말한다.
하나님이 주권적이시고 하나님의 다스림이 완전하고 지혜롭고 의롭고 선하다면
두려워할 이유가 무엇인가?

유다 왕 히스기야의 말은 수백여 년 전 두려운 상황에서 처음 그의 입에서 나왔을 때 그랬던 것처럼, 오늘날에도 여전히 울림이 큰 진실로 다가온다.

유다는 앗수르의 강력한 왕 산헤립의 침공을 받았다. 히스기야는 싸울 준비를 하고 유다를 무장시켰지만, 히스기야가 한 일은 그것뿐만이 아니었다. 그는 좀 더 중요한 문제를 가지고 백성에게 연설했다. 히스기야는 하나님의 백성이 이런 순간에 흔히 두려움에 빠지고 만다는 것을 알고 있었고, 그 두려움이 어디서 오는지도 알고 있었다.

이렇게 난제가 닥치는 순간에 하나님의 백성이 공포에 질리는 것은 자신의 정체성을 망각하기 때문이다. 이들은 하나님의 자녀로서 자신들이 어떤 사람인지를 잊곤 했고, 그 모든 전능한 권능과 영광 중에 계신 하나님이 어떤 분이신지를 잊곤 했다. 그래서 그 순간 히스기야는 자신이 훌륭한 왕과 숙련된 군대장관이기만 해서는 안 된다고 생각했다. 히스기야는 자기 백성에게 지혜로운 목회자이기도 해야 했다.

앗수르의 맹공격에 맞설 준비를 하면서, 히스기야는 유다 백성이 전장에서의 담대함, 전쟁 경험, 무기를 다루는 기술에 의존해야 한다고 생각

하지 않았다. 히스기야는 백성들이 잊을 수도 없고 잊어서도 안 되는 요소로 놀라운 복을 받았다는 점을 기억하기를 바랐다. 그래서 히스기야는 말했다.

"너희는 마음을 강하게 하며 담대히 하고 앗수르 왕과 그를 따르는 온 무리로 말미암아 두려워하지 말며 놀라지 말라… 그와 함께 하는 자는 육신의 팔이요 우리와 함께 하시는 이는 우리의 하나님 여호와시라 반드시 우리를 도우시고 우리를 대신하여 싸우시리라"(대하 32:7-8).

"내 앞에서 벌어지고 있는 일에 맞설 용기를 어디에서 찾을까?"라고 묻게 되는 순간이 있을 것이다. 히스기야가 이 질문에 답변한다. "눈을 들어 네 하나님을 기억하라." 하나님의 자녀인 우리가 전장에서 우리 힘만으로 싸워야 하는 일은 절대 없을 것이다.

더 깊이 묵상하고 격려를 얻으려면 이사야 51장 12-16절을 읽으라.

~

12 이르시되 너희를 위로하는 자는 나 곧 나이니라 너는 어떠한 자이기에 죽을 사람을 두려워하며 풀 같이 될 사람의 아들을 두려워하느냐 13 하늘을 펴고 땅의 기초를 정하고 너를 지은 자 여호와를 어찌하여 잊어버렸느냐 너를 멸하려고 준비하는 저 학대자의 분노를 어찌하여 항상 종일 두려워하느냐 학대자의 분노가 어디 있느냐 14 결박된 포로가 속히 놓일 것이니 죽지도 아니할 것이요 구덩이로 내려가지도 아니할 것이며 그의 양식이 부족하지도 아니하리라 15 나는 네 하나님 여호와라 바다를 휘저어서 그 물결을 뒤흔들게 하는 자이니 그의 이름은 만군의 여호와니라 16 내가 내 말을 네 입에 두고 내 손 그늘로 너를 덮었나니 이는 내가 하늘을 펴며 땅의 기초를 정하며 시온에게 이르기를 너는 내 백성이라 말하기 위함이니라 / 사 51:12-16

10

**기쁨의 DNA는 감사하는 마음이다. 스스로 자격 있다 생각하면서
불평하는 사람들은 일상에 그다지 기쁨이 없다는 사실을 눈치 챘는가?**

늘 이것을
지니고 다니면 좋겠습니다.
내가 생을 바라보는 방식을
늘 이것이
구체화해 주면 좋겠습니다.
늘 이것이
내 소원의 방향을 정해 주면 좋겠습니다.
늘 이것이
내 마음의
자연스런 성향이면 좋겠습니다.
주님의 한량없는 은혜를 기억함으로써
내 불평이 잠잠해지면 좋겠습니다.
주님을 예배하고
주님을 신뢰하고
주님 안에서 안식함으로
모든 불평이

몰려나면 좋겠습니다.
내 마음이
불평에서 벗어나
감사의 다스림을 받으려면,
주님의 은혜가 필요합니다.
기억할 수 있는 은혜
볼 수 있는 은혜
겸손한 기쁨의 마음을
낳는 은혜.

더 깊이 묵상하고 격려를 얻으려면 시편 107편을 읽으라.

~

1 여호와께 감사하라 그는 선하시며 그 인자하심이 영원함이로다 2 여호와의 속량을 받은 자들은 이같이 말할지어다 여호와께서 대적의 손에서 그들을 속량하사 3 동서남북 각 지방에서부터 모으셨도다 4 그들이 광야 사막 길에서 방황하며 거주할 성읍을 찾지 못하고 5 주리고 목이 말라 그들의 영혼이 그들 안에서 피곤하였도다 6 이에 그들이 근심 중에 여호와께 부르짖으매 그들의 고통에서 건지시고 7 또 바른 길로 인도하사 거주할 성읍에 이르게 하셨도다 8 여호와의 인자하심과 인생에게 행하신 기적으로 말미암아 그를 찬송할지로다 9 그가 사모하는 영혼에게 만족을 주시며 주린 영혼에게 좋은 것으로 채워주심이로다 10 사람이 흑암과 사망의 그늘에 앉으며 곤고와 쇠사슬에 매임은 11 하나님의 말씀을 거역하며 지존자의 뜻을 멸시함이라 12 그러므로 그가 고통을 주어 그들의 마음을 겸손하게 하셨으니 그들이 엎드러져도 돕는 자가 없었도다 13 이에 그들이 그 환난 중에 여호와께 부르짖으매 그들의 고통에서 구원하시되 14 흑암과 사망의 그늘에서 인도하여 내시고 그들의 얽어 맨 줄을 끊으셨도다 15 여호와의 인자하심과 인생에게 행하신 기적으로 말미암아 그를 찬송할지로다 16 그가 놋문을 깨뜨리시며 쇠빗장을 꺾으셨음이로다 17 미련한 자들은 그들의 죄악의 길을 따르고 그들의

악을 범하기 때문에 고난을 받아 18 그들은 그들의 모든 음식물을 싫어하게 되어 사망의 문에 이르렀도다 19 이에 그들이 그들의 고통 때문에 여호와께 부르짖으매 그가 그들의 고통에서 그들을 구원하시되 20 그가 그의 말씀을 보내어 그들을 고치시고 위험한 지경에서 건지시는도다 21 여호와의 인자하심과 인생에게 행하신 기적으로 말미암아 그를 찬송할지로다 22 감사제를 드리며 노래하여 그가 행하신 일을 선포할지로다 23 배들을 바다에 띄우며 큰 물에서 일을 하는 자는 24 여호와께서 행하신 일들과 그의 기이한 일들을 깊은 바다에서 보나니 25 여호와께서 명령하신즉 광풍이 일어나 바다 물결을 일으키는도다 26 그들이 하늘로 솟구쳤다가 깊은 곳으로 내려가나니 그 위험 때문에 그들의 영혼이 녹는도다 27 그들이 이리저리 구르며 취한 자 같이 비틀거리니 그들의 모든 지각이 혼돈 속에 빠지는도다 28 이에 그들이 그들의 고통 때문에 여호와께 부르짖으매 그가 그들의 고통에서 그들을 인도하여 내시고 29 광풍을 고요하게 하사 물결도 잔잔하게 하시는도다 30 그들이 평온함으로 말미암아 기뻐하는 중에 여호와께서 그들이 바라는 항구로 인도하시는도다 31 여호와의 인자하심과 인생에게 행하신 기적으로 말미암아 그를 찬송할지로다 32 백성의 모임에서 그를 높이며 장로들의 자리에서 그를 찬송할지로다 33 여호와께서는 강이 변하여 광야가 되게 하시며 샘이 변하여 마른 땅이 되게 하시며 34 그 주민의 악으로 말미암아 옥토가 변하여 염전이 되게 하시며 35 또 광야가 변하여 못이 되게 하시며 마른 땅이 변하여 샘물이 되게 하시고 36 주린 자들로 거기에 살게 하사 그들이 거주할 성읍을 준비하게 하시고 37 밭에 파종하며 포도원을 재배하여 풍성한 소출을 거두게 하시며 38 또 복을 주사 그들이 크게 번성하게 하시고 그의 가축이 감소하지 아니하게 하실지라도 39 다시 압박과 재난과 우환을 통하여 그들의 수를 줄이시며 낮추시는도다 40 여호와께서 고관들에게는 능욕을 쏟아 부으시고 길 없는 황야에서 유리하게 하시나 41 궁핍한 자는 그의 고통으로부터 건져 주시고 그의 가족을 양 떼 같이 지켜 주시나니 42 정직한 자는 보고 기뻐하며 모든 사악한 자는 자기 입을 봉하리로다 43 지혜 있는 자들은 이러한 일들을 지켜 보고 여호와의 인자하심을 깨달으리로다 / 시 107:1-43

11

성공을 하고 박수갈채를 받아야만 자기 자신을 긍정적으로
생각할 수 있는 상태에서 벗어났다면, 은혜가 여러분에게 임한 것임을 알라.

이는 지극히 인간적인 노력이다. 이는 사람이라면 누구나 다 추구하는 일이다. 우리는 누구나 다 자기 자신을 긍정적으로 여기고 싶어 한다. 우리는 누구나 다 자신에게 아무 문제가 없다고 생각하고 싶어 한다. 이런 두렵고 불안한 목표에서 우리를 해방시켜 줄 수 있는 것은 오직 은혜뿐이다.

여기, 우리 모두에게 일어나는 일이 있다. 즉, 우리는 수직적 차원에서 찾아야 할 개인적 안식을 수평적 차원에서 추구한다. 하지만 이는 절대 효과가 없다.

행복하다는 내면적 느낌을 타인에게서 찾으려 하는 것은 헛된 일이다. 우리는 꾸준히 타인의 칭찬을 받으려 하지만, 무엇보다도 우리는 절대 그 정도로 일관성 있게 선하지 않다. 우리는 곧잘 엉망진창이 된다. 우리는 실망할 수밖에 없게 되어 있다. 불쾌한 날도 만난다. 길을 잃기도 할 것이다. 어떤 지점에서는, 하지 말아야 할 말이나 행동을 하기도 한다. 게다가 사실 우리의 주변 사람들은 누군가의 개인적 메시야가 되어 주는 그런 부담스러운 일에 대개 별 관심이 없다. 사람들은 누군가의 정체성이 자기 손에 달려 있다는 그런 책임감을 안고 살고 싶어 하지 않는

다. 주변 사람들에게 기대를 걸고 내면의 자긍심을 느끼려고 해봤자 아무 소용이 없다.

성공이 주는 평안 역시 신뢰할 것이 못 된다. 우리는 결코 완전에 미치지 못하기에, 어떤 성공에 이르든지 그 성공 후에는 곧 모종의 실패가 뒤따를 것이다. 사실 성공이 주는 쾌감은 단명(短命)한다. 오래지 않아, 나를 지탱시켜줄 또 다른 성공을 추구하게 될 것이다. 예수님께서 우리의 의가 되신다는 사실이 그토록 소중한 이유가 바로 그것이다. 예수님의 은혜는 우리의 의와 우리의 가치를 입증해야 할 필요에서 우리를 영원히 자유롭게 해준다. 그래서 우리는 수직적 차원에서 이미 우리에게 주어진 것을 수평적 차원에서 추구하지 말라고 스스로에게 날마다 일깨운다. "공의의 열매는 화평이요 공의의 결과는 영원한 평안과 안전이라"(사 32:17). 그 의는 오직 그리스도 안에서만 찾을 수 있다.

더 깊이 묵상하고 격려를 얻으려면 고린도후서 6장 3-10절을 읽으라.

3 우리가 이 직분이 비방을 받지 않게 하려고 무엇에든지 아무에게도 거리끼지 않게 하고 4 오직 모든 일에 하나님의 일꾼으로 자천하여 많이 견디는 것과 환난과 궁핍과 고난과 5 매 맞음과 갇힘과 난동과 수고로움과 자지 못함과 먹지 못함 가운데서도 6 깨끗함과 지식과 오래 참음과 자비함과 성령의 감화와 거짓이 없는 사랑과 7 진리의 말씀과 하나님의 능력으로 의의 무기를 좌우에 가지고 8 영광과 욕됨으로 그러했으며 악한 이름과 아름다운 이름으로 그러했느니라 우리는 속이는 자 같으나 참되고 9 무명한 자 같으나 유명한 자요 죽은 자 같으나 보라 우리가 살아 있고 징계를 받는 자 같으나 죽임을 당하지 아니하고 10 근심하는 자 같으나 항상 기뻐하고 가난한 자 같으나 많은 사람을 부요하게 하고 아무 것도 없는 자 같으나 모든 것을 가진 자로다 / **고후 6:3-10**

12

**하나님께서 우리를 부르사 믿음으로 견인하게 하시며,
게다가 강력한 은혜로써 우리를 보호하시고 지키신다.**

    우리가 섬기는 하나님의 이름은 참으로 놀라운 이름이지만, 우리는 이 이름의 영광을 제대로 생각하지 못한 채 그냥 지나친다.

    로마서 15장 5절에서 바울은 우리 주님을 "인내의 하나님"이라 부른다. 이 호칭은 실로 우리가 소망을 발견해야 할 곳의 중심에 닿아 있는 이름이다. 쉽게 설명해 보겠다. 우리의 소망은 인내하고자 하는 나 자신의 뜻이나 능력에서 찾을 것이 아니라 자신의 은혜의 역사를 절대 그만두지 않으시는 하나님의 흔들리지 않고 영속적인 헌신에서 찾아야 한다. 어떤 일이 있어도 인내하시는 분과 교제할 수 있도록 우리를 반갑게 맞아주신다는 것이 우리의 소망이다.

    이 사실을 아는 게 왜 그리 중요한가? 우리의 인내란 아무리 애써도 한결같지 않은 인내이기 때문이다. 내가 어떤 존재인지를 잊고 은혜 건망증에 걸려 살게 되는 순간이 있다. 낙담에 빠져 하나님께서 명하시는 선한 일들을 한동안 그만둘 때도 있다. 크게든 작게든 의도적으로 하나님께 반항하는 순간도 있다. "나는 그렇지 않아"라고 생각할지도 모르겠다. 하지만 생각해 보자, 그리스도인으로서 우리가 다른 사람에게 무언가 험악한 말을 할 때가 있는데, 이것이 잘못임을 모르기 때문에 이런 행동을 하는 게 아니라 그 순간만큼은 무엇이 잘못된 행동인지 신경 쓰지

않기 때문에 그런 말을 한다.

알다시피, 완벽한 인내에는 바로 그 완벽함이 요구되며, 누구도 그 완벽함에는 이르지 못했기에 우리는 우리 자신 밖에서 소망을 찾아야 한다. 인내하고자 하는 소망은 자신의 성품이나 능력에서 찾을 것이 아니라 우리 주님의 성품과 능력에서 찾아야 한다. 우리 주님은 늘 신실하실 것이기에, 나도 주님처럼 신실하기 위해 필요한 것을 주님께서 주시리라는 사실에 의지할 수 있다. 나의 견인은 주님께 달려 있으며, 인내가 어떤 것인지는 주님께서 규정하신다! 이 순간에서부터 저 세상으로 건너가는 순간까지 주님께서 요구하시는 사람으로 살면서 주님께서 요구하시는 일을 지속적으로 해나가는 데 필요한 모든 것을 나에게 공급해 주는 것은, 바로 하나님께서 내게 허락하신 인내의 은혜다. 역경이 닥쳐 내 결단의 허약함과 내 능력의 한계가 드러날 때 겁먹을 필요가 없음은, 내 힘으로 견뎌낼 수 없다고 느껴지는 바로 그 순간에도 하나님께서는 인내하시기 때문이다.

더 깊이 묵상하고 격려를 얻으려면 디모데전서 6장 11-16절을 읽으라.

~

[11] 오직 너 하나님의 사람아 이것들을 피하고 의와 경건과 믿음과 사랑과 인내와 온유를 따르며 [12] 믿음의 선한 싸움을 싸우라 영생을 취하라 이를 위하여 네가 부르심을 받았고 많은 증인 앞에서 선한 증언을 하였도다 [13] 만물을 살게 하신 하나님 앞과 본디오 빌라도를 향하여 선한 증언을 하신 그리스도 예수 앞에서 내가 너를 명하노니 [14] 우리 주 예수 그리스도께서 나타나실 때까지 흠도 없고 책망 받을 것도 없이 이 명령을 지키라 [15] 기약이 이르면 하나님이 그의 나타나심을 보이시리니 하나님은 복되시고 유일하신 주권자이시며 만왕의 왕이시며 만주의 주시요 [16] 오직 그에게만 죽지 아니함이 있고 가까이 가지 못할 빛에 거하시고 어떤 사람도 보지 못하였고 또 볼 수 없는 이시니 그에게 존귀와 영원한 권능을 돌릴지어다 아멘 / 딤전 6:11-16

13

그렇다, 맞다. 우리가 성실하지 않을 때에도 하나님은 여전히 신실하실 것이다.
왜냐하면 하나님의 신실하심은 우리가 어떤 일을 하느냐가 아니라
하나님이 어떤 분이신가에 바탕을 두기 때문이다.

"우리는 미쁨이 없을지라도 주는 항상 미쁘시니 자기를 부인하실 수 없으시리라." 디모데후서 2장 13절 말씀은 근본적으로 색다른 삶의 방식, 우리들 대다수에게 자연스럽지 않은 방식을 그리고 있다.

인간은 대개 "인생은 네 어깨에 달려 있다", "인생은 너 하기 나름", "지갑을 연 사람도 너, 고른 사람도 너", "모든 책임은 결국 너 자신에게 있다"는 사고방식이 특징인 그런 인생관을 신봉한다.

이런 인생관에서는 나 자신이 내 운명의 주인이다. 내 본능, 내 힘, 오랜 세월 동안 축적한 내 지혜, 저 길모퉁이를 돌아가면 무엇이 있을지 예측할 수 있는 내 능력, 내 성품과 내 성숙함, 그리고 내게 주어진 선천적 재능 외에는 의지할 것이 별로 없다. 이는 "세상과 맞짱 뜨기" 식의 겁나는 생활방식이다. .

하지만 하나님의 가족으로 맞아들여지면 이 모든 상황이 뒤집힌다. 하나님께서는 내 죄를 용서하시고 영원한 나라에 내 자리를 보장해 주실 뿐만 아니라 근본적으로 새로운 삶의 방식으로 나를 맞아들이신다. 이 새로운 삶의 방식은 단지 하나님의 도덕법에 순종하기를 말하는 것이 아니다. 그렇다, 이는 하나님께서 언약에 근거해 영원히 나에게 신실하

기로 약속하사, 나의 영원한 유익을 위해 하나님의 지혜, 권능, 은혜를 한량없이 펼쳐놓으시는 것을 말한다.

이것을 생각해 보라. 세상을 창조하시고 주관하시는 분, 무엇이 사랑이고 참이고 선인지에 대한 궁극적 정의(定義)이신 분, 마침내 죄를 물리칠 권능을 홀로 가지신 분께서 자신의 은혜로 인해 신실한 사랑과 보호의 팔로 나를 감싸 안기를 바라실 뿐만 아니라 나를 놓아 보내지 않으시리라는 사실을.

하나님께서 자신의 어깨에 내 인생을 짊어지셨기에, 나는 내 어깨에서 내 삶을 내려놓아도 된다. 그렇다고 해서 내가 어떻게 살든 중요하지 않다는 뜻이 아니라, 나의 안전은 나의 성실함이 아니라 하나님의 신실하심에서 찾아야 한다는 의미다. 나 자신을 신뢰할 수 없을 때도 하나님은 신뢰할 수 있다. 내가 신실하지 않고 선하지 않을 때도 하나님은 신실하시고 선하시다. 내가 옳은 일, 최선의 일을 하지 않을 때도 하나님께서는 옳은 일, 최선의 일을 하실 것이다. 죄를 깨닫게 하는 은혜 덕분에 내가 얼마나 불충실했는지 드러날 때 하나님께서는 성실하게 나를 용서하신다.

이 진리는 내가 무슨 일을 해도 된다는 면허를 준다기보다, 계속할 수 있도록 동기를 부여해 준다. 하나님의 은혜가 나를 불러, 기대에 미치지 못하는 법이 절대 없는 한 가지에 삶을 투자하라고 한다. 그 한 가지는 바로 우리 주님의 신실하심이다.

더 깊이 묵상하고 격려를 얻으려면 고린도전서 1장 4-9절을 읽으라.

~

4 그리스도 예수 안에서 너희에게 주신 하나님의 은혜로 말미암아 내가 너희를 위하여 항상 하나님께 감사하노니 5 이는 너희가 그 안에서 모든 일 곧 모든 언변과 모든 지식

에 풍족하므로 6 그리스도의 증거가 너희 중에 견고하게 되어 7 너희가 모든 은사에 부족함이 없이 우리 주 예수 그리스도의 나타나심을 기다림이라 8 주께서 너희를 우리 주 예수 그리스도의 날에 책망할 것이 없는 자로 끝까지 견고하게 하시리라 9 너희를 불러 그의 아들 예수 그리스도 우리 주와 더불어 교제하게 하시는 하나님은 미쁘시도다 / **고전 1:4-9**

14

오늘은 낙심하지 말라. "~이면 어떡하지", "~이면 좋으련만"이라는 생각은
나를 사랑하시고 만물을 다스리시는 분의 손에 맡기라.

성경을 읽고 이해하는 능력과 신학적 지식을 어느 정도 갖춘 믿음의 사람일지라도 한 가지 확실한 사실이 있다. 하나님께서 우리를 혼란스럽게 하시리라는 것이다. 신학은 경험을 해석할 수 있는 제한적 능력만 줄 뿐이다. 성경의 명령, 성경의 원리, 성경의 사례 연구는 삶을 이해하려는 탐색 과정에서 나를 그 정도까지만 인도할 것이다.

살다 보면 도대체 무엇이 어떻게 되어가고 있는 것인지 도무지 알 수 없는 순간이 있을 것이다. 사실, 스스로 선하다고 말씀하신 하나님께서 내 삶에 행하신 일이 도무지 좋아 보이지 않는 순간과 맞닥뜨리게 될 것이다. 좋아 보이지 않는 정도가 아니라 부당해 보일 수도, 아주 부당해 보일 수도 있다.

내 믿음이 만약 과거와 현재와 미래를 완전히 이해할 수 있는 내 능력에 바탕을 두고 있다 한다면, 살아가면서 혼란스러운 순간을 만날 경우 그 순간은 곧 믿음이 약화되는 순간이 되고 말 것이다. 그러나 사실 만사를 다 납득하고 평안히 안식하거나 혹은 만사를 거의 이해하지 못하고 불안으로 고통당하거나 하는 두 가지 선택만 있지 않다. 우리에게는 세 번째 선택도 있다.

이 세 번째 선택이 정말로 참된 성경적 믿음의 길이다. 성경은 참 평화란 나의 모든 "~이면 어떡하지"와 "~이면 좋으련만"을 그 자애로운 손에 쥐고 계신 분의 지혜에 의지하는 데서 찾을 수 있다고 말한다.

이사야는 이 사실을 다음 같은 말로 표현한다.

"주께서 심지가 견고한 자를 평강하고 평강하도록 지키시리니 이는 그가 주를 신뢰함이니이다"(사 26:3).

실제적이고 확고하고 지속적인 평강, 상황에 따라 좌우되지 않는 평강은 어떤 요소들이 평강을 구성하는지 다 이해할 때까지 조목조목 분석하는 데서 찾아지지 않는다. 우리가 평강을 절대 다 이해할 수 없음은, 하나님께서 우리의 유익과 하나님 자신의 영광을 위해 몇몇 요소들을 신비 속에 감춰 두시기 때문이다.

그러므로 평강은 신뢰에서, 나에게서 평강을 앗아가는 경향이 있는 모든 일들을 세심히 주관하시는 분을 신뢰하는 데서만 찾을 수 있다. 그분은 모든 것을 아시고, 모든 것을 이해하시며, 혼돈으로 보이는 일들을 주관하시고, 절대 놀라지 않으시며, 절대 혼란스러워 하지 않으시고, 절대 염려하거나 밤잠을 못 이루지 않으시며, 하던 일을 중단하고 쉬는 법이 없으시며, 한 가지 일에 너무 분주해 다른 일을 소홀히 하지 않으시며, 절대 편파적이시지 않다.

우리는 하나님께서 지혜롭고 자애롭게 상황을 주관하신다는 점을 거듭 거듭 우리 자신에게 일깨울 필요가 있는데, 이는 그렇게 해야 내 삶이 곧장 이해되기 때문이 아니라 그렇게 해야 우리 모두가 한번쯤 직면하는 그런 순간, 즉 삶이 쉽게 납득되지 않는 순간에 우리에게 안식과 평강을 주기 때문이다.

더 깊이 묵상하고 격려를 얻으려면 누가복음 12장 22-34절을 읽으라.

²² 또 제자들에게 이르시되 그러므로 내가 너희에게 이르노니 너희 목숨을 위하여 무엇을 먹을까 몸을 위하여 무엇을 입을까 염려하지 말라 ²³ 목숨이 음식보다 중하고 몸이 의복보다 중하니라 ²⁴ 까마귀를 생각하라 심지도 아니하고 거두지도 아니하며 골방도 없고 창고도 없으되 하나님이 기르시나니 너희는 새보다 얼마나 더 귀하냐 ²⁵ 또 너희 중에 누가 염려함으로 그 키를 한 자라도 더할 수 있느냐 ²⁶ 그런즉 가장 작은 일도 하지 못하면서 어찌 다른 일들을 염려하느냐 ²⁷ 백합화를 생각하여 보라 실도 만들지 않고 짜지도 아니하느니라 그러나 내가 너희에게 말하노니 솔로몬의 모든 영광으로도 입은 것이 이 꽃 하나만큼 훌륭하지 못하였느니라 ²⁸ 오늘 있다가 내일 아궁이에 던져지는 들풀도 하나님이 이렇게 입히시거든 하물며 너희일까보냐 믿음이 작은 자들아 ²⁹ 너희는 무엇을 먹을까 무엇을 마실까 하여 구하지 말며 근심하지도 말라 ³⁰ 이 모든 것은 세상 백성들이 구하는 것이라 너희 아버지께서는 이런 것이 너희에게 있어야 할 것을 아시느니라 ³¹ 다만 너희는 그의 나라를 구하라 그리하면 이런 것들을 너희에게 더하시리라 ³² 적은 무리여 무서워 말라 너희 아버지께서 그 나라를 너희에게 주시기를 기뻐하시느니라 ³³ 너희 소유를 팔아 구제하여 낡아지지 아니하는 배낭을 만들라 곧 하늘에 둔 바 다함이 없는 보물이니 거기는 도둑도 가까이 하는 일이 없고 좀도 먹는 일이 없느니라 ³⁴ 너희 보물 있는 곳에는 너희 마음도 있으리라 / 눅 12:22-34절

15

덧없고 변덕스럽기 일쑤인 인간의 사랑과 달리 하나님의 사랑은
어떤 일이 있어도 끊어지지 않는다.

나는 시편 136편을 좋아한다. 모든 시편을 다 좋아하기는 하지만, 시편 136편은 읽을 때마다 감동이 된다. 이 시편이 다른 모든 시편 가운데서 두드러져 보이게 하는 그 반복 문구가 나는 좋다. 시편 136편은 역사 시편이지만 그 반복 문구 덕분에 사랑 시편으로 변한다는 사실이 나는 좋다.

나는 이 시편이 우리가 듣고 또 들을 필요가 있는, 한두 번도 아니고 스물여섯 번이나 간절하게 다시 들을 필요가 있는 말을 거듭거듭 확언해 주는 것이 좋다! 나는 하나님께서 말씀하실 때마다 우리가 겸손히 입을 다물고 경청해야 한다고 생각하지만, 하나님께서 어느 부분에서 되풀이 하시는지 그 구절에도 주의를 기울여야 하며 또한 그렇게 여러 번 되풀이해서 말씀하실 때는 더욱 그래야 한다고 생각한다!

하나님께서는 왜 시편기자의 펜을 통해 거듭거듭 "그 인자하심이 영원함이로다"라고 말씀하시는가? 이 질문에는 두 가지 답변이 있다.

첫째, 성경적 세계관과 한 개인의 정체성 인식에 이보다 더 근본적이고 기초적인 현실은 없다. 성경의 줄거리는 무엇인가? 성경은 사랑의 하나님께서 사랑의 아들의 위격으로 세상에 들어오사 철저한 사랑의 희

생으로 하나님의 나라를 세우시고, 사랑으로 우리를 용서하시며 우리를 하나님의 사랑의 가정으로 이끄시고, 우리를 바로 그 사랑의 대사(大使)로 파송하신다는 이야기다. 타락한 인류의 소망은 시종 이 한 가지에 달려 있다. 즉, 구속하시고, 죄를 사하시고, 화해를 이루시고, 변화시키시고, 구해 내시는 사랑이 영원히 변함없는 구주가 계시다는 것이다. 이 사실이 아니면 성경은 재미있는 이야기와 유익한 원리가 담긴 책일 뿐, 죄가 망가뜨린 것을 바로잡을 수 있는 그 어떤 능력도 없다.

하나님께서 위 문구를 반복하시는 두 번째 이유는, 우리가 삶 가운데서 이런 종류의 사랑을 전혀 경험하지 못한다는 것이다. 무언가 낯선 것을 알아가기 시작할 때 우리는 늘 자기 경험의 관점에서 출발한다. 우리가 경험한 인간의 사랑은 늘 어떤 면으로든 결함이 있는 사랑이었다. 하지만 하나님의 사랑은 그렇지 않다. 하나님의 사랑은 완전하며, 언제까지나 완전히 변함없는 사랑이다. 이는 신자의 삶에서 가장 놀랍고 근사한 단 한 가지 사실이다. 하나님께서는 자신의 사랑을 우리에게 두셨으며, 하나님은 이 사랑을 절대 이동시키지 않으실 것이다. 삶이 아무리 힘들어 보이고 내가 아무리 연약하게 느껴져도 그 삶을 계속해 나갈 이유가 있는 것이다.

더 깊이 묵상하고 격려를 얻으려면 시편 118편을 읽으라.

~

¹ 여호와께 감사하라 그는 선하시며 그의 인자하심이 영원함이로다 ² 이제 이스라엘은 말하기를 그의 인자하심이 영원하다 할지로다 ³ 이제 아론의 집은 말하기를 그의 인자하심이 영원하다 할지로다 ⁴ 이제 여호와를 경외하는 자는 말하기를 그의 인자하심이 영원하다 할지로다 ⁵ 내가 고통 중에 여호와께 부르짖었더니 여호와께서 응답하시고 나를 넓은 곳에 세우셨도다 ⁶ 여호와는 내 편이시라 내가 두려워하지 아니하리니 사람

이 내게 어찌할까 ⁷ 여호와께서 내 편이 되사 나를 돕는 자들 중에 계시니 그러므로 나를 미워하는 자들에게 보응하시는 것을 내가 보리로다 ⁸ 여호와께 피하는 것이 사람을 신뢰하는 것보다 나으며 ⁹ 여호와께 피하는 것이 고관들을 신뢰하는 것보다 낫도다 ¹⁰ 뭇 나라가 나를 에워쌌으니 내가 여호와의 이름으로 그들을 끊으리로다 ¹¹ 그들이 나를 에워싸고 에워쌌으니 내가 여호와의 이름으로 그들을 끊으리로다 ¹² 그들이 벌들처럼 나를 에워쌌으나 가시덤불의 불 같이 타 없어졌나니 내가 여호와의 이름으로 그들을 끊으리로다 ¹³ 너는 나를 밀쳐 넘어뜨리려 하였으나 여호와께서는 나를 도우셨도다 ¹⁴ 여호와는 나의 능력과 찬송이시요 또 나의 구원이 되셨도다 ¹⁵ 의인들의 장막에는 기쁜 소리, 구원의 소리가 있음이여 여호와의 오른손이 권능을 베푸시며 ¹⁶ 여호와의 오른손이 높이 들렸으며 여호와의 오른손이 권능을 베푸시는도다 ¹⁷ 내가 죽지 않고 살아서 여호와께서 하시는 일을 선포하리로다 ¹⁸ 여호와께서 나를 심히 경책하셨어도 죽음에는 넘기지 아니하셨도다 ¹⁹ 내게 의의 문들을 열지어다 내가 그리로 들어가서 여호와께 감사하리로다 ²⁰ 이는 여호와의 문이라 의인들이 그리로 들어가리로다 ²¹ 주께서 내게 응답하시고 나의 구원이 되셨으니 내가 주께 감사하리이다 ²² 건축자가 버린 돌이 집 모퉁이의 머릿돌이 되었나니 ²³ 이는 여호와께서 행하신 것이요 우리 눈에 기이한 바로다 ²⁴ 이 날은 여호와께서 정하신 것이라 이 날에 우리가 즐거워하고 기뻐하리로다 ²⁵ 여호와여 구하옵나니 이제 구원하소서 여호와여 우리가 구하옵나니 이제 형통하게 하소서 ²⁶ 여호와의 이름으로 오는 자가 복이 있음이여 우리가 여호와의 집에서 너희를 축복하였도다 ²⁷ 여호와는 하나님이시라 그가 우리에게 빛을 비추셨으니 밧줄로 절기 제물을 제단 뿔에 맬지어다 ²⁸ 주는 나의 하나님이시라 내가 주께 감사하리이다 주는 나의 하나님이시라 내가 주를 높이리이다 ²⁹ 여호와께 감사하라 그는 선하시며 그의 인자하심이 영원함이로다 / **시 118:1-29**

16

죄가 그 추악한 고개를 들지 않는 날은 단 하루도 없고
하나님의 풍성한 자비가 새롭지 않은 날은 단 하루도 없다.

이것은 정말 하나님을 존귀하게 여기는 삶의 두 가지 기초석이다. 이것은 늘 함께여야 한다. 어느 한 쪽도 버릴 수 없다. 여러분과 나는 날마다 이 둘의 존재를 경험적으로 입증한다. 기초석과 같은 이 두 가지 현실은 바로 이것이다. 내 안에는 여전히 죄가 살고 있고, 하나님은 자비가 풍성하시다는 것이다.

여러분과 나는 이 두 가지 기초석 위에 서 있어야 한다. 어느 한 쪽이든 놓아 보내면 우리는 위험에 빠진다. 나는 죄인이기 때문에 자비를 필요로 하고, 하나님이 자비로우시기 때문에 나는 내 죄의 현실과 마주할 수 있다.

느헤미야 9장 말씀은 우리 모두의 현실을 잘 묘사한다. "그들이… 주의 계명을 듣지 아니하며 주의 규례를 범하여"(29절). 우리의 죄는 분별없는 말, 이기적 행동, 교만한 생각, 한 순간의 시기심, 번득이는 정욕, 의도적인 불순종 행위, 앙갚음하려는 태도 혹은 사소한 도둑질일 수 있다. 하나님의 영광보다 나 자신의 영광을 더 원하는 태도, 은혜가 필요한 사람에게 은혜를 베풀지 못하는 것, 진리 왜곡하기, 중독에 빠지기, 혹은 내 삶에 이런 종류의 일들이 벌어질 때 이것이 실제만큼 나쁜 일로

보이지 않도록 애쓰는 것도 죄일 수 있다.

어떤 식으로든, 우리는 우리 안에 여전히 죄가 살고 있다는 진실을 날마다 입증한다. 우리들 중 죄에서 자유로운 이는 아무도 없다. 우리는 말에서, 생각에서, 욕망에서, 행동에서 자꾸 실패한다. 자존심 상하지만 이를 인정하는 것이 중요하다. 내 문제가 얼마나 심각하고 포괄적인지 인정할 때에라야 오로지 하나님의 자비만이 베풀어 줄 수 있는 도움에 기뻐 뛰게 될 것이기 때문이다.

우리는 우리 죄 가운데 그냥 버려져 있지 않다. 느헤미야 9장은 이렇게 계속된다. "주의 크신 긍휼로 그들을 아주 멸하지 아니하시며 버리지도 아니하셨사오니 주는 은혜로우시고 불쌍히 여기시는 하나님이심이니이다"(31절). 용기를 내서 내 죄를 인정할 수 있음은 바로 하나님이 자비가 풍성하신 분이기 때문이다. 하나님께서 자비로서 내게 다가오심은 내가 선하기 때문이 아니라 내가 죄인이기 때문이며, 바로 이 조건 때문에 나 스스로는 나를 어떻게 할 수가 없다는 것을 하나님은 알고 계신다. 죄란 나 자신이야말로 나에게 삶의 다른 어떤 것보다 더 큰 위험이라는 뜻이기에, 그리고 내가 나에게서 도망치기는 불가능하기에, 나에게는 오직 하나의 소망밖에 없다. 능력과 지혜와 자비를 지닌 누군가가 내 삶으로 밀고 들어와 내 죄를 용서해 주고 죄가 나에게 휘둘러온 구속력에서 나를 건져 주는 것이 바로 그 소망이다. 그 자비가 한 사람, 즉 주 예수 그리스도의 모습으로 나에게 다가오며, 그리스도의 자비는 언제나 새로워서 오늘 겪게 될 죄와의 싸움에 진기할 만큼 안성맞춤이다.

더 깊이 묵상하고 격려를 얻으려면 에베소서 2장 1-10절을 읽으라.

~

¹ 그는 허물과 죄로 죽었던 너희를 살리셨도다 ² 그 때에 너희는 그 가운데서 행하여 이 세상 풍조를 따르고 공중의 권세 잡은 자를 따랐으니 곧 지금 불순종의 아들들 가운데서 역사하는 영이라 ³ 전에는 우리도 다 그 가운데서 우리 육체의 욕심을 따라 지내며 육체와 마음의 원하는 것을 하여 다른 이들과 같이 본질상 진노의 자녀이었더니 ⁴ 긍휼이 풍성하신 하나님이 우리를 사랑하신 그 큰 사랑을 인하여 ⁵ 허물로 죽은 우리를 그리스도와 함께 살리셨고 (너희는 은혜로 구원을 받은 것이라) ⁶ 또 함께 일으키사 그리스도 예수 안에서 함께 하늘에 앉히시니 ⁷ 이는 그리스도 예수 안에서 우리에게 자비하심으로써 그 은혜의 지극히 풍성함을 오는 여러 세대에 나타내려 하심이라 ⁸ 너희는 그 은혜에 의하여 믿음으로 말미암아 구원을 받았으니 이것은 너희에게서 난 것이 아니요 하나님의 선물이라 ⁹ 행위에서 난 것이 아니니 이는 누구든지 자랑하지 못하게 함이라 ¹⁰ 우리는 그가 만드신 바라 그리스도 예수 안에서 선한 일을 위하여 지으심을 받은 자니 이 일은 하나님이 전에 예비하사 우리로 그 가운데서 행하게 하려 하심이니라 / **엡 2:1-10**

17

오늘, 산다는 것이 계획대로 되지 않는다고 해서 인생이 통제불능이라고 생각한다면
그것은 예수님이 나를 위해, 그리고 예수님 자신의 영광을 위해
다스리신다는 사실을 망각하는 것이다.

오늘 마주한 일 중에, 만일 내게 주도권이 있다면 마주하지 않았을 일은 무엇인가? 피할 수 있다면 정말 피하고 싶은 일을 처리하기 위해 나에게 요구되는 것은 무엇인가? 내 계획은 어느 지점에서 마치 손가락 사이로 빠져나가는 모래처럼 새어나갔는가? 선택을 취소하고 결정을 번복하고 싶은 지점이 어디인가? 남의 집 울타리 안을 들여다보며 다른 누군가의 삶을 부러워할 때가 언제인가? 어떨 때 난처한가? 어떨 때 미숙함을 느끼는가? 어떨 때 약하다고 느껴지는가? 어떨 때 좌절감, 당혹감, 소외감을 느끼는가? 어떨 때 혼자라고 느끼는가? 옛날 생각이 후회와 함께 밀물처럼 밀려들 때는 언제이고, 미래 생각을 하면 좀 두려워지는 때는 언제인가? 산다는 것이 좀 수월했으면, 아니 최소한 조금 더 예측 가능했으면 하고 바라게 되는 이유가 무엇인가? 지금 내 삶에서 두어 가지를 내 힘으로 바꿀 수 있다면 무엇을 바꾸겠는가? 뜻하지 않게 놀이공원에서 놀이기구를 탄 듯한 기분이 들 때는 언제인가?

위의 질문 중 나에게 해당되는 것이 전혀 없다 해도 언젠가는 그럴 때가 있을 것이며 언젠가는 당사자가 될 것이다. 이 세상에서의 삶은 힘들 때가 많다. 이 세상을 비롯해 이 세상 속 만물은 하나님께서 원래 의도하

신 대로 움직이고 있지 않다. 이 타락한 세상의 그 망가진 속성이 내 집 안으로도 들어와 내 인생의 궤도를 어떤 식으로든 변경시킬 것이다. 그런 순간에는 인생이란 그저 혼돈에서 살아남기일 뿐이라 결론내리고 싶기도 하다. 내게는 힘도 별로 없는 것 같고, 내가 어떻게 해볼 수 있는 일도 별로 없다는 현실에 직면해 있고, 저 모퉁이를 돌아가면 어떤 일이 나를 기다리고 있을지 도무지 알 수도 없다. 모든 것이 불가능해 보이고 무서워 보인다.

하지만 하나님의 말씀은 우리를 그 상태에 버려두지 않는다. 물론 하나님의 말씀을 읽다 보면 내가 별 것 아니고, 연약하고, 주도권도 없다는 사실에 직면하게 되지만, 거기서 끝이 아니다. 성경은 우리가 흔히 생각하는 것과는 정반대의 사실을 우리에게 선언한다. 성경은 우리가 날마다 직면하는 난관, 걸핏하면 우리에게 반갑게 인사하는 그 혼돈스러워 보이는 상황은, 세상이 통제 불능이 된 결과가 아니라 세상을 완벽히 주관하시는 분께서 세상을 다스린 결과라고 말한다.

바울은 에베소서 1장 22절에서 이렇게 말한다. "또 만물을 그[하나님]의 발 아래에 복종하게 하시고 그[그리스도]를 만물 위에 교회의 머리로 삼으셨느니라"(괄호 설명은 저자가).

우리의 눈높이에서 어떻게 보이든, 우리가 사는 세상은 통제 불능이 아니다. 그렇다, 세상은 세심하게 다스림 받고 있다. 과격한 사상이긴 하지만 이 정도 과격함으로는 충분치 않다. 이런 말로도 바울이 하는 말의 의미를 제대로 담지 못하기 때문이다. 바울은 우리가 다른 무언가를 알기를 원한다. 그 다스림이 우리를 염두에 두고 있다는 사실을 말이다! 지금 예수님께서는 자기 자녀를 위해 만물을 다스리신다. 우리는 이 사실에서 평강을 찾아야 한다.

더 깊이 묵상하고 격려를 얻으려면 사도행전 17장 22-28절을 읽으라.

~

²² 바울이 아레오바고 가운데 서서 말하되 아덴 사람들아 너희를 보니 범사에 종교심이 많도다 ²³ 내가 두루 다니며 너희가 위하는 것들을 보다가 알지 못하는 신에게라고 새긴 단도 보았으니 그런즉 너희가 알지 못하고 위하는 그것을 내가 너희에게 알게 하리라 ²⁴ 우주와 그 가운데 있는 만물을 지으신 하나님께서는 천지의 주재시니 손으로 지은 전에 계시지 아니하시고 ²⁵ 또 무엇이 부족한 것처럼 사람의 손으로 섬김을 받으시는 것이 아니니 이는 만민에게 생명과 호흡과 만물을 친히 주시는 이심이라 ²⁶ 인류의 모든 족속을 한 혈통으로 만드사 온 땅에 살게 하시고 그들의 연대를 정하시며 거주의 경계를 한정하셨으니 ²⁷ 이는 사람으로 혹 하나님을 더듬어 찾아 발견하게 하려 하심이로되 그는 우리 각 사람에게서 멀리 계시지 아니하도다 ²⁸ 우리가 그를 힘입어 살며 기동하며 존재하느니라 너희 시인 중 어떤 사람들의 말과 같이 우리가 그의 소생이라 하니 / 행 17:22-28

18

**하나님의 자녀라면 자기 자신만을 의지해야 할 일은 절대 다시 없을 것이다.
그렇다, 우리는 바로 여기서, 바로 지금, 은혜로 복 받았다.**

이것은 우리들 대다수가 생각했던 것보다 큰 문제다. 세상을 두루 돌아다니다 보면 이 문제를 거듭거듭 접하게 된다. 비혼자와 기혼자, 늙은 사람과 젊은 사람, 남자와 여자, 지도자와 추종자 할 것 없이 누구의 삶에나 이 문제가 있다.

이것은 바로 포착하기 어려운 태만으로, 이 태만의 결과 역시 많은 사람의 삶에서 쉽게 포착되지 않을 만큼 미묘하다. 이 태만은 좌절감과 무력감을 느끼게 하거나 의기소침과 낙심에 빠지게 만드는 힘이 있다. 이는 바로 코 앞에 있는 해답을 못 보고 엉뚱한 데서 답을 찾게 만든다. 이 문제는 성경을 인생의 맨 위 선반이 아니라 맨 아래 선반에 넣어두게 만드는 힘이 있다. 맨 위 선반이 성경이 당연히 있어야 할 자리인데 말이다. 이 문제는 우리를 수동적이고 다소 냉소적인 태도로, 뭔가 좋은 건 수가 생기기를 기다리며 어슬렁거리기만 하는 사람으로 만든다. 이 문제는 나 자신에 대해 생각하는 방식, 의사결정 방식을 바꿔 놓는다. 나는 우리가 어떻게 해서 그 문제에 빠지게 되는지는 잘 모르지만, 빠져나갈 길을 속히 찾아야 할 만큼 중요한 문제라는 것은 안다.

안달복달하는 것이 왜 문제인가? 사실 우리 중에는 복음을 가졌으되 한가운데 어두컴컴하고 커다란 구멍이 뚫린 복음을 가지고 있는 이가 많다. 우리는 복음의 과거(예수님의 희생을 통해 받은 죄 사함), 그리고 구원의 미래(예수님과 함께 있게 될 영원 세상)에 대해서는 아주 잘 알고 있는 게 확실하다. 하지만 그리스도의 사역이 지금 여기에서 우리에게 주는 유익에 대해서도 정말 잘 알고 있는가? 성경은 예수님께서 죽으신 것이 우리의 과거나 미래를 위해서만이 아니라 우리가 바로 지금 여기서 현재 직면하는 모든 일을 위해서도 죽으셨음을 힘 있게 선언한다. 우리는 예수 그리스도의 복음의 현재주의(nowism)를 연구하고, 검토하고, 가르치고, 조언하며, 이로써 서로 힘을 북돋울 필요가 있다. 갈라디아서 2장 20절에서 현재 시제 복음을 귀 기울여 들어 보라.

"내가 그리스도와 함께 십자가에 못 박혔나니[과거 역사 속의 구속 사실 진술] 그런즉 이제는 내가 사는 것이 아니요 오직 내 안에 그리스도께서 사시는 것이라[현재의 구속 사실 진술] 이제 내가 육체 가운데 사는 것은 나를 사랑하사 나를 위하여 자기 자신을 버리신 하나님의 아들을 믿는 믿음 안에서 사는 것이라[바로 여기에서, 바로 지금, 복음의 빛 가운데 살아가기]."

복음이 바로 지금 여기에서 우리에게 주어진 것이 무엇이라고 말하기에, 우리가 부름 받은 대로 살며 부름 받은 일을 할 수 있는 것일까? 대답은 바로 그리스도다! 그리스도께서 내 안에 계신다. 그리스도께서 나와 함께 계신다. 그리스도께서 나를 위해 계신다. 그리스도 안에서 나는 실로 나에게 필요한 모든 것을 다 가지고 있다. 지금까지 나는 결코 혼자 버려져 있지 않았다.

더 깊이 묵상하고 격려를 얻으려면 히브리서 12장 7-17절을 읽으라.

〜

⁷ 너희가 참음은 징계를 받기 위함이라 하나님이 아들과 같이 너희를 대우하시나니 어찌 아버지가 징계하지 않는 아들이 있으리요 ⁸ 징계는 다 받는 것이거늘 너희에게 없으면 사생자요 친아들이 아니니라 ⁹ 또 우리 육신의 아버지가 우리를 징계하여도 공경하였거든 하물며 모든 영의 아버지께 더욱 복종하며 살려 하지 않겠느냐 ¹⁰ 그들은 잠시 자기의 뜻대로 우리를 징계하였거니와 오직 하나님은 우리의 유익을 위하여 그의 거룩하심에 참여하게 하시느니라 ¹¹ 무릇 징계가 당시에는 즐거워 보이지 않고 슬퍼 보이나 후에 그로 말미암아 연단 받은 자들은 의와 평강의 열매를 맺느니라 ¹² 그러므로 피곤한 손과 연약한 무릎을 일으켜 세우고 ¹³ 너희 발을 위하여 곧은 길을 만들어 저는 다리로 하여금 어그러지지 않고 고침을 받게 하라 ¹⁴ 모든 사람과 더불어 화평함과 거룩함을 따르라 이것이 없이는 아무도 주를 보지 못하리라 ¹⁵ 너희는 하나님의 은혜에 이르지 못하는 자가 없도록 하고 또 쓴 뿌리가 나서 괴롭게 하여 많은 사람이 이로 말미암아 더럽게 되지 않게 하며 ¹⁶ 음행하는 자와 혹 한 그릇 음식을 위하여 장자의 명분을 판 에서와 같이 망령된 자가 없도록 살피라 ¹⁷ 너희가 아는 바와 같이 그가 그 후에 축복을 이어받으려고 눈물을 흘리며 구하되 버린 바가 되어 회개할 기회를 얻지 못하였느니라 / 히 12:7-17

19

하나님의 말씀이라는 거울을 들여다보았더니
은혜를 필요로 하는 어떤 사람이 보인다면, 그 은혜를 필요로 하는 또 다른 사람을
못 참아 줄 이유가 무엇이겠는가?

타인과의 관계에서 가장 큰 죄로 손꼽히는 것은 아마 망각의 죄일 것이다. 내 경우는 그렇지 않다고 말할 수 있으면 좋으련만 나도 예외가 아니다. 상대방이 얼마나 심각하게 은혜를 필요로 하는 사람인지 우리는 쉬이 잊으며, 나에게 얼마나 놀라운 은혜가 값없이 부어졌는지도 우리는 쉬이 잊는다. 나에게 주어진 은혜를 잊으면, 주변 사람들에게 아주 쉽게 은혜 없는 모습을 보이게 된다. 타인을 향한 최고의 은혜는 의무감에서 나오는 것이 아님이 아주 분명하다.

아내 루엘라와 함께 소파에 앉아 있다가 아내에게 밀려 바닥으로 쿵 떨어진 내가 이렇게 말한다고 가정해 보자.

"여보, 당신에게 은혜를 보이는 게 내 의무라는 것을 깨달았소. 그래서 내가 이제부터 당신에게 어떻게 할 것인지를 말해 보겠소. 나는 당신에게 은혜를 보일 텐데, 내가 정말 그러고 싶어서가 아니라 아마 그렇게 해야 하기 때문일 거요."

루엘라가 그 말에 한 순간이라도 힘을 얻을 것이라 생각하는가? 내 생각에는 아니다. 타인에게 은혜를 베푸는 삶은 감사의 토양에서 가장 잘 자라난다.

내가 어떤 존재인지를 정말 깊이 생각해 보면, 또한 내 힘으로 획득하거나 성취할 수 없고 받을 자격이 없는데도 아낌없이 내게 주어진 은혜에 대해 잠시 시간을 들여 생각해 보면, 그리고 그 은혜가 다른 누군가의 생명을 대가로 내게 주어졌음을 기억하면, 우리는 기쁘게 그 은혜를 다른 사람에게도 나누어 주고 싶은 마음을 갖게 된다.

신자가 다른 사람에게 거칠고 비판적이고 참을성 없고 짜증 섞인 태도를 보인다면, 이는 자신이 어떤 사람이고 예수님 안에서 자신에게 무엇이 주어졌는지를 망각했거나 부인하는 태도와 늘 관련 있다. 자신이 은혜를 필요로 하는 사람임을 깊이 깨달은 사람, 그 은혜가 자신에게 주어졌고 지금도 주어지고 있음을 강하게 인식하는 사람만큼 기분 좋게 남에게 은혜를 베풀 수 있는 사람은 없음이 분명하다.

우리가 그토록 빨리 망각하는 사람들이기에, 스스로 자격이 있다고 쉽게 믿어버리는 사람들이기에, 그리고 실제보다 더 의롭고 역량 있다고 생각하는 경향이 있기에, 우리 모두는 타인의 삶을 위한 은혜의 도구로 부름 받는 바로 그 순간 은혜를 필요로 한다.

은혜의 하나님께서 그 상황에 있는 모든 사람들에게 은혜로 역사하신다. 요한일서 4장 19절은 정말 맞는 말이다. "우리가 사랑함은 그가 먼저 우리를 사랑하셨음이라." 기억해 둘 만한 말씀이 아닐 수 없다.

더 깊이 묵상하고 격려를 얻으려면 에베소서 3장 14-21절을 읽으라.

~

[14] 이러므로 내가 하늘과 땅에 있는 각 족속에게 [15] 이름을 주신 아버지 앞에 무릎을 꿇고 비노니 [16] 그의 영광의 풍성함을 따라 그의 성령으로 말미암아 너희 속사람을 능력으로 강건하게 하시오며 [17] 믿음으로 말미암아 그리스도께서 너희 마음에 계시게 하시옵고 너희가 사랑 가운데서 뿌리가 박히고 터가 굳어져서 [18] 능히 모든 성도와 함께 지

식에 넘치는 그리스도의 사랑을 알고 [19] 그 너비와 길이와 높이와 깊이가 어떠함을 깨달아 하나님의 모든 충만하신 것으로 너희에게 충만하게 하시기를 구하노라 [20] 우리 가운데서 역사하시는 능력대로 우리가 구하거나 생각하는 모든 것에 더 넘치도록 능히 하실 이에게 [21] 교회 안에서와 그리스도 예수 안에서 영광이 대대로 영원무궁하기를 원하노라 아멘 / 엡 3:14-21

20

어디에서 소망을 찾아야 하는가? 삶을 변화시키는 한 마디,
"네가 언제나 너와 함께 있다"에서 찾아야 한다.

여러분과 나는 줄곧 소망을 찾는 중이다. 우리는 다 아침에 잠깨어 일어날 이유가 있기를, 삶을 지속해 나갈 동기가 부여되기를 원한다. 다음은 소망에 관해 우리가 알아야 할 것 몇 가지다.

1. 하나님께서는 처음부터 인간을 소망을 추구하는 존재로 만드셨다. 우리는 본능으로 살지 않는다. 우리는 본능 아닌 다른 어떤 것에서 우리의 정체성·의미·목적·내면의 행복감을 발견한다.

2. 어디에 소망을 두느냐에 따라 삶의 방향이 결정된다. 우리가 알든 모르든, 우리 삶의 경로는 소망이 지시한다. 철학에 소망을 두었든, 어떤 사람에게 소망을 두었든, 어떤 꿈이나 장소나 혹은 그 무엇에 소망을 두었든, 우리 삶은 내가 소망을 둔 것에 따라 구체화된다.

3. 소망에는 언제나 기대와 대상이 포함된다. 나는 무언가를 소망하고, 누군가 혹은 무언가가 그것을 가져다주기를 바란다.

4. 소망이 소망 되려면 고장난 것을 고쳐 주어야 한다. 내가 필요로 하는 것과 상관없는 소망은 그다지 소망스럽지 않다. 자동차가 고장

났을 때 정비사에게 소망을 두는 것은 그 정비사가 고장 난 곳을 고칠 능력이 있을 때뿐이다.

5. 우리는 자기 자신에게 늘 모종의 소망의 복음을 설교한다. 우리는 언제나 소망을 향해 손을 내밀며, 자신이 손 내밀어 잡고자 하는 것의 타당성을 자기 자신에게 설교한다.

하지만 여기 복음의 근본적 진리가 있다. 어떤 상황이 소망은 아니다. 어떤 위치가 소망은 아니다. 소유물이 소망은 아니다. 경험도 소망이 아니다. 소망은 어떤 통찰이나 자명한 이치 그 이상이다. 소망은 한 존재이며, 그 존재의 이름은 예수님이다! 예수님께서는 우리에게 오셔서 소망의 약속을 하신다.

"볼지어다 내가 세상 끝 날까지 너희와 항상 함께 있으리라"(마 28:20). 자, 거기에 소망이 있다. 우리에게는 마음으로부터 더 깊이 붙잡아야 할 무언가가 있다. 사람들이 내게 잘해 주었으면 하는 소망, 내가 하는 일이 잘 되었으면 하는 소망, 시험 당할 때 바람직한 선택을 할 수 있었으면 하는 소망, 탁월한 결단을 할 수 있을 만큼 똑똑했으면 하는 소망, 가난이나 질병을 피할 수 있었으면 하는 소망, 좋은 곳에서 여유 있게 먹고 살았으면 하는 소망보다 더 간절히 붙들어야 할 소망이. 그렇다, 이는 영원하고 지극히 인격적인 소망이다. 이 소망은 예수님께서 그 강한 팔로 우리를 감싸 안으시고 절대 우리를 저버리는 일이 없으리라는 사실에 근거한다. 계획하던 일이 하나도 제대로 풀리지 않고 두려워하던 나쁜 일들이 온통 내 길을 가로막는다 해도 여전히 소망은 있다. 그분께서 권능과 은혜로 나와 함께 해주시기 때문이다.

더 깊이 묵상하고 격려를 얻으려면 학개 1장 12-15절을 읽으라.

¹² 스알디엘의 아들 스룹바벨과 여호사닥의 아들 대제사장 여호수아와 남은 모든 백성이 그들의 하나님 여호와의 목소리와 선지자 학개의 말을 들었으니 이는 그들의 하나님 여호와께서 그를 보내셨음이라 백성이 다 여호와를 경외하매 ¹³ 그 때에 여호와의 사자 학개가 여호와의 위임을 받아 백성에게 말하여 이르되 여호와가 말하노니 내가 너희와 함께 하노라 하니라 ¹⁴ 여호와께서 스알디엘의 아들 유다 총독 스룹바벨의 마음과 여호사닥의 아들 대제사장 여호수아의 마음과 남은 모든 백성의 마음을 감동시키시매 그들이 와서 만군의 여호와 그들의 하나님의 전 공사를 하였으니 ¹⁵ 그 때는 다리오 왕 제이년 여섯째 달 이십사일이었더라 / **학개 1:12-15**

21

영원만이 줄 수 있는 것을 현재를 향해 요구하면, 결국 우리는 막다른 곳에 내몰리게 되고, 좌절하고 낙심하게 되며, 마지막에는 절망하게 될 것이다.

　이것은 현대 복음주의 정신분열증의 한 사례다. 이는 우리에게 많은 혼란, 좌절, 낙심을 초래한다. 이는 비현실적 기대를 갖게 만들고, 유혹에 대해 순진한 태도를 갖게 만들며, 걸핏하면 실망하게 만든다. 이는 주변 사람들에게 너무 많은 것을 요구하게 만들고 우리 삶의 정황과 위치에 대해 적정 수준 이상의 기대를 갖게 만든다. 이는 찾지 못할 것을 자꾸 추구하게 만들고 그것을 왜 찾지 못하는지 끝없이 궁금해 하며 시간을 허비하게 만든다. 어떤 사람의 경우 이는 심지어 하나님의 선하심을 의심하게 만든다.
　"이 정신분열증은 도대체 무엇인가?" 우리는 묻는다. 사실 우리는 영원을 믿는다고 선언하지만, 그러면서도 이 세상이 전부인 것처럼 산다. 우리 신앙 체계와 우리 일상생활 사이의 이런 기능적 모순은 작동할 수가 없다. 이유는 다음과 같다.
　첫째, 영원 없이는 그리스도인의 삶에서 아무런 의미도 얻을 수 없다. 이것이 고린도전서 15장이 시종일관 주장하는 내용이다. 내 삶을 드린 분께서 죄가 망쳐 놓은 그 모든 것을 궁극적으로 바로잡아 주시지 않는다면, 그리하여 죄의 결과 없이 그분과 영원히 함께 살 수 있게 해주시지 않는다면 내 믿음이 무슨 가치가 있는가?

둘째, 여러분과 나는 영원을 지향하며 살도록 행동 양식이 정해져 왔다. 전도서 3장 11절은 하나님께서 모든 사람에게 영원을 사모하는 마음을 주셨다고 선언한다. 이는 모든 사람이 낙원을 갈급해 한다는 뜻이다. 어떤 사람도 현재 상황에 만족하지 않는다. 그래서 우리는 내 삶을 지금 여기서, 지금 바로 낙원으로 만들려고 더할 수 없이 열심히 애쓰다가 소용이 없자 막다른 곳에 내몰려 실망하든지, 아니면 장차 낙원에서 내 자리가 확실하게 보장되어 있음을 알고 거기서 비롯되는 안식과 평강을 누리며 이 망가진 세상을 살든지 한다. 세상이 이처럼 엉망인 것이 슬퍼서, 우리는 하나님의 은혜롭고 권능 있는 손 안에서 변화의 동인이 되려는 노력을 하되, 잘 되지 않는다고 초조해 하거나 막다른 길로 몰리지는 않는다. 이 세상은 이러지도 저러지도 못하는 상태가 아니라는 것을, 그리고 이 세상은 하나님께 버림받지 않았다는 것을 우리는 알고 있다. 하나님께서 자신의 영원한 계획을 이행하고 계신 중임을 우리는 알고 있다. 하나님께서는 만사를 최종 결론으로 움직여가고 계신다. 날마다 그 광경을 확인할 수는 없지만, 그게 사실임을 우리는 알고 있다. 슬픔 한가운데도 찬양이 있으니, 이는 우리가 하나님의 장대한 이야기책의 마지막 장을 읽었고 그래서 그 이야기의 결말이 어떻게 진행되는지 알고 있기 때문이다.

그러므로 매일 아침 잠에서 깨면 하나님께서 선하다 하신 일을 하는데 전념하라. 왜냐하면 하나님께서 은혜로써 내 미래에 영원이 있게 하셨을진대 내가 하나님의 이름으로 할 수 있는 일은 그 어떤 것도 헛되지 않기 때문이다.

더 깊이 묵상하려면 고린도전서 15장 12-28절을 읽으라.

~

12 그리스도께서 죽은 자 가운데서 다시 살아나셨다 전파되었거늘 너희 중에서 어떤 사람들은 어찌하여 죽은 자 가운데서 부활이 없다 하느냐 13 만일 죽은 자의 부활이 없으면 그리스도도 다시 살아나지 못하셨으리라 14 그리스도께서 만일 다시 살아나지 못하셨으면 우리가 전파하는 것도 헛것이요 또 너희 믿음도 헛것이며 15 또 우리가 하나님의 거짓 증인으로 발견되리니 우리가 하나님이 그리스도를 다시 살리셨다고 증언하였음이라 만일 죽은 자가 다시 살아나는 일이 없으면 하나님이 그리스도를 다시 살리지 아니하셨으리라 16 만일 죽은 자가 다시 살아나는 일이 없으면 그리스도도 다시 살아나신 일이 없었을 터이요 17 그리스도께서 다시 살아나신 일이 없으면 너희의 믿음도 헛되고 너희가 여전히 죄 가운데 있을 것이요 18 또한 그리스도 안에서 잠자는 자도 망하였으리니 19 만일 그리스도 안에서 우리가 바라는 것이 다만 이 세상의 삶뿐이면 모든 사람 가운데 우리가 더욱 불쌍한 자이리라 20 그러나 이제 그리스도께서 죽은 자 가운데서 다시 살아나사 잠자는 자들의 첫 열매가 되셨도다 21 사망이 한 사람으로 말미암았으니 죽은 자의 부활도 한 사람으로 말미암는도다 22 아담 안에서 모든 사람이 죽은 것 같이 그리스도 안에서 모든 사람이 삶을 얻으리라 23 그러나 각각 자기 차례대로 되리니 먼저는 첫 열매인 그리스도요 다음에는 그가 강림하실 때에 그리스도에게 속한 자요 24 그 후에는 마지막이니 그가 모든 통치와 모든 권세와 능력을 멸하시고 나라를 아버지 하나님께 바칠 때라 25 그가 모든 원수를 그 발 아래에 둘 때까지 반드시 왕 노릇 하시리니 26 맨 나중에 멸망 받을 원수는 사망이니라 27 만물을 그의 발 아래에 두셨다 하셨으니 만물을 아래에 둔다 말씀하실 때에 만물을 그의 아래에 두신 이가 그 중에 들지 아니한 것이 분명하도다 28 만물을 그에게 복종하게 하실 때에는 아들 자신도 그 때에 만물을 자기에게 복종하게 하신 이에게 복종하게 되리니 이는 하나님이 만유의 주로서 만유 안에 계시려 하심이라 / **고전 15:12-28**

22

**여러분과 나는 주변의 우상들에게서만 구조되어야 하는 것이 아니다.
그렇다, 우리는 우상을 숭배하는 우리 마음으로부터도 구조 받아야 한다.**

그때 나는 인도 북부, 잘 알려진 특별한 힌두교 도시 중 한 곳에 머물고 있었다. 인도 사역이 처음인 나는 4일 간 여러 곳을 돌아다니며 힌두교에 관해 안내를 받고 있던 중이었다. 우리 일행이 들어간 한 신전에서 나는 이제껏 본 우상 중 가장 무시무시한 우상을 보았다. 나는 그런 것이 존재하는 줄도 몰랐다. 그것은 높이가 2미터쯤 되어 보이는 거대한 남성 성기 상(像)이었다. 내 주변의 힌두교 순례자들은 신전에 들어서는 순간 감정이 격해지는 것 같았다. 이들은 그 신전에 오게 된 것을 기뻐하고 감사했다. 그 상 앞에 배를 깔고 엎드리는 이들도 많았다. 이들은 상 하단에 입을 맞추기도 했다. 그때까지 보아온 광경 중 영적으로 가장 암울한 광경이었다. 너무도 가난해 보이는 한 인도인 가족과 통역사를 통해 인터뷰를 했는데, 이들은 몇 달을 걸어, 이 도시 이 어둠의 신전에 당도했다고 했다. 영적으로 너무 숨이 막히는 광경이어서 나는 어서 그 건물에서 나오고 싶은 마음뿐이었다.

분주한 거리를 지나 우리 일행의 자동차로 돌아오면서, 나는 나도 모르게 자꾸 혼잣말을 하고 있었다. "내가 저 사람들 같지 않아서 하나님께 얼마나 감사한지, 내가 저 사람들 같지 않아서 하나님께 얼마나 감사한지." 그때 한 가지 생각이 머리를 스쳤다. 나도 저 사람들하고 똑같다! 그렇다, 내 우상은 형식을 갖춘 종교의 음울한 우상은 아니다. 날마다 접하는 세상 속 알아차리기 힘든 우상이 바로 내 우상이다. 내 마음 속에서 하나님만이 계셔야 할 자리를 자기 자리라고 주장하는 것들이 바로 내 우상이다. 신전의 그 우상이 내게 그러했듯 내 마음 속 이 우상들도 내 주님께는 구역질나는 것들이다. 그 순간 나는 내 마음 속에서 날마다 예배 전쟁이 벌어지고 있음을 자백했다. 주 예수 그리스도의 은혜만이 그 전쟁에서 나를 구해줄 수 있었기에 나는 그 도움을 주실 것을 부르짖었고, 그 전쟁이 마침내 끝날 날을 갈망했다.

예배는 형식이 정해진 종교적 배경에서만 일주일에 한 번 행하는 어떤 일이 아니다. 하나님께서는 우리를 만드실 때 예배하는 자들로 만드셨다. 우리가 하는 모든 일이 다 예배의 산물이다. 우리는 늘 무언가에게 우리 마음을 주고 있으며, 우리 마음을 주는 그 대상은 하나님 아니면 하나님께서 창조한 어떤 것이다. 이 모든 일은 우리 삶의 사소한 순간들에서 벌어지며, 그 순간을 위해 우리는 매분 매초 은혜가 필요하다. 그것이 바로 요한이 요한일서 5장 21절에서 우리 자신을 우상에게서 지키라고 조언하는 이유다. 우리 마음이 쉽사리 하나님 아닌 것의 지배를 받게 된다는 사실이야말로 우리에게 은혜가 필요함을 보여 주는 가장 강력한 논거(論據)다. 그런데 그 은혜가 값없이 주어진다. 내 마음 속에서 하나님의 자리를 요구하는 우상에게 저항하고 도망침으로써, 나를 돕는 그 은혜 가운데 살지 않겠는가?

더 깊이 묵상하고 격려를 얻으려면 에스겔 20장을 읽으라.

GOODTV 개역개정성경
에스겔 20장 오디오클립으로
연결됩니다.

23

소망은 물건도 아니고, 어떤 장소도 아니고, 상황도 아니고, 경험도 아니다.
소망은 한 존재이며, 그 존재의 이름은 예수님이다.

나 자신과 내 주변 사람들이 하는 말에 주의를 기울이고 그 말을 세심히 들어보면 우리가 소망에 집착한다는 사실을 실감할 수 있다. 우리가 하는 일들은 하루하루 소망을 연료로 삼는다. 3학년 꼬마 샐리는 학교 갈 준비를 하면서 엄마에게 말한다. "학교에서 여자애들이 나를 좋아하면 정말 좋겠어." 그 날 샐리 엄마는 속으로 이런 생각을 한다. "우리 결혼 생활이 조금 더 나아지면 좋을 텐데." 십대 청소년 팀은 친구에게 말한다. "방과 후 새 알바 자리 구했는데, 힘들지 않은 일이면 좋겠어." 아빠는 회사에서 인원 감축 대상자가 되지 않기를 바라며 걱정에 잠긴다. 점심 식사로 고른 메뉴가 맛이 좋기를 바라는 것에서부터 해야 할 일을 할 수 있는 도덕적 능력이 있었으면 하는 것에 이르기까지, 우리 삶은 소망을 연료 삼고 소망의 지휘를 받아 지속된다.

우리 모두가 추구하는 것은, 우리를 실망시키지 않을 소망, 마지막에 우리를 절망 상태에 버려두지 않을 소망이다. 또한 우리는 자신이 소망을 품은 일이 실현될 것이라고 자기 자신을 납득시키고 싶어 한다. 어떤 것에 소망을 둘 때 나는 그것에게 무엇을 요구하는가? 마음의 평화를 주기를 요구한다. 인생에 의미를 주기를 요구한다. 목적과 방향을 달라고 요구한다. 삶을 지속해 나갈 이유를 달라고 요구한다. 난관과 실망을 잘 겪어낼 수 있도록 도와주기를 요구한다. 시기심이나 불안에서 벗어나게 해달라고 요구한다. 아침에는 기쁨을 주고 밤에는 안식을 주기를 요구한다. 자, 무엇에게든 이건 너무 과한 요구다. 그리고 그 사실은 우리에게 이 현실을 들이민다. 즉, 소망이 나를 실망시킨다면 그것은 그 소망이 잘못된 소망이기 때문이라는 것이다.

로마서 5장 1-5절은 고난의 때에도 나를 실망시키지 않을 소망에 대해 말한다. "그런 소망을 어디서 찾을 수 있을까?"라고 아마 생각할 것이다. 내 삶을 구성하는 상황과 장소와 관계가 끊임없이 변화함에 따라 그것들과 함께 사라지지 않는 불굴의 소망, 어느 때든 우리를 절대 실망시키지 않을 소망은 오직 한 곳에서만 찾을 수 있다. 그 소망은 특정한 물건에서 찾아지지 않는다. 그 소망을 찾을 수 있는 곳은 사실 오직 한 분 예수님뿐이다.

우리가 깨닫든 못 깨닫든, 예수님은 우리의 소망하는 마음이 추구해온 바로 그것이다. 우리가 사실상 추구해 온 것은 생명, 곧 정말로 마음을 변화시키고 마음을 만족시키는 생명, 더할 나위 없는 생명, 풍성한 생명이기 때문이다. 사람들이 나를 사랑하고 존경할 수는 있지만, 나에게 생명을 줄 수는 없다. 상황이 내 삶을 좀 더 수월하게 만들어 줄 수는 있지만, 나에게 생명을 줄 수는 없다. 장소가 내 삶에 어떤 변화를 안겨 줄 수는 있지만, 나에게 생명을 줄 수는 없다. 성취가 일시적으로 만족감을 줄 수는 있지만 나에게 생명을 주지는 못한다. 참으로 지속적인 소망은 수평적 차원에서는 절대 찾을 수 없다. 그 소망이 발견된다면 수직적 차원에서만, 메시아, 곧 소망이신 분의 발치에서만 발견될 수 있다. 소망하는 마음을 오늘 그분의 손 안에 두라.

더 깊이 묵상하고 격려를 얻으려면 골로새서 1장 15-29절을 읽으라.

~

¹⁵ 그는 보이지 아니하는 하나님의 형상이시요 모든 피조물보다 먼저 나신 이시니 ¹⁶ 만물이 그에게서 창조되되 하늘과 땅에서 보이는 것들과 보이지 않는 것들과 혹은 왕권들이나 주권들이나 통치자들이나 권세들이나 만물이 다 그로 말미암고 그를 위하여 창조되었고 ¹⁷ 또한 그가 만물보다 먼저 계시고 만물이 그 안에 함께 섰느니라 ¹⁸ 그는 몸인 교회의 머리시라 그가 근본이시요 죽은 자들 가운데서 먼저 나신 이시니 이는 친히 만물의 으뜸이 되려 하심이요 ¹⁹ 아버지께서는 모든 충만으로 예수 안에 거하게 하시고 ²⁰ 그의 십자가의 피로 화평을 이루사 만물 곧 땅에 있는 것들이나 하늘에 있는 것들이 그로 말미암아 자기와 화목하게 되기를 기뻐하심이라 ²¹ 전에 악한 행실로 멀리 떠나 마음으로 원수가 되었던 너희를 ²² 이제는 그의 육체의 죽음으로 말미암아 화목하게 하사 너희를 거룩하고 흠 없고 책망할 것이 없는 자로 그 앞에 세우고자 하셨으니 ²³ 만일 너희가 믿음에 거하고 터 위에 굳게 서서 너희 들은 바 복음의 소망에서 흔들리지 아니하면 그리하리라 이 복음은 천하 만민에게 전파된 바요 나 바울은 이 복음의 일꾼이 되었노라 ²⁴ 나는 이제 너희를 위하여 받는 괴로움을 기뻐하고 그리스도의 남은 고난을 그의 몸된 교회를 위하여 내 육체에 채우노라 ²⁵ 내가 교회의 일꾼 된 것은 하나님이 너희를 위하여 내게 주신 직분을 따라 하나님의 말씀을 이루려 함이니라 ²⁶ 이 비밀은 만세와 만대로부터 감추어졌던 것인데 이제는 그의 성도들에게 나타났고 ²⁷ 하나님이 그들로 하여금 이 비밀의 영광이 이방인 가운데 얼마나 풍성한지를 알게 하려 하심이라 이 비밀은 너희 안에 계신 그리스도시니 곧 영광의 소망이니라 ²⁸ 우리가 그를 전파하여 ⁴⁾각 사람을 권하고 모든 지혜로 각 사람을 가르침은 각 사람을 그리스도 안에서 완전한 자로 세우려 함이니 ²⁹ 이를 위하여 나도 내 속에서 능력으로 역사하시는 이의 역사를 따라 힘을 다하여 수고하노라 / 골 1:15-29

24

한 인간의 대수롭지 않은 나라는 하나님의 나라의 영광과 겨룰 수 없으니,
그 나라는 은혜로써, 오직 은혜로써만 우리의 것이 된다.

예수님께서 제자들에게 하신 말씀 중 가장 듣기 좋고 가장 격려가 되는 말씀 한 가지가 누가복음 12장 32절에 기록되어 있다. "적은 무리여 무서워 말라 너희 아버지께서 그 나라를 너희에게 주시기를 기뻐하시느니라." 여러분과 나는 나라를 지향하는 사람들이다. 우리는 늘 모종의 나라를 추구하고 섬긴다. 우리는 왕의 왕이신 분께 충성하며 살면서 영광과 은혜의 그 나라로 반갑게 맞이되는 것을 기뻐하든지, 아니면 자기 자신에게 스스로 기름을 부어 왕 노릇하면서 일개 인간의 보잘 것 없는 나라를 세우려 애쓰든지 둘 중 하나다.

우리가 알아야 할 중요한 사실은 다음과 같다. 하나님께서 우리에게 은혜를 주심은, 폐소 공포증을 느끼게 하는 우리의 보잘 것 없는 일개 나라가 제대로 돌아가게 하기 위해서가 아니라 그 보다 훨씬, 훨씬 더 좋은 나라로 우리를 초대하기 위해서다. 우리는 무엇이 우리에게 최선인지 알고 있다고 생각하지만, 사실은 그렇지 않다. 우리는 자신의 삶을 스스로 관리할 수 있다고 생각하지만, 사실은 그렇지 않다. 우리는 우리를 행복하게 해줄 수 있다고 여겨지는 일에 마음을 두지만, 그 일들은 우리를 행복하게 해주지 못한다. 우리는 유혹이 닥칠 때 스스로 방어할 수

있다고 생각하지만, 혼자 힘으로는 그렇게 하지 못한다. 인간은 모두 왕을 필요로 한다. 인간은 모두 구조될 필요가 있고, 스스로에게 줄 수 없는 용서와 정의와 자비와 피난처와 보호를 필요로 한다.

그리스도의 사역의 아름다움은 그분의 삶과 죽음과 부활을 통해 우리에게 영원히 죄 사함이 주어진다는 사실뿐만 아니라 그와 더불어 우리가 우주에서 가장 강하고 유일하게 완전한 왕이 다스리시는 나라로 반갑게 맞아들여진다는 사실에 있다. 그 왕께서는 그 어떤 인간의 나라도 줄 수 없는 것으로 우리에게 복 주신다. 그 왕께서는 죄 사함·화해·평강·소망을 우리에게 쏟아 부어 주신다. 우리가 스스로를 보호해야 한다는 인식이 없을 때 그 왕께서 우리를 보호하신다. 우리가 보기에 통제불능인 순간도 그 왕께서 모두 다스리신다. 그 왕께서는 우리 마음에 자기 나라를 세우사, 우리를 지배하려고 하는 다른 모든 것들에서 우리를 건져내신다. 또한 그 왕께서는 우리가 창조된 것이 왕으로 살면서 우리 자신의 보잘 것 없는 나라를 세우려 노심초사하기 위해서가 아니라고 참을성 있게 우리를 가르치신다. 그 왕께서는 자신의 왕권 아래 안식하면서 왕의 영광을 위해 산다는 것이 무슨 의미인지 우리에게 가르치신다. 또한 그 왕께서는 자신의 나라가 언제든 절대 끝나지 않으리라는 진리로 우리에게 힘을 북돋아 주신다.

오늘 우리는 왕이 져야 할 짐을 우리 어깨에 짊어지고는, 하나님께서 나를 위해 이미 나라를 세우셨다는 사실을 망각한 채 내가 세울 수 없는 나라를 세우려 애쓰고 있지 않은가? 아니면 나에게 자신의 나라를 주시는 것이 우리 주님의 선한 기쁨이라는 평안함 가운데 안식하고 있는가?

더 깊이 묵상하고 격려를 얻으려면 마태복음 6장 19-24절을 읽으라.

¹⁹ 너희를 위하여 보물을 땅에 쌓아 두지 말라 거기는 좀과 동록이 해하며 도둑이 구멍을 뚫고 도둑질하느니라 ²⁰ 오직 너희를 위하여 보물을 하늘에 쌓아 두라 거기는 좀이나 동록이 해하지 못하며 도둑이 구멍을 뚫지도 못하고 도둑질도 못하느니라 ²¹ 네 보물 있는 그 곳에는 네 마음도 있느니라 ²² 눈은 몸의 등불이니 그러므로 네 눈이 성하면 온 몸이 밝을 것이요 ²³ 눈이 나쁘면 온 몸이 어두울 것이니 그러므로 네게 있는 빛이 어두우면 그 어둠이 얼마나 더하겠느냐 ²⁴ 한 사람이 두 주인을 섬기지 못할 것이니 혹 이를 미워하고 저를 사랑하거나 혹 이를 중히 여기고 저를 경히 여김이라 너희가 하나님과 재물을 겸하여 섬기지 못하느니라 / **마 6:19–24**

25

사랑 없는 신학은 그저 아주 나쁜 신학일 뿐이다.

　이것은 학생들을 가르치는 이가 경험하는 놀라운 순간 중 하나로, 미리 계획할 수도 없고 앞으로 어떻게 진행될지도 알 수 없는 순간이다. 내가 신학교에서 맡은 강의는 목회자 후보생들이 별로 원하지 않는 강의였다. 내가 맡은 수업은 목회상담 수업이었다.
　강의실을 가득 메운 장래의 목회자들은, 신학적으로 건전하고 주해적으로 정확한 설교를 하면 그 설교를 듣는 이들에게 상담 같은 것은 필요하지 않을 것이라 생각하는 사람들이었다. 내 수업을 듣는 학생들은 사실 그 강의실에 앉아 있고 싶지 않은 사람들이고 사실은 내가 가르쳐야 하는 내용을 갈급해 하지 않는 사람들이라는 것을 알고 있었기에, 나는 학기가 시작될 때마다 학생들에게 이야기를 들려줌으로써 수업을 시작했다. 자기 삶을 엉망진창으로 만든 사람들이 그 난관과 재앙 가운데서 나에게 도움을 기대하고 찾아온 이야기였다.
　내가 그런 사례들을 이야기하노라면 학생들 중 누군가가 이렇게 말하곤 했다. "좋습니다, 잘 알아들었어요. 이 수업을 통해 우리에게 주시고자 하는 것이 '앞으로' 우리에게 정말 필요하다는 것을 말입니다."
　어느 날 이런 이야기가 한창 진행되고 있는데 한 학생이 손을 들더니 이렇게 말했다. "좋습니다. 트립 교수님, 교회에서 이런 프로젝트를 진행해야 한다는 것은 알겠습니다. 이제 어떤 식으로 진행을 해야 하는지 말씀해 주세요. 그래야 현장으로 가서 실천할 것 아닙니까." 나는 그 학생의 말에 말문이 막히기도 했고 덕분에 내 생각을 말할 수 있게 되었다는 사실에 감사하기도 했다. 사역자가 되고자 한다면서, 사람을 사랑하기보다 더 많은 아이디어를 사랑하는 게 분명한 학생이었다! 가여운 그 학생은 "사랑 안에서 참된 것을 [말하라]"(엡 4:15)는 성경의 규범에서 동떨어져 있었다. 이 말씀은 다른 사람들과 더불어 사랑의 공동체를 이루기 위해 신학을 하라는 부름이다. 사랑으로 말하지 않는 진리가 더는 진리가 아님은, 다른 인간적 의제들 때문에 이 진리가 편향되고 왜곡되기 때문이다.

나는 타인과의 관계를 위해 진리를 버릴 수 없고, 진리를 위해 타인과의 관계를 버릴 수도 없다. 이 둘은 병행되어야 한다. 왜냐하면 우리는 자신이 미처 보지 못하는 부분과 편향된 부분을 보완해 줄 타인들과의 공동체 안에서 진리를 알 필요가 있고, 또한 우리가 어떤 종류의 공동체 안에서 함께 살아나가야 하는지 경계를 정해 줄 진리를 필요로 하기 때문이다.

최종적으로, 우리는 신학이 그 자체로 목적이 아님을 알아야 한다. 사랑이 무엇이고 사랑이 어떤 일을 하는지에 대한 궁극적 정의이신 분을 점점 닮아가는 것이 우리의 목표다. 은혜 가운데 그분은 우리가 사랑의 공동체가 되는 동시에 신학적으로 순수함을 유지하는 데 필요한 모든 것을 마련해 주신다. 어느 한쪽을 버린다면 이는 사랑하지 못하는 것일 뿐만 아니라 나쁜 신학이기도 하다. 이는 하나님의 진리를 손상시키는 것이기도 하고 하나님의 부르심을 거부하는 것이기도 하다. 겸손한 사랑의 공동체 안에 있어야 하나님께서 성경을 통해 우리에게 하신 모든 말씀을 모두 이해할 수 있는 최적의 위치에 있게 된다.

더 깊이 묵상하고 격려를 얻으려면 에베소서 4장 1-6절을 보라.

~

1 그러므로 주 안에서 갇힌 내가 너희를 권하노니 너희가 부르심을 받은 일에 합당하게 행하여 2 모든 겸손과 온유로 하고 오래 참음으로 사랑 가운데서 서로 용납하고 3 평안의 매는 줄로 성령이 하나 되게 하신 것을 힘써 지키라 4 몸이 하나요 성령도 한 분이시니 이와 같이 너희가 부르심의 한 소망 안에서 부르심을 받았느니라 5 주도 한 분이시요 믿음도 하나요 세례도 하나요 6 하나님도 한 분이시니 곧 만유의 아버지시라 만유 위에 계시고 만유를 통일하시고 만유 가운데 계시도다 / 엡 4:1-6

26

타인을 향한 자비는 나 또한 지속적으로 자비를 필요로 한다는 사실을 보여 주어, 나 자신의 끝으로 몰아가 자비로우신 구주의 품에 안기게 할 것이다.

타인에게 자비를 보이기는 우리에게 자연스러운 일이 아니다. 내 모든 필요가 확실히 다 충족되게 하는 것이 우리에게는 더 자연스럽다. 넉넉히 소유하지 못할 때가 올지 모른다고 두려워하면서 가진 것을 차곡차곡 쌓아두는 것이 자연스럽다. 나 자신을 위해 내가 원하는 것들을 길게 적어 가지고 다니는 것이 자연스럽다. 타인의 감정보다는 내 감정에 맞추는 게 자연스럽다. 나 자신에게는 자비를 원하고 타인에게는 정의가 시행되기를 바라는 것이 자연스럽다. 타인의 죄는 아주 민감하게 알아차리면서 나 자신의 죄는 보지 못하는 것이 자연스럽다. 우리가 자비로운 사람이기를 원하기는 한다면, 우리 자신에게 먼저 풍성한 자비가 필요하다. 자비의 공동체가 되는 길을 가로막고 서 있는 것은 바로 우리 자신이기 때문이다!

자비의 도구가 되라는 하나님의 부르심에 관해 생각하면서, 마태복음 18장 21-35절에 기록된 예수님의 비유를 생각하지 않기란 불가능하다. 하던 일을 멈추고 지금 당장 그 부분을 읽어 보라. 그리스도께서 이 이야기를 하신 데에는 두 가지 이유가 있었다. 첫째는, 베드로의 질문 이면에 담긴 속마음을 드러내 보이기 위해서였다. "좋습니다, 주님, 제가 몇 번이나 용서를 해야 합니까?" 이 질문은 자비가 결여된 마음을 입증했다. 그리스도께서 이 이야기를 하신 두 번째 이유는 우리 마음을 드러내 보이기 위해서였다. 알다시피 우리는 다 불의한 종이다. 우리는 하나님의 자비는 찬미하지만, 아이들이 집안을 어질러놓으면 고함부터 지른다. 우리는 놀라운 은혜를 노래하지만, 아내나 남편이 나를 기분 나쁘게 만들면 침묵으로 응징한다. 우리는 하나님의 사랑을 찬양하지만, 친구가 잠시 내게 불성실했다는 이유로 우정을 내팽개친다. 우리는 사함 받은 것을 감사하지만, 고통당하는 사람을 보면 그 사람이 그릇된 판단을 했기에 결과적으로 그런 일을 당해도 싸다고 말한다. 자신은 하나님의 자비에 흠뻑 잠겨 있으면서 타인에게는 율법을 들이민다. 우리가 자비를 베푸는 일에 그렇게 서툰 것은 자기 자신이 가난하고 궁핍한 다른 사람들에 비해 자비를 누릴 자격이 있다고 보는 경향이 있기 때문이다.

하지만 타인에게 자비로우라는 하나님의 명령이 자비가 결핍된 내 모습과 충돌하면, 우리는 그제서야 자기 자신을 정확히 보기 시작한다. 자기 내면에 하나님께서 요구하시는 것이 없다는 사실을 고백하기 시작한다. 하나님의 기준에 부응할 수 없다는 것을 자기 자신과 타인에게 인정하기 시작하고, 그리하여 타인에게 주려고 하지 않았던 바로 그것을 부르짖어 구하기 시작한다. 그리고 하나님의 자비가 내 유일한 소망임을 기억하기 시작하고 나에게 쏟아 부어진 자비가 얼마나 크고 장엄한지 묵상함에 따라 우리는 다른 이들도 그 자비를 경험할 수 있도록 돕고 싶다는 생각을 하기 시작한다. 알다시피, 나에게 주어진 자비를 망각하면 타인에게 자비를 베풀지 않기도 그만큼 쉬워진다. 하나님께서 맡기신 자비의 사역을 하기 위해 우리는 날마다 하나님의 자비의 사역을 필요로 한다.

더 깊이 묵상하고 격려를 얻으려면 시편 103편을 읽으라.

~

¹ 내 영혼아 여호와를 송축하라 내 속에 있는 것들아 다 그의 거룩한 이름을 송축하라 ² 내 영혼아 여호와를 송축하며 그의 모든 은택을 잊지 말지어다 ³@그가 네 모든 죄악을 사하시며 네 모든 병을 고치시며 ⁴ 네 생명을 파멸에서 속량하시고 인자와 긍휼로 관을 씌우시며 ⁵ 좋은 것으로 네 소원을 만족하게 하사 네 청춘을 독수리 같이 새롭게 하시는도다 ⁶ 여호와께서 공의로운 일을 행하시며 억압 당하는 모든 자를 위하여 심판하시는도다 ⁷ 그의 행위를 모세에게, 그의 행사를 이스라엘 자손에게 알리셨도다 ⁸ 여호와는 긍휼이 많으시고 은혜로우시며 노하기를 더디 하시고 인자하심이 풍부하시도다 ⁹ 자주 경책하지 아니하시며 노를 영원히 품지 아니하시리로다 ¹⁰ 우리의 죄를 따라 우리를 처벌하지는 아니하시며 우리의 죄악을 따라 우리에게 그대로 갚지는 아니하셨으니 ¹¹ 이는 하늘이 땅에서 높음 같이 그를 경외하는 자에게 그의 인자하심이 크심이로다 ¹² 동이 서에서 먼 것 같이 우리의 죄과를 우리에게서 멀리 옮기셨으며 ¹³ 아버지가 자식을 긍휼히 여김 같이 여호와께서는 자기를 경외하는 자를 긍휼히 여기시나니 ¹⁴ 이는 그가 우리의 체질을 아시며 우리가 단지 먼지뿐임을 기억하심이로다 ¹⁵ 인생은 그 날이 풀과 같으며 그 영화가 들의 꽃과 같도다 ¹⁶ 그것은 바람이 지나가면 없어지나니 그 있던 자리도 다시 알지 못하거니와 ¹⁷ 여호와의 인자하심은 자기를 경외하는 자에게 영원부터 영원까지 이르며 그의 의는 자손의 자손에게 이르리니 ¹⁸ 곧 그의 언약을 지키고 그의 법도를 기억하여 행하는 자에게로다 ¹⁹ 여호와께서 그의 보좌를 하늘에 세우시고 그의 왕권으로 만유를 다스리시도다 ²⁰ 능력이 있어 여호와의 말씀을 행하며 그의 말씀의 소리를 듣는 여호와의 천사들이여 여호와를 송축하라 ²¹ 그에게 수종들며 그의 뜻을 행하는 모든 천군이여 여호와를 송축하라 ²² 여호와의 지으심을 받고 그가 다스리시는 모든 곳에 있는 너희여 여호와를 송축하라 내 영혼아 여호와를 송축하라 / 시 103:1-22

27

**순종하라는 하나님의 부르심은 그 자체가 하나의 은혜다.
이 부르심을 통해 하나님께서는 나를 나 자신에게서 적극적으로 구하신다.**

우리는 다 노예들이다. 문제는 누구 혹은 무엇의 노예냐는 것이다. 사람은 누구나 기꺼이 희생하고자 한다. 문제는 누구 혹은 무엇에게 희생하느냐는 것이다. 우리는 다 일련의 규칙을 따른다. 문제는 그 규칙이 누구의 규칙이며 무엇을 위한 규칙이냐는 것이다. 우리는 다 어떤 것에 마음을 준다. 문제는 누구에게 혹은 무엇에게 주느냐는 것이다.

우리는 자유롭게 살도록 행동양식이 정해져 있지 않다. 우리가 말하는 '자유'가 독립적이고 자충족적인 삶을 말하는 것이라면 말이다. 우리를 창조하실 때, 하나님께서는 우리 자신보다 엄청나게 더 큰 어떤 것에 연결되어 살아야 할 존재들로 창조하셨다. 우리는 원래 불완전한 개인적 욕구와 목표보다 더 큰 어떤 의제(議題)에 따라 삶이 조직되고 방향을 안내받아야 할 존재로 살게 되어 있었다. 하나님께서는 우리를 우리 존재의 모든 면에서 하나님 및 우리를 위한 하나님의 계획에 연결되어 살아야 할 존재로 세심하게 지으셨으며, 하나님을 거부한다고 해서 우리가 자율적으로 사는 것은 아니다. 다만 하나님을 다른 어떤 것 혹은 어떤 사람으로 대체할 뿐이다.

그래서 은혜의 하나님께서 우리를 자유롭게 풀어 주시지 않음은 우리가 자유로워지지 않으리라는 것을 아시기 때문이다. 여러분과 나는 얼마 지나지 않아 다시 스스로 노예가 될 것이다. 죄가 여전히 우리 마음속에 살아 있기 때문에, 어디로 가든 우리는 다 노예들이다. 그리고 서글픈 현실은, 그다지 큰 힘을 들이지 않고도 우리를 또 다시 어떤 사람이나 어떤 것의 노예로 만들어 그 사람이나 그것이 우리의 대체 메시아 역할을 하게 만들 수 있다는 점이다.

그러면 은혜는 그런 우리에게 무엇을 제시하는가? 대답은, 세상에서 가장 놀랍고, 마음을 만족시키고, 삶을 변화시키며, 소망을 품게 만드는 노예 신분이다. 사랑·지혜·자비·권능의 궁극적 정의이신 분께서 우리를 자신의 노예로 삼으신다. 우리에게 생명을 줄 수 있는 단 한 분께서 우리 마음을 자신에게 예속시키신다. 우리 삶의 전 영역을 다스리시는 그분의 절대적 통치 수단은 우리를 무력하게 만드는 법이 아니라 생명을 주는 은혜다. 참되지도 않고 우리를 구원하지도 않는 것에 예속되어 노예 노릇하는 우리를 그분께서 자유롭게 해주신다. 결코 생명을 주지 않을 것을 섬기고 있는 우리를 그분께서 구해 주신다. 결코 소망을 찾을 수 없는 곳에서 소망을 구하는 일이 없도록 그분께서 우리를 보호하신다. 이는 정말로 참이니, 순종하라는 그분의 부르심은 그분의 구원하시는 은혜의 도구다.

하나님은 우리의 결심이라는 것이 얼마나 덧없는 것인지 정말 잘 알고 계신다. 하나님은 종잡을 수 없는 우리의 시선과 불충성하기 일쑤인 우리 마음을 정말 잘 알고 계신다. 그래서 하나님께서는 우리에게 충성을 명하사 우리가 다른 주인을 섬기지 못하게 만드신다.

바울은 로마서 6장 22절에서 이 점을 잘 표현한다. "그러나 이제는 너희가 죄로부터 해방되고 하나님께 종이 되어 거룩함에 이르는 열매를 맺었으니 그 마지막은 영생이라." 순종하라는 하나님의 부르심은 우리 생명을 끝내지 않는다. 오히려 이 부르심은 오직 하나님께서만이 주실 수 있는 생명을 보호하려는 것이다.

더 깊이 묵상하고 격려를 얻으려면 로마서 5장 1–11절을 읽으라.

~

¹ 그러므로 우리가 믿음으로 의롭다 하심을 받았으니 우리 주 예수 그리스도로 말미암아 하나님과 화평을 누리자 ² 또한 그로 말미암아 우리가 믿음으로 서 있는 이 은혜에 들어감을 얻었으며 하나님의 영광을 바라고 즐거워하느니라 ³ 다만 이뿐 아니라 우리가 환난 중에도 즐거워하나니 이는 환난은 인내를, ⁴ 인내는 연단을, 연단은 소망을 이루는 줄 앎이로다 ⁵ 소망이 우리를 부끄럽게 하지 아니함은 우리에게 주신 성령으로 말미암아 하나님의 사랑이 우리 마음에 부은 바 됨이니 ⁶ 우리가 아직 연약할 때에 기약대로 그리스도께서 경건하지 않은 자를 위하여 죽으셨도다 ⁷ 의인을 위하여 죽는 자가 쉽지 않고 선인을 위하여 용감히 죽는 자가 혹 있거니와 ⁸ 우리가 아직 죄인 되었을 때에 그리스도께서 우리를 위하여 죽으심으로 하나님께서 우리에 대한 자기의 사랑을 확증하셨느니라 ⁹ 그러면 이제 우리가 그의 피로 말미암아 의롭다 하심을 받았으니 더욱 그로 말미암아 진노하심에서 구원을 받을 것이니 ¹⁰ 곧 우리가 원수 되었을 때에 그의 아들의 죽으심으로 말미암아 하나님과 화목하게 되었은즉 화목하게 된 자로서는 더욱 그의 살아나심으로 말미암아 구원을 받을 것이니라 ¹¹ 그뿐 아니라 이제 우리로 화목하게 하신 우리 주 예수 그리스도로 말미암아 하나님 안에서 또한 즐거워하느니라 / 롬 5:1–11

28

기도는 삶을 보는 유일한 렌즈로서의 현재를 버리고
현실의 관점에서 삶을 보는 데 전념하라고 나에게 말한다.

내가 할 수 있는 기도 중 가장 필요한, 그러나 가장 위험한 기도는 어떤 기도이겠는가? 기도의 대부분을 차지하는 소소한 희망과 꿈 그 너머로 나를 데려가는 기도다. 일·결혼·가족·재정·집·자녀·은퇴·휴가·투자·교회·건강·정부·날씨 등에 관해 기도하는 것은 아무 문제 없다. 하지만 이런 기도만으로는 충분치 않다. 이런 종류의 기도는 '바로 지금-나'(right now-me)라는 유형을 따르는 기도다. 이는 바로 여기, 바로 지금의 삶에 관한 기도, 바로 여기, 바로 지금 나에게 필요하다고 여겨지는 것에 관한 기도다. 그렇다, 하나님께서는 현재 내 삶에 신경을 써 주신다. 이 순간을 위한 은혜를 내게 주신다. 바로 지금 그분은 나와 함께, 혹은 내 안에 계신다. 하지만 하나님께서는 이 순간 너머로, 나에게 정말 필요한 것이 무엇인지 진단할 수 있는 내 능력 그 너머로 확장되는 관점에서 나 자신과 나의 삶을 바라보라고 말씀하신다.

그리스도께서 우리 모두에게 명하시는 한 가지 기도가 있는데, 그 기도를 하려면 지금 이 순간의 의제들을 다 내려놓고 영원한 의제를 집어 들어야 한다. 그 기도를 하려면 나에게 필요한 것이 무엇인지에 대한 왜곡된 인식을 그분 앞에 내려놓고 나에게 무엇이 최선인지를 아시는 그분의 정확한 인식을 받아들여야 한다. 이는 '영원한-당신'(forever-you) 유형의 기도다. 이 기도를 하려면 긴 안목을 가져야 한다. 내가 내 삶을 장악하기를 그만두고 다른 분의 왕권 앞에 무릎 꿇어야 한다. 이 광경은 위험스런 몇 마디 말로 잘 포착된다. 왜 "위험"한가? 이 기도에는 내 삶을 전복시킬 수 있는 힘, 나를 지금까지의 나와는 매우 다른 사람으로 만들 수 있는 힘이 있기 때문이다. 우리가 해야 할 그 기도의 내용은 다음과 같다. "나라가 임하시오며 뜻이 하늘에서 이루어진 것 같이 내 삶 가운데 바로 여기, 바로 지금 이루어지이다"(마 6:10을 보라).

이런 말로 내 삶을 내어드리는 맥락에서만 예수님께서는 나를 반갑게 맞이하사 바로 여기, 바로 지금의 내 필요에 관해 기도하게 하신다.

여기에 은혜가 있다. 내가 왕이 되려 애쓰지 않아도 되고 왕이 져야 할 무거운 짐을 지지 않아도 되는 것은, 한 왕이 나에게 선물로 주어졌기 때문이다. 그 왕의 나라에서는 내가 늘 필요로 하는 모든 좋은 것들로 복을 받으며, 그 나라에 반갑게 맞아들여져 언제까지나 결코 끝나지 않을 어떤 일에 참여하게 된다.

그러므로 그 기도를 하라. 그 기도의 위험한 은혜야말로 사실 여러분이(그리고 내가) 필요로 하는 것이기 때문이다. 주저하지 말라. 바로 지금 하라. 왜 곧 지나갈 것을 위해서 사는가? 만족을 줄 수 있는 것을 추구하면서, 왜 절대 만족을 주지 못할 것들에 마음을 주는가? 나에게 무엇이 필요한지는 내가 안다고 왜 자신에게 말하는가? 나를 창조하신 분께서 더 잘 아시고 또 그것을 주겠다 약속하시는데 말이다.

더 깊이 묵상하고 격려를 얻으려면 누가복음 22장 39-48절을 읽으라.

~

39 예수께서 나가사 습관을 따라 감람산에 가시매 제자들도 따라갔더니 40 그 곳에 이르러 그들에게 이르시되 유혹에 빠지지 않게 기도하라 하시고 41 그들을 떠나 돌 던질 만큼 가서 무릎을 꿇고 기도하여 42 이르시되 아버지여 만일 아버지의 뜻이거든 이 잔을 내게서 옮기시옵소서 그러나 내 원대로 마시옵고 아버지의 원대로 되기를 원하나이다 하시니 43 천사가 하늘로부터 예수께 나타나 힘을 더하더라 44 예수께서 힘쓰고 애써 더욱 간절히 기도하시니 땀이 땅에 떨어지는 핏방울 같이 되더라 45 기도 후에 일어나 제자들에게 가서 슬픔으로 인하여 잠든 것을 보시고 46 이르시되 어찌하여 자느냐 시험에 들지 않게 일어나 기도하라 하시니라 47 말씀하실 때에 한 무리가 오는데 열둘 중의 하나인 유다라 하는 자가 그들을 앞장서 와서 48 예수께 입을 맞추려 가까이 하는지라 예수께서 이르시되 유다야 네가 입맞춤으로 인자를 파느냐 하시니 / 눅 22:39-48

29

**오늘 내 마음은 만족을 추구할 것이다. 그 만족을 피조물에게서 찾겠는가,
아니면 창조주와의 관계에서 찾겠는가?**

무슨 일이 벌어지고 있는지 명백했지만, 그의 눈에는 그렇지 않았다. 그가 시도하는 일은 절대 효과가 없을 터였다. 그의 집 정원사인 내가 출입문 가까이에 있는 지하실에서 보니 그는 새 자동차를 또 한 대 몰고 들어오고 있었다. 나는 그가 똑같은 행동을 하고 또 하는 것을 봤다. 사실 그의 집은 빠른 속도로 공간이 바닥나고 있었다. 값비싼 새 장난감에서 폴짝 내린 그는 내 생각을 물었다.

"효과가 없을 것 같은데요"라고 했더니 그는 이렇게 말했다.

"무슨 말인지 모르겠군, 이건 새 모델이라고."

"주인님이 하려고 하시는 일은 절대 효과가 없을 거라고 생각합니다"라고 하자, 그는 "나한테 무슨 말을 하려고 하는 건지 도무지 모르겠군"이라고 했다.

"차를 몇 대나 더 들이셔야 어떤 차든 주인님 마음을 만족시키는 기능이 없다는 것을 깨달으시겠습니까?" 그는 실망한 얼굴로 말했다.

"이봐, 자네는 남의 잔치에 재를 뿌리는군." 그의 말은 사실이었다. 그리고 이는 엄청난 복음 진리의 순간이었다.

보고 듣고 냄새 맡고 만져보고 맛볼 수 있는 창조 세상은 놀랍고 아름

답다. 세상은 모퉁이를 돌 때마다 나타나는 끝없는 장관(壯觀)의 전시장 같다. 새들의 노래, 불 위에서 익어가는 스테이크 냄새, 산의 위용, 바람의 힘, 사슴의 우아함, 출렁이는 파도, 일몰의 아름다움, 키스의 달콤함 등은 다 그 나름대로 아름답다. 하지만 창조 세계의 아름다움이 전시되는 것을 오감으로 즐길 때 늘 기억해야 할 것이 한 가지 있다. 창조 세계는 내 마음을 만족시킬 수 있는 능력이 없다. 지구는 절대 나의 구원자일 수 없다. 피조물에게 그 피조물의 원래 존재 목적이 아닌 것을 요구하면, 잠깐의 충족감을 얻게 되고, 그러면 그 잠깐의 충족감을 위해 똑같은 일을 하고 또 해야 한다. 충만하고 만족한 상태에 머무는 게 아니라 똑같은 행동을 다시 하고 또 해야 하기 때문에, 창조 세계는 결국 나를 풍풍하게 만들고, 중독자로 만들고, 빚더미에 앉게 만든다.

창조 세계의 아름다움은 원래 화려해야 한다. 하지만 이 아름다움은 원래 우리가 생명을 기대하고 찾아가야 할 대상이 아니다. 그렇다, 창조 세계의 모든 아름다움은 원래 영광의 하나님을 가리키는 커다란 손가락이다. 바로 그 하나님께서 그 아름다움을 하나하나 만드셨으며 오직 그 하나님만이 우리에게 생명을 주실 수 있다. 피조물 경배는 생명에 이르는 길이 절대 아니다. 피조물 경배는 오히려 정반대 방향으로 우리를 안내한다. 오늘 우리는 무언가에게 자기 삶을 내줄 것이다. 창조주의 은혜만이 우리 마음을 채워 줄 수 있고 변화시킬 수 있으니 그분에게 삶을 내주겠는가, 아니면 본디 우리 마음을 채워 줄 수도, 변화시켜 줄 수도 없는 피조물에게 내주겠는가?

더 깊이 묵상하고 격려를 얻으려면 예레미야 10장을 읽으라.

GOODTV 개역개정성경
예레미야 10장 오디오클립으로
연결됩니다.

30

이 사실을 직시하라. 나의 의로운 행위가 아무리 훌륭할지라도 하나님의 기준에는 미치지 못한다는 것을. 그것이 바로 나에게 예수님의 은혜가 주어진 이유다.

하나님 은혜의 크기를 많이 알면 알수록 내 불의함의 깊이를 보는 시각도 그만큼 정확해지고, 내 불의함의 깊이를 깨달으면 깨달을수록 하나님의 은혜의 선물이 얼마나 큰지 그 가치를 더 잘 인식하게 된다. 자신의 의로움에 안주하는 사람은 사실상 은혜를 알지 못하는 것이며, 하나님의 은혜에 아무런 감명이 없는 사람은 사실상 자신의 죄를 깨닫지 못하는 것이다. 그러므로 하나님 은혜의 본질에 대해 이야기해 보자.

하나님의 은혜의 본질적 성격에 관해 이야기한다는 것은 먼저 죄의 참화에 관해 이야기한다는 뜻이다. 죄는 본래 반역 행위를 말하는 게 아니다. 죄란, 무엇보다 먼저, 반역 행위를 낳는 마음 상태다. 여러분과 내가 죄를 범하는 것은 우리가 죄인이기 때문이다. 세상에 생존했거나 생존하는 사람이라면 누구나 죄 상황 가운데 태어났으며, 이 때문에 우리 각 사람은 하나님의 기준에 부응하는 삶을 살 능력이 없다. 죄 때문에 우리는 하나님께서 옳다 하시는 일을 완벽히 행하려는 욕구나 의지나 능력이 없는 상태가 된다. 노력하다가 실패하는 상황이든, 반역하고 신경 쓰지 않는 경우든, 누구에게나 운동장은 평평하다. 즉, 우리는 다 하나님의 기준에 미치지 못한다.

로마서 3장을 읽어 보라. 이 장은 우리가 다 변경할 수 없는 비참한 영적 상태에 있음을 기가 막히게 분석해서 보여 준다. 우리는 다 무능력하고, 우리는 다 죄책을 안고 있으며, 스스로 문제를 해결하기 위해 우리가 할 수 있는 일은 아무것도 없다. 하나님 보시기에 선한 사람은 하나도 없고, 하나님의 요구 조건을 충족시킬 수 있는 사람도 하나 없다. 이는 누구도 빠져나갈 수 없는, 모두를 겸손하게 만드는 슬픈 현실이다.

하지만 하나님께서는 우리를 이 가엾고 무력하고 절망적인 상태에 버려두지 않으셨다. 하나님께서는 자기 아들을 보내사 우리가 할 수 없었던 일을 하게 하시고, 우리가 죽었어야 할 때 대신 죽게 하시고, 죄와 사망을 물리치고 부활하게 하셨다. 아들께서 이 모든 일을 하심은 우리 자신의 것이 아닌 의, 하나님의 요구조건을 완전히 충족시키는 의 가운데 우리가 안식할 수 있도록 하기 위해서였다. 그래서, 아무 능력이 없음에도 우리에게는 소망이 없지 않다. 우리가 완벽히 거룩하신 하나님 앞에 상하고 연약하고 부족한 상태로 아무런 두려움 없이 설 수 있음은 예수 그리스도의 의 가운데 하나님 앞에 서는 것이기 때문이다. 언젠가는 하나님의 기준에 맞출 수 있기를 이제 더는 바라고 기도하지 않아도 된다. 예수님께서 내 대신 그 기준을 충족시키셨기 때문이다. 이보다 더 좋은 소식이 어디 있겠는가?

더 깊이 묵상하려면 갈라디아서 3장 15-29절을 읽으라.

~

15 형제들아 내가 사람의 예대로 말하노니 사람의 언약이라도 정한 후에는 아무도 폐하거나 더하거나 하지 못하느니라 16 이 약속들은 아브라함과 그 자손에게 말씀하신 것인데 여럿을 가리켜 그 자손들이라 하지 아니하시고 오직 한 사람을 가리켜 네 자손이라 하셨으니 곧 그리스도라 17 내가 이것을 말하노니 하나님께서 미리 정하신 언약

을 사백삼십 년 후에 생긴 율법이 폐기하지 못하고 그 약속을 헛되게 하지 못하리라 [18] 만일 그 유업이 율법에서 난 것이면 약속에서 난 것이 아니리라 그러나 하나님이 약속으로 말미암아 아브라함에게 주신 것이라 [19] 그런즉 율법은 무엇이냐 범법하므로 더하여진 것이라 천사들을 통하여 한 중보자의 손으로 베푸신 것인데 약속하신 자손이 오시기까지 있을 것이라 [20] 그 중보자는 한 편만 위한 자가 아니나 하나님은 한 분이시니라 [21] 그러면 율법이 하나님의 약속들과 반대되는 것이냐 결코 그럴 수 없느니라 만일 능히 살게 하는 율법을 주셨더라면 의가 반시 율법으로 말미암았으리라 [22] 그러나 성경이 모든 것을 죄 아래에 가두었으니 이는 예수 그리스도를 믿음으로 말미암는 약속을 믿는 자들에게 주려 함이라 [23] 믿음이 오기 전에 우리는 율법 아래에 매인 바 되고 계시될 믿음의 때까지 갇혔느니라 [24] 이같이 율법이 우리를 그리스도께로 인도하는 초등교사가 되어 우리로 하여금 믿음으로 말미암아 의롭다 함을 얻게 하려 함이라 [25] 믿음이 온 후로는 우리가 초등교사 아래에 있지 아니하도다 [26] 너희가 다 믿음으로 말미암아 그리스도 예수 안에서 하나님의 아들이 되었으니 [27] 누구든지 그리스도와 합하기 위하여 세례를 받은 자는 그리스도로 옷 입었느니라 [28] 너희는 유대인이나 헬라인이나 종이나 자유인이나 남자나 여자나 다 그리스도 예수 안에서 하나이니라 [29] 너희가 그리스도의 것이면 곧 아브라함의 자손이요 약속대로 유업을 이을 자니라 / 갈 3:15-29

31

> 우리가 하나님의 자녀라면,
> 다윗이 혼자서 블레셋의 전사 골리앗을 상대한 것이 아닌 것처럼
> 우리도 혼자 힘으로 세상을 상대하는 것이 아니다.

    나는 이스라엘 군대가 엘라 골짜기에서 블레셋 군대와 맞선 이야기를 좋아한다(삼상 17장). 대치 첫 날, 그 거인 전사 골리앗이 나와 이스라엘을 향해 외치기를, 최정예 용사 하나를 내보내 자신과 싸우게 하라고 했다. 기억하라, 이때 이스라엘 군사들은 지존자 하나님, 전능하신 여호와의 군대로서, 하나님께서는 저 원수들을 이들의 손에 넘겨주겠다고 약속하신 바 있다는 것을. 그런데 이 군사들은 골리앗의 도전 앞에서 어떻게 했는가? 이들은 곧 두려움에 휩싸여 장막으로 물러나 자신들의 처지를 한탄했다. 이들이 "어떻게 할고, 어떻게 할고?"라고 탄식하는 광경이 눈에 선하다. 이것이 사십 일 동안 이들이 보인 반응이었다.
    이 군사들은 왜 골리앗의 도전에 당당히 맞서지 못했는가? 이들은 왜 여호와의 이름으로 싸우지 않았는가? 대답은 분명하며, 회피할 수 없다. 이들은 정체성 건망증에 걸린 군대였다. 자신들이 어떤 존재인지 잊은 까닭에 이들은 두려움에 잠겨 그릇된 영적 결론을 내렸다. 이들은 작고 연약한 자신들을 그 크고 육중한 전사와 비교하고는 도저히 이길 길이 없다고 결론 내렸다.

이때 다윗이 형들에게 전할 도시락을 들고 나타났다. 다윗은 이 블레셋 사람이 하나님의 군대를 모욕하는 것을 왜 그대로 놔두는지 의아했다. 다윗은 자기가 그 자 앞에 나가겠다고 충격적인 말을 했다. 자기가 이 자의 도전에 응하겠다고 말이다. 다윗이 교만했던 것일까? 다윗이 망상에 빠졌던 것일까? 아니다, 다윗은 자신이 누구인지 잘 알고 있었다. 살아 계신 하나님의 자녀로 있다는 것이 어떤 의미인지 그는 알고 있었다. 다윗은 올바른 영적 결론을 내렸다. 이는 어린 다윗이 거대한 전사를 상대하는 싸움이 아니었다. 그렇다, 이는 이 하잘 것 없는 블레셋 전사가 전능하신 하나님을 상대하는 싸움이었다. 그렇다면 누가 이길 것이라고 생각하는가? 다윗이 그 골짜기로 걸어 들어간 것은 자신의 정체를 확실히 알고 있었기 때문이며, 다윗이 승리한 것은 자신에게 무엇이 주어졌는지 알고 있었기 때문이다.

우리는 오늘 자기 자신에게 어떤 정체성을 부여하는가? 나에게 이러이러한 장점이 있다고 판단되는 일에 근거해 삶을 대할 것인가, 아니면 만왕의 왕이시며 만주의 주이신 분, 곧 권능과 은혜로 늘 나와 함께 계시는 구주의 자녀로서의 내 신분에 근거해 살아나갈 것인가? 소심함과 두려움 가운데 살겠는가, 아니면 소망과 담대함 가운데 살겠는가? 두려움에 휩싸여 믿음의 도전을 회피하겠는가, 아니면 나 자신의 능력에 의지하는 게 아니라 만물을 다스리는 분이며 내 아버지가 되신 분의 임재와 권능과 은혜에 의지해 그 도전을 향해 나아가겠는가? 하나님께서 여러분에게 은혜를 주사, 기억이 꼭 필요한 그런 순간에 하나님의 자녀라는 여러분의 정체를 기억할 수 있게 해주시기를.

더 깊이 묵상하고 격려를 얻으려면 에베소서 1장 3-14절을 읽으라.

³ 찬송하리로다 하나님 곧 우리 주 예수 그리스도의 아버지께서 그리스도 안에서 하늘에 속한 모든 신령한 복을 우리에게 주시되 ⁴ 곧 창세 전에 그리스도 안에서 우리를 택하사 우리로 사랑 안에서 그 앞에 거룩하고 흠이 없게 하시려고 ⁵ 그 기쁘신 뜻대로 우리를 예정하사 예수 그리스도로 말미암아 자기의 아들들이 되게 하셨으니 ⁶ 이는 그가 사랑하시는 자 안에서 우리에게 거저 주시는 바 그의 은혜의 영광을 찬송하게 하려는 것이라 ⁷ 우리는 그리스도 안에서 그의 은혜의 풍성함을 따라 그의 피로 말미암아 속량 곧 죄 사함을 받았느니라 ⁸ 이는 그가 모든 지혜와 총명을 우리에게 넘치게 하사 ⁹ 그 뜻의 비밀을 우리에게 알리신 것이요 그의 기뻐하심을 따라 그리스도 안에서 때가 찬 경륜을 위하여 예정하신 것이니 ¹⁰ 하늘에 있는 것이나 땅에 있는 것이 다 그리스도 안에서 통일되게 하려 하심이라 ¹¹ 모든 일을 그의 뜻의 결정대로 일하시는 이의 계획을 따라 우리가 예정을 입어 그 안에서 기업이 되었으니 ¹² 이는 우리가 그리스도 안에서 전부터 바라던 그의 영광의 찬송이 되게 하려 하심이라 ¹³ 그 안에서 너희도 진리의 말씀 곧 너희의 구원의 복음을 듣고 그 안에서 또한 믿어 약속의 성령으로 인치심을 받았으니 ¹⁴ 이는 우리 기업의 보증이 되사 그 얻으신 것을 속량하시고 그의 영광을 찬송하게 하려 하심이라 / 엡 1:3-14

Part 2
———

아침마다
새로운 하나님의
긍휼을 구하다

NEW MORNING
MERCIES
A DAILY
GOSPEL
DEVOTIONAL

1

살다 보면 분명 난관을 만난다. 하나님께서는 우리의 움켜쥔 손가락을 벌려서 자신의 꿈을 버리고 오직 하나님의 위로만을 의지하며, 그의 부르심에 따르게 하신다.

베드로가 자신의 신약성경 서신 서두에서 한 말에 대해 생각해 보라. "그러므로 너희가 이제 여러 가지 시험으로 말미암아 잠깐 근심하게 되지 않을 수 없으나 오히려 크게 기뻐하는도다 너희 믿음의 확실함은 불로 연단하여도 없어질 금보다 더 귀하여 예수 그리스도께서 나타나실 때에 칭찬과 영광과 존귀를 얻게 할 것이니라"(벧전 1:6-7).

편지를 시작하면서 베드로는 하나님의 구속 계획의 과거-현재-미래를 요약해서 보여 주지만, 베드로의 관심은 사실 그리스도의 초림과 재림 사이 바로 이곳, 바로 지금 하나님께서 하고 계시는 일에 있다. 하나님께서 지금 어떤 일을 하고 계시는지를 설명할 수 있는 여러 단어 중 베드로는 '시험', '근심', '연단'이라는 세 단어를 고른다. 대부분 사람들이 자기 삶에는 이런 것이 절대 없었으면 하고 바라는 것들이다. 아침에 일어나, "주님, 저를 사랑하신다면 오늘 제가 가는 길에 고난을 더 많이 보내 주세요"라고 기도하는 사람은 아무도 없다. 그보다, 어려운 일 한가운데 살고 있을 때 우리는 그 일을 하나님이 신실치 못하다거나 무관심하시다는 신호로 보고 싶은 유혹을 받는다.

하지만 베드로는 난관을 만날 때, 그 순간을 하나님의 계획을 가로막는 것 혹은 하나님의 계획이 실패했다는 암시로 보지 않는다. 그렇다, 베드로에게 그런 순간은 하나님의 계획에 없어서는 안 되는 중요한 부분이다. 이는 하나님이 우리에게 무관심하다는 신호가 아니라, 하나님의 구속적 사랑의 열심을 보여 주는 확실한 신호다. 나 스스로는 이룰 수 없을 일을 내 안에서 이루시기 위해, 은혜로써 하나님께서는 내 계획에 없는 곳으로 나를 인도하신다. 그런 순간에 하나님께서는 내 가치관을 변화시켜, 일개 인간의 하잘것없는 나라를 놓아 보내고 영광과 은혜의 나라에 나 자신을 바칠 수 있게 역사하신다.

하나님께서는 바로 지금 일하고 계시지만, 예측가능하고 안락하고 기분 좋은 삶을 우리에게 주시기 위해서는 아니다. 하나님께서는 우리의 환경을 변화시키기 위해 일하신다기보다 역경을 통해 여러분과 나를 변화시키기 위해 일하신다. 힘들고 고통스러운 시간, 하나님의 은혜는 도대체 어디에 있는지 의심스러운 마음이 들려고 할 때, 어쩌면 바로 그때 우리가 받고 있는 것이 은혜일 수 있지만, 그 은혜가 푹신한 베개나 시원한 음료수의 형태로 찾아오지는 않는다. 그보다, 그런 시간에 우리는 난관이라는, 마음을 변화시키는 은혜로 복을 받는다. 우리를 사랑하시는 하나님은 그것이 바로 우리에게 필요한 은혜임을 아시기 때문이다.

더 깊이 묵상하고 격려를 얻으려면 야고보서 1장 2-11절을 읽으라.

~

[2] 내 형제들아 너희가 여러 가지 시험을 당하거든 온전히 기쁘게 여기라 [3] 이는 너희 믿음의 시련이 인내를 만들어 내는 줄 너희가 앎이라 [4] 인내를 온전히 이루라 이는 너희로 온전하고 구비하여 조금도 부족함이 없게 하려 함이라 [5] 너희 중에 누구든지 지혜가 부족하거든 모든 사람에게 후히 주시고 꾸짖지 아니하시는 하나님께 구하라 그리하면 주시리라 [6] 오직 믿음으로 구하고 조금도 의심하지 말라 의심하는 자는 마치

바람에 밀려 요동하는 바다 물결 같으니 7 이런 사람은 무엇이든지 주께 얻기를 생각하지 말라 8 두 마음을 품어 모든 일에 정함이 없는 자로다 9 낮은 형제는 자기의 높음을 자랑하고 10 부한 자는 자기의 낮아짐을 자랑할지니 이는 그가 풀의 꽃과 같이 지나감이라 11 해가 돋고 뜨거운 바람이 불어 풀을 말리면 꽃이 떨어져 그 모양의 아름다움이 없어지나니 부한 자도 그 행하는 일에 이와 같이 쇠잔하리라 / **약 1:2-11**

2

**오늘 나는 홀로 시험에 맞서지 않는다.
내 구주이신 분께서 내 요새, 내 피난처, 내 방패가 되시기 때문이다.**

성경은 신자로서 우리가 세 가지 현실을 염두에 두고 살아야 한다고 말한다. 첫 번째 현실은 날마다 우리 눈에 보인다. 이는 우리가 살고 있는 세상이 죄 때문에 크게 손상되어, 하나님께서 원래 목적하신 대로 제 역할을 하지 못하고 있는 현실이다.

바울은 로마서 8장에서 이 사실을 아주 잘 표현하고 있으며, 온 세상이 구속을 기다리며 "탄식"하고 있다는 점에 주목한다. 우리가 살고 있는 세상이 하나님의 원래 계획에 따라 작동하지 않기에, 우리가 어디에서 살든 이 세상은 우리에게 시험거리를 준다. 이 시험은 아직 우리 안에 살고 있는, 그러나 우리를 변화시키는 하나님의 은혜에 의해 점차 근절되어가고 있는 죄와 연약함을 노린다. 여러분과 나는 늘 시험을 의식하며 살아야 한다. 시험을 의식하며 살지 못한다는 것은, 우리가 사는 세상의 현주소가 되어 버린 사실, 즉 세상이 타락했다는 사실을 인식하지 못하는 것이다.

두 번째 현실은, 우리가 하나님의 자녀이기는 하나 죄와 유혹의 세상이 우리를 끌어들이는 영적 전투에서 우리 스스로 싸울 능력은 없다는 것이다. 우리의 취약성과 연약함을 직시함에 따라 여러분과 내가 꾸준히 기도해야 할 것이 있다. 우리는 우리 소원이 순수하기를 기도해야 하고, 원수의 술수를 알아차릴 수 있는 지혜를 위해 기도해야 하며, 피할 수 없는 싸움을 싸울 수 있는 힘을 달라고 기도해야 한다. 이 모든 것은, 틀린 것이 우리 눈에 늘 틀리게 보이지는 않는다는 점을 겸손히 인정하는 데서 나온다. 하나님께서 위험하다고 말씀하시는 것이 우리 눈에 늘 위험하게 보이지는 않는다. 악이 우리 눈에 늘 위험하게 보이지는 않는다. 그러므로 우리는 확연히 보이는 유혹에서만 보호되는 게 아니라 보아도 보지 못하는 우리 시선과 두서없는 우리 마음에서도 보호되어야 한다.

마지막으로, 여러분과 나는 날마다 눈앞에 시험거리를 던지는 이 타락한 세상에서 우리가 절대 혼자가 아니라는 현실 가운데 편안히 안식할 하나님의 자녀로 환영받는다. 하나님께서 우리와 함께 하신다. 하나님께서는 우리가 우리 자신에게는 절대 줄 수 없는 안전을 제공하신다. 하나님께서는 우리가 저항할 생각조차 못할 때에도 우리 대신 싸우신다. 하나님께서는 지혜와 힘이 필요한 바로 그 순간에 우리에게 지혜와 힘을 주신다. 여러분과 내가 이 망가진 세상에서 담대함과 소망으로 거친 삶의 현실에 맞서나갈 수 있음은 우리가 홀로 그 현실에 맞서는 게 아니기 때문이다. 임마누엘("우리와 함께 하시는 하나님")께서는 실로 능력과 영광과 은혜로 우리와 함께 하신다. 스바냐 3장 17절은 오래 전 그 말씀이 기록되었을 당시와 마찬가지로, 오늘날 우리에게도 많은 소망으로 공감을 안긴다. "너의 하나님 여호와가 너의 가운데에 계시니 그는 구원을 베푸실 전능자이시라."

더 깊이 묵상하고 격려를 얻으려면 고린도전서 10장 1-13절을 읽으라.

¹ 형제들아 나는 너희가 알지 못하기를 원하지 아니하노니 우리 조상들이 다 구름 아래에 있고 바다 가운데로 지나며 ² 모세에게 속하여 다 구름과 바다에서 세례를 받고 ³ 다 같은 신령한 음식을 먹으며 ⁴ 다 같은 신령한 음료를 마셨으니 이는 그들을 따르는 신령한 반석으로부터 마셨으매 그 반석은 곧 그리스도시라 ⁵ 그러나 그들의 다수를 하나님이 기뻐하지 아니하셨으므로 그들이 광야에서 멸망을 받았느니라 ⁶ 이러한 일은 우리의 본보기가 되어 우리로 하여금 그들이 악을 즐겨 한 것 같이 즐겨 하는 자가 되지 않게 하려 함이니 ⁷ 그들 가운데 어떤 사람들과 같이 너희는 우상 숭배하는 자가 되지 말라 기록된 바 백성이 앉아서 먹고 마시며 일어나서 뛰논다 함과 같으니라 ⁸ 그들 중의 어떤 사람들이 음행하다가 하루에 이만 삼천 명이 죽었나니 우리는 그들과 같이 음행하지 말자 ⁹ 그들 가운데 어떤 사람들이 주를 시험하다가 뱀에게 멸망하였나니 우리는 그들과 같이 시험하지 말자 ¹⁰ 그들 가운데 어떤 사람들이 원망하다가 멸망시키는 자에게 멸망하였나니 너희는 그들과 같이 원망하지 말라 ¹¹ 그들에게 일어난 이런 일은 본보기가 되고 또한 말세를 만난 우리를 깨우치기 위하여 기록되었느니라 ¹² 그런즉 선 줄로 생각하는 자는 넘어질까 조심하라 ¹³ 사람이 감당할 시험 밖에는 너희가 당한 것이 없나니 오직 하나님은 미쁘사 너희가 감당하지 못할 시험 당함을 허락하지 아니하시고 시험 당할 즈음에 또한 피할 길을 내사 너희로 능히 감당하게 하시느니라

/ 고전 10:1-13

3

하나님의 은혜는 내게 필요한 것을 마련해 줄 뿐만 아니라 하나님께서 지혜로써 나를 창조하실 때 계획하셨던 모습으로 나를 변화시킨다.

지금 가장 필요한 게 무엇인가? 아니다. 마음에 둔 그 여자도 아니고 점찍어 둔 새 자동차도 아니다. 그토록 열심히 일하며 기대해 온 승진도 아니고 꿈꿔 온 휴가도 아니다. 아니다, 반드시 줄여야 한다고 알고 있는 체중 감량을 위한 끈질긴 노력도 아니고 빚더미에서 헤어 나오기 위해 안 쓰고 견디는 극기도 아니다. 절친한 친구들 모임이나 건전한 교회에 다니는 것도 아니다. 질병에서 벗어나는 것이나 멀어진 가족관계 회복도 아니다. 중독, 불안, 우울, 염려에서 자유로워지는 것도 아니다. 이 모든 것들은 그 나름대로 다 중요하지만, 나에게 가장 필요한 것을 대표하지는 않는다. 스스로 알든 모르든 인간이라면 누구에게나 절실히 필요한 것이 있다. 이 필요는 내가 어떤 존재인가 하는 문제의 핵심에 닿아 있고, 하나님이 나를 어떤 일을 하는 어떤 존재로 계획하고 빚으셨는가 하는 문제의 핵심에 닿아 있다.

여러분의(그리고 나의) 가장 큰 필요는, 하나님과의 관계가 완전히 회복되는 것이다. 우리는 하나님과 함께 하는 예배 공동체 안에 살아야 할 존재로 창조되었다. 우리의 삶은 원래 하나님을 향한 사랑으로 구체화되어야 한다. 우리는 본디 하나님의 영광을 위해 살아야 할 존재들이다.

아직 하나님과의 관계가 깨어진 상태로 살고 있다면, 나의 실존을 위한 가장 주된 목적을 놓치고 있는 것이다. 그래서 하나님께서는 자기 아들의 삶과 죽음과 부활을 통해 그 필수불가결한 관계가 완전히 회복되는 한 길을 은혜로써 마련하셨다. 그 아들을 통해 우리에게는 다시 한 번 아버지께 다가갈 수 있는 길이 주어진다. 그 아들을 통해 우리는 하나님의 가족으로 회복된다.

하지만 하나님께서는 여기에서 그치지 않으신다. 죄인이 은혜로써 하나님께로 회복되는 것이 크나큰 기적인 만큼, 하나님께서는 다른 무언가가 반드시 설명되어야 한다는 사실을 알고 계신다. 죄는 우리를 하나님과 분리되게 만들 뿐만 아니라 우리를 손상된 상태로 버려두기도 한다. 죄의 피해는 우리 개인의 모든 측면에까지 미친다. 그래서 하나님께서는 우리의 가장 절실한 필요를 채우는 데 그치지 않고 우리 개인의 마음과 삶을 변화시키는 장기적 과정에 자신을 바치신다. 하나님께서는 우리가 하나님께로 회복되는 데 만족하지 않으신다. 이제 하나님께서는 우리가 하나님처럼 될 수 있게 하려고 일하신다. 바울은 이 사실을 이렇게 표현한다. "하나님이 미리 아신 자들을 또한 그 아들의 형상을 본받게 하기 위하여 미리 정하셨으니"(롬 8:29).

이렇게 하나님은 우리를 자신의 품으로 맞아들였으나, 이에 만족하지 않으신다. 하나님께서는 자신의 강력한 은혜로 자녀들 하나하나의 마음이 완전히 변화될 때까지 자신의 구속 사역을 그만두지 않으실 것이다. 이제 우리가 은혜로써 하나님과 함께 있으니, 하나님께서는 바로 그 은혜로써 일하사 우리가 하나님을 닮게 하실 것이다.

더 깊이 묵상하고 격려를 얻으려면 베드로후서 1장 3-11절을 읽으라.

~

³ 그의 신기한 능력으로 생명과 경건에 속한 모든 것을 우리에게 주셨으니 이는 자기의 영광과 덕으로써 우리를 부르신 이를 앎으로 말미암음이라 ⁴ 이로써 그 보배롭고 지극히 큰 약속을 우리에게 주사 이 약속으로 말미암아 너희가 정욕 때문에 세상에서 썩어질 것을 피하여 신성한 성품에 참여하는 자가 되게 하려 하셨느니라 ⁵ 그러므로 너희가 더욱 힘써 너희 믿음에 덕을, 덕에 지식을, ⁶ 지식에 절제를, 절제에 인내를, 인내에 경건을, ⁷ 경건에 형제 우애를, 형제 우애에 사랑을 더하라 ⁸ 이런 것이 너희에게 있어 흡족한즉 너희로 우리 주 예수 그리스도를 알기에 게으르지 않고 열매 없는 자가 되지 않게 하려니와 ⁹ 이런 것이 없는 자는 맹인이라 멀리 보지 못하고 그의 옛 죄가 깨끗하게 된 것을 잊었느니라 ¹⁰ 그러므로 형제들아 더욱 힘써 너희 부르심과 택하심을 굳게 하라 너희가 이것을 행한즉 언제든지 실족하지 아니하리라 ¹¹ 이같이 하면 우리 주 곧 구주 예수 그리스도의 영원한 나라에 들어감을 넉넉히 너희에게 주시리라 /

벧후 1:3-11

4

우리는 날마다 자기 자신에게 모종의 설교를 한다. "할 수 있다"는 거짓 복음 아니면 "그리스도 안에서 나는 내게 필요한 모든 것을 다 가졌다"는 참 복음을.

나도 모르게 이 말을 자꾸 되뇐다. 그럴 때 사람들은 대개 웃지만, 사실 나는 아주 진지하다. 내 인생에서 나 자신만큼 영향력 있는 사람은 없다. 나에게 나만큼 말을 많이 하는 사람은 없기 때문이다. 사실 여러분과 나는 자기 자신과 끝없이 대화를 나눈다. 사람들이 미쳤다고 생각할 것이므로 입은 움직이지 않는 게 좋다는 것을 대개 다 알지만, 우리는 쉼 없이 자기 자신에게 말을 한다.

이런 내면의 대화에서 우리는 늘 하나님, 인생, 다른 사람들, 그리고 우리 자신에 관해 말을 하며, 우리가 자신에게 하는 이야기가 아주 중요한 이유는 이 이야기들이 우리가 무엇을 바라고, 선택하고, 말하고, 행동하는지를 형성하기 때문이다. 자신에게 무슨 이야기를 해 왔는가? 자기 자신에 관해 뭐라고 말해 왔는가? 하나님께 관해 자신에게 뭐라고 말해 왔는가? 삶에 관해, 의미와 목적에 관해, 옳고 그름에 관해, 참과 거짓에 관해, 그리고 선과 악에 관해 뭐라고 말해 왔는가?

시편 42편에서는 어떤 사람이 자기 혼자 하는 설교를 몰래 들어 보라고 우리를 청한다. 그렇다, 옳게 이해했다. 우리와 마찬가지로 시편 기자는 늘 자기 자신에게 모종의 설교를 하고 있었다. 우리는 자기 자신에게 고독과 빈곤과 무능력의 복음을 설교하든지 아니면 하나님의 임재와 능력과 부단한 예비하심이라는 참 복음을 설교하든지 둘 중 하나다. 우리는 두려움과 소심함을 낳는 복음을 자신에게 설교하거나 혹은 담대함과 소망으로 나에게 추진력을 제공하는 복음을 설교한다. 우리는 멀리 계시고 수동적이고 무신경한 하나님을 자기 자신에게 설교하거나 혹은 가까이 계시고 세심하시고 능동적인 하나님을 설교한다. 우리는 하나님의 지혜 가운데 안식하게 하는 복음을 자신에게 늘 설교하거나 혹은 아무런 해답도 찾을 수 없는 것처럼 보여 약간 공황 상태를 낳는 복음을 설교한다.

오늘, 누구도 내 마음을 알아주는 이 없는 것 같은 기분일 때, 나 자신에게 어떤 복음을 설교하겠는가? 육체의 질병, 실직, 친구의 배신을 맞닥뜨릴 때 나 자신에게 어떤 메시지를 전하겠는가? 낙심이나 두려움 앞에 무릎 꿇고 싶은 마음이 들 때 자신에게 뭐라고 말하겠는가? 인생이 힘들고 불공정해 보일 때, 자신에게 어떤 복음을 설교하겠는가? 부모 노릇이나 결혼 생활이 힘들어 도저히 감당할 수 없을 듯할 때 자신에게 무슨 이야기를 해 주겠는가? 꿈이 손가락 사이로 자꾸 빠져나갈 때 자신에게 뭐라고 말하겠는가? 내가 이런 병에 걸릴 거라고는 한 번도 생각해 본 적 없는 병에 걸렸을 때 자신에게 어떤 복음을 설교하겠는가?

이것은 정말 맞는 말이다. 나에게 나만큼 말을 많이 하는 사람은 없다. 그래서 하나님께서는 은혜로써 자신의 말씀을 우리에게 주셔서, 나에게 이야기하는 사람이 나밖에 없는 그런 순간에 나 자신에게 참된 것을 설교할 수 있게 하신다.

더 깊이 묵상하고 격려를 얻으려면 시편 42편을 읽으라.

¹ 하나님이여 사슴이 시냇물을 찾기에 갈급함 같이 내 영혼이 주를 찾기에 갈급하니이다 ² 내 영혼이 하나님 곧 살아 계시는 하나님을 갈망하나니 내가 어느 때에 나아가서 하나님의 얼굴을 뵈올까 ³ 사람들이 종일 내게 하는 말 네 하나님이 어디 있느뇨 하오니 내 눈물이 주야로 내 음식이 되었도다 ⁴ 내가 전에 성일을 지키는 무리와 동행하여 기쁨과 감사의 소리를 내며 그들을 하나님의 집으로 인도하였더니 이제 이 일을 기억하고 내 마음이 상하는도다 ⁵ 내 영혼아 네가 어찌하여 낙심하며 어찌하여 내 속에서 불안해 하는가 너는 하나님께 소망을 두라 그가 나타나 도우심으로 말미암아 내가 여전히 찬송하리로다 ⁶ 내 하나님이여 내 영혼이 내 속에서 낙심이 되므로 내가 요단 땅과 헤르몬과 미살 산에서 주를 기억하나이다 ⁷ 주의 폭포 소리에 깊은 바다가 서로 부르며 주의 모든 파도와 물결이 나를 휩쓸었나이다 ⁸ 낮에는 여호와께서 그의 인자하심을 베푸시고 밤에는 그의 찬송이 내게 있어 생명의 하나님께 기도하리로다 ⁹ 내 반석이신 하나님께 말하기를 어찌하여 나를 잊으셨나이까 내가 어찌하여 원수의 압제로 말미암아 슬프게 다니나이까 하리로다 ¹⁰ 내 뼈를 찌르는 칼 같이 내 대적이 나를 비방하여 늘 내게 말하기를 네 하나님이 어디 있느냐 하도다 ¹¹ 내 영혼아 네가 어찌하여 낙심하며 어찌하여 내 속에서 불안해 하는가 너는 하나님께 소망을 두라 나는 그가 나타나 도우심으로 말미암아 내 하나님을 여전히 찬송하리로다 / 시 42:1-11

5

하나님께서는 죄와 사망의 장례식을 최종적으로 주관하실 때까지는
자신의 구속 사역을 중단하지 않으실 것이다.

어떤 사람이 "하나님은 지금 무슨 일을 하고 계실까?"라고 묻는다면 뭐라고 대답하겠는가? 예수님께서 현재 나에게 주시는 유익과 예수님의 현재 활동 문제에 관한 한 혼란스러워 하는 이들이 많다는 것이 염려스럽다. 우리는 자신의 죄가 사함 받았다는 것은 익히 알고 장래에 영원히 예수님과 함께 한다는 것도 알지만, 지금 여기서 무엇을 내 행동 노선으로 삼아야 할지는 확실히 알지 못한다. 하나님께서 현재 어떤 일에 전념하고 계신지 알지 못하기 때문에, 우리는 하나님의 지혜에 의문을 품고 하나님의 사랑을 의심하고 싶은 마음이 든다. 우리의 의문은, 하나님이 현재 아무 활동도 안 하신다거나 하나님께서 우리를 버리신 것 아닌가 하는 것이 아니다. 우리가 하나님의 행동 계획표에 올라 있지 않을지도 모른다는 것이 우리의 골칫거리다. 하나님의 계획에 관해 혼란스러운 상태에서 비현실적인 기대까지 지닌 우리는 낙담에 빠지기도 하고 좀 냉소적 자세가 되기도 하며, 그래서 하나님께 달려가 도움 청하기를 그만둔다. 이는 영적 혼란 상태다.

우리가 제기하는 큰 의문에 대한 답변은 사실 아주 쉽고 간단하다. 하나님은 바로 지금, 바로 여기서 무슨 일을 하고 계시는가? 구속의 일을

하신다! 하나님께서는 죄를 최종적으로 격퇴하고 우리의 구원을 완성하는 일에 적극 힘쓰고 계신다. 하나님께서는 그리스도께서 갈보리에서 성취하신 승리의 전리품을 산정하고 계신다. 고린도전서 15장 25-26절의 그 힘이 되는 말씀에 귀 기울여 보라. "그가 모든 원수를 그 발 아래에 둘 때까지 반드시 왕 노릇 하시리니 맨 나중에 멸망 받을 원수는 사망이니라."

이제 여러분과 나는 우리 질문에 답변하는 이 말씀에 담긴 두 가지 사실을 알 필요가 있다. 하나님은 무얼 하고 계시는가? 첫째, 하나님께서는 왕 노릇하고 계신다! 그렇다, 우리 세상은 통제를 벗어나 있지 않다. 그렇다, 악한 자들은 이기지 못할 것이다. 그렇다, 죄는 최종 승리하지 못할 것이다. 우리 세상은 통제를 벗어나 있지 않고 오히려 하나님의 세심한 구속적 통제 아래 있기에, 이 날 어둠이 이기는 것처럼 보일 때에도 우리는 소망을 가질 수 있다.

하나님은 지금 무얼 하고 계시는가? 위의 구절은 두 번째 답변을 준다. 하나님께서는 구속과 관련된 자신의 목적을 훼방하는 원수들을 자기 발 아래 두고 계신다. 하나님께서는 마지막 원수인 사망이 패퇴할 때까지 원수를 차례차례 짓밟으실 것이다. 죄와 사망이 완전히 패망하고 우리가 마침내 영원히 구원받을 때까지 하나님께서는 가만히 앉아 계시지 않을 것이고, 쉬지도 않으실 것이며, 기세를 누그러뜨리지 않으실 것이다. 바로 여기, 바로 지금의 소망은 나의 견해나 나의 힘에 있지 않고, 죄와 사망을 물리치는 만왕의 왕이요 만주의 주이신 분의 다스림에 있다. 그분의 다스림이 지금 이 순간 나를 지켜 주고 내 미래의 소망이 되어 준다.

더 깊이 묵상하려면 고린도전서 15장 50-58절을 읽으라.

50 형제들아 내가 이것을 말하노니 혈과 육은 하나님 나라를 이어 받을 수 없고 또한 썩는 것은 썩지 아니하는 것을 유업으로 받지 못하느니라 51 보라 내가 너희에게 비밀을 말하노니 우리가 다 잠 잘 것이 아니요 마지막 나팔에 순식간에 홀연히 다 변화되리니 52 나팔 소리가 나매 죽은 자들이 썩지 아니할 것으로 다시 살아나고 우리도 변화되리라 53 이 썩을 것이 반드시 썩지 아니할 것을 입겠고 이 죽을 것이 죽지 아니함을 입으리로다 54 이 썩을 것이 썩지 아니함을 입고 이 죽을 것이 죽지 아니함을 입을 때에는 사망을 삼키고 이기리라고 기록된 말씀이 이루어지리라 55 사망아 너의 승리가 어디 있느냐 사망아 네가 쏘는 것이 어디 있느냐 56 사망이 쏘는 것은 죄요 죄의 권능은 율법이라 57 우리 주 예수 그리스도로 말미암아 우리에게 승리를 주시는 하나님께 감사하노니 58 그러므로 내 사랑하는 형제들아 견실하며 흔들리지 말고 항상 주의 일에 더욱 힘쓰는 자들이 되라 이는 너희 수고가 주 안에서 헛되지 않은 줄 앎이라 / 고전 15:50-58

6

우리는 미래를 불안해하지 않아도 된다. 은혜의 하나님께서 내 삶을 점령하셨고,
하나님은 자신이 시작한 일은 반드시 끝내신다.

불안해하는 것은 당연한 일이다. 사람이라면 누구나 다 불안해한다. 사람은 누구나 다 닥쳐올 일을 궁금해 한다. 어떤 이는 미래를 생각하면서 꿈이 이뤄질 것을 소망한다. 어떤 이는 미래를 두려워하면서, 두려워하는 일을 만날 일이 없기를 기도한다. 어떤 이에게는 미래가 안개에 싸여 있어 도무지 알 수 없어 보인다. 누구든 미래를 내다보며 안심하기는 힘들다. 미래는 우리 손을 벗어나 있기 때문이다. 다가올 시간에 대한 우리의 모든 고려와 묵상과 계획에도 불구하고, 상황은 결코 우리 구상대로 돌아가지 않는 것으로 드러난다. 우리가 가는 길에는 늘 예상치 못했던 반전이 있다. 예상치 못했던 웅덩이와 도랑이 있다. 미리 알지 못했던 산과 계곡이 있다. 빛 가운데 살며 행할 거라고 생각했는데, 바로 그 순간 어둠의 시기를 지나고 있는 우리 모습을 보게 된다. 다음 번 길모퉁이를 돌면 어떤 일이 기다리고 있는지 전혀 알지 못한다는 사실을 잠자코 받아들이기 시작하는 데는 그리 오랜 시간이 걸리지 않는다.

하지만 우리는 알지 못할 미래에 대한 불안으로 좌불안석하며 살지 않아도 된다. 내일 어떤 일이 있을지 궁금해 하며 잠자리에 들지 않아도 되고, 아침에 잠깨어 "~면 어쩌나"만 생각하면서 일하러 가지 않아도 된

다. 무슨 수로도 알아낼 수 없는 것을 알아내려고 모종의 수단을 추구할 필요도 없다. 그렇다, 우리는 혼란스러울 때도 안식할 수 있다. 알지 못할 미래 앞에서도 평강을 누릴 수 있다. 신비 한가운데 살면서도 내면의 안녕(安寧)을 느낄 수 있다. 왜인가? 우리 마음의 평안은 우리가 얼마나 많이 아느냐, 얼마나 많이 이해하느냐, 혹은 미래를 얼마나 정확히 예측할 수 있느냐에 달려 있지 않기 때문이다.

그렇다, 우리의 안식은 우리 각 사람의 미래를 자신의 지혜롭고 은혜로운 손에 쥐고 계신 분 안에 있다. 우리에게 평강이 있음은 그분께서 은혜 가운데 우리 삶에서 시작하신 선한 일을 완성하시리라는 사실을 우리가 알기 때문이다. 그분은 성실하시며, 그래서 자기 손의 일을 절대 그만두지 않으신다. 그분은 은혜로우시며, 그래서 우리가 받을 자격이 있는 것을 주시는 게 아니라 우리에게 필요한 것을 주신다. 그분은 지혜로우시며, 그래서 그분께서 하시는 일은 언제나 최선이다. 그분은 주권적이시며, 그래서 그분은 우리가 살고 있는 모든 상황과 위치를 다스리신다. 그분은 전능하시며, 그래서 그분은 자신이 기뻐하시는 때에 자신이 기뻐하시는 일을 할 수 있다.

바울은 빌립보서 1장 6절에서 이 사실을 잘 표현한다. "너희 안에서 착한 일을 시작하신 이가 그리스도 예수의 날까지 이루실 줄을 우리는 확신하노라." 내가 어떤 존재이며 나에게 무엇이 주어졌는지 망각한 탓에 불안을 겪고 있는가? 결코 알 수 없는 것을 알려고 애쓰다가 그 결과로 불안과 두려움을 겪고 있는가? 그분이 아신다. 그분이 돌봐 주신다. 그리고 그분은 자신이 시작한 일을 완성하실 것이다.

더 깊이 묵상하고 격려를 얻으려면 로마서 8장 18-39절을 읽으라.

¹⁸ 생각하건대 현재의 고난은 장차 우리에게 나타날 영광과 비교할 수 없도다 ¹⁹ 피조물이 고대하는 바는 하나님의 아들들이 나타나는 것이니 ²⁰ 피조물이 허무한 데 굴복하는 것은 자기 뜻이 아니요 오직 굴복하게 하시는 이로 말미암음이라 ²¹ 그 바라는 것은 피조물도 썩어짐의 종 노릇 한 데서 해방되어 하나님의 자녀들의 영광의 자유에 이르는 것이니라 ²² 피조물이 다 이제까지 함께 탄식하며 함께 고통을 겪고 있는 것을 우리가 아느니라 ²³ 그뿐 아니라 또한 우리 곧 성령의 처음 익은 열매를 받은 우리까지도 속으로 탄식하여 양자 될 것 곧 우리 몸의 속량을 기다리느니라 ²⁴ 우리가 소망으로 구원을 얻었으매 보이는 소망이 소망이 아니니 보는 것을 누가 바라리요 ²⁵ 만일 우리가 보지 못하는 것을 바라면 참음으로 기다릴지니라 ²⁶ 이와 같이 성령도 우리의 연약함을 도우시나니 우리는 마땅히 기도할 바를 알지 못하나 오직 성령이 말할 수 없는 탄식으로 우리를 위하여 친히 간구하시느니라 ²⁷ 마음을 살피시는 이가 성령의 생각을 아시나니 이는 성령이 하나님의 뜻대로 성도를 위하여 간구하심이니라 ²⁸ 우리가 알거니와 하나님을 사랑하는 자 곧 그의 뜻대로 부르심을 입은 자들에게는 모든 것이 합력하여 선을 이루느니라 ²⁹ 하나님이 미리 아신 자들을 또한 그 아들의 형상을 본받게 하기 위하여 미리 정하셨으니 이는 그로 많은 형제 중에서 맏아들이 되게 하려 하심이니라 ³⁰ 또 미리 정하신 그들을 또한 부르시고 부르신 그들을 또한 의롭다 하시고 의롭다 하신 그들을 또한 영화롭게 하셨느니라 ³¹ 그런즉 이 일에 대하여 우리가 무슨 말 하리요 만일 하나님이 우리를 위하시면 누가 우리를 대적하리요 ³² 자기 아들을 아끼지 아니하시고 우리 모든 사람을 위하여 내주신 이가 어찌 그 아들과 함께 모든 것을 우리에게 주시지 아니하겠느냐 ³³ 누가 능히 하나님께서 택하신 자들을 고발하리요 의롭다 하신 이는 하나님이시니 ³⁴ 누가 정죄하리요 죽으실 뿐 아니라 다시 살아나신 이는 그리스도 예수시니 그는 하나님 우편에 계신 자요 우리를 위하여 간구하시는 자시니라 ³⁵ 누가 우리를 그리스도의 사랑에서 끊으리요 환난이나 곤고나 박해나 기근이나 적신이나 위험이나 칼이랴 ³⁶ 기록된 바 우리가 종일 주를 위하여 죽임을 당하게 되며 도살당할 양 같이 여김을 받았나이다 함과 같으니라 ³⁷ 그러나 이 모든 일에 우리를 사랑하시는 이로 말미암아 우리가 넉넉히 이기느니라 ³⁸ 내가 확신하노니 사망이나 생명이나 천사들이나 권세자들이나 현재 일이나 장래 일이나 능력이나 ³⁹ 높음이나 깊음이나 다른 어떤 피조물이라도 우리를 우리 주 그리스도 예수 안에 있는 하나님의 사랑에서 끊을 수 없으리라 / 롬 8:18-39

7

공동 예배의 의도는 내 결핍이 얼마나 깊은지 지적함으로써 나를 겸손하게 하고 하나님의 공급하심의 영광을 가리킴으로써 내 마음을 사로잡으려는 것이다.

우리는 다 나름의 방식으로 이 행동을 한다. 우리가 이 행동을 하지 않고 지나는 날은 좀처럼 없다. 우리는 심지어 예배 도중에도 이 행동을 한다. 하지만 이는 위험한 행동이다. 이 행동은 어디가 되었든 선한 곳으로 우리를 인도하지 않는다. 우리는 다른 사람이 이런 행동을 하면 싫어하지만, 자기 자신이 이 행동을 얼마나 많이 하는지는 알아차리지 못한다. 실제는 그렇지 않은데 우리는 다 자기가 잘 살고 있다고 스스로를 설득시키려 애쓴다. 우리는 자신이 사실 그렇게 심각한 죄인은 아니라고 믿고 싶어 한다. 우리는 자신보다 더 죄가 많아 보이는 사람들과 자기 자신을 비교한다. 우리는 자기 자신을 실제보다 더 나아 보이게 만들려고 자기 역사를 다시 쓴다. 우리는 참으로 정확한 단 하나의 거울, 하나님의 말씀이라는 거울 아닌 다른 거울을 들여다보면서 자기 자신을 평가한다. 우리는 자신의 선행 목록을 자기 자신에게 들이민다. 우리는 죄처럼 보이는 일이 사실은 전혀 죄가 아니라고 자기 자신과 다른 사람들에게 주장한다.

이 모든 것이 다 죄의 망상적 자기 의(self-righteousness)가 하는 일이다. 날마다 스스로 죄를 속하는 행위도 여기 포함된다. 신실하시고 사랑

많으신 구주의 놀라운 은혜가 사실상 필요하지 않다고 자기 자신을 설득하려고 하는 것이 바로 우리다. 일상의 차원에서 우리는 우리가 다 믿는다고 말하는 근본적 메시지에서 뒷걸음질 치는 경향이 있다. 이는 죄를 충격적으로 부인하는 것이요, 죄인의 유일한 희망인 은혜를 경시하는 행위다.

하나님께서는 우리의 성향이 이렇다는 것을 알고 계셨다. 하나님께서는 우리 모두의 내면에 아직 살고 있는 자기 의를 충분히 인식하고 계신다. 하나님께서는 우리가 괜찮지 않은데도 괜찮다고 자기 자신을 설득시키려 한다는 것을 알고 계셨다. 그래서 하나님께서는 우리를 위해 한 가지 수단을 구상하셔서 우리 죄의 깊이와 하나님께서 마련하신 방책의 넓디넓은 영광을 우리가 거듭거듭 직면할 수 있게 하셨으니, 그 수단은 바로 어린양, 구주, 구속주, 곧 주 예수 그리스도의 위격과 사역에서 볼 수 있다.

하나님께서는 우리가 공동 예배로 거듭 모여서 죄인이자 은혜의 자녀라는 우리의 참 정체성에 직면하도록 정해 놓으셨다. 알다시피, 하나님께서 은혜라는 값없는 선물을 마련해 두셨음을 알게 되면 내 죄가 얼마나 깊은지 두려움 없이 인정하게 되며, 내 죄의 참화를 인정할 때에라야 그리스도 예수의 은혜에 흥분하게 된다.

공동 예배는 실제로 우리가 생각보다 더 나쁜 상태라는 사실, 하나님의 은혜는 우리의 상상 이상으로 놀랍다는 사실에 직면하게 만든다. 우리 죄가 더는 존재하지 않으며 우리가 영원히 하나님과 함께 있으며 하나님처럼 될 때까지 우리에게 그 사실을 일깨워 주는 존재가 우리에게는 계속 필요할 것이다.

공동 예배는 종교 행위에 몰두하는 자가 감사하는 마음도 없이 행하는 의무가 아니다. 그렇다, 공동 예배는 영광스러운 은혜의 하나님께서 주시는 또 한 가지 자비의 선물이다(히 10:23-25을 보라).

더 깊이 묵상하고 격려를 얻으려면 로마서 3장 9-20절을 읽으라.

~

⁹ 그러면 어떠하냐 우리는 나으냐 결코 아니라 유대인이나 헬라인이나 다 죄 아래에 있다고 우리가 이미 선언하였느니라 ¹⁰ 기록된 바 의인은 없나니 하나도 없으며 ¹¹ 깨닫는 자도 없고 하나님을 찾는 자도 없고 ¹² 다 치우쳐 함께 무익하게 되고 선을 행하는 자는 없나니 하나도 없도다 ¹³ 그들의 목구멍은 열린 무덤이요 그 혀로는 속임을 일삼으며 그 입술에는 독사의 독이 있고 ¹⁴ 그 입에는 저주와 악독이 가득하고 ¹⁵ 그 발은 피 흘리는 데 빠른지라 ¹⁶ 파멸과 고생이 그 길에 있어 ¹⁷ 평강의 길을 알지 못하였고 ¹⁸ 그들의 눈 앞에 하나님을 두려워함이 없느니라 함과 같으니라 ¹⁹ 우리가 알거니와 무릇 율법이 말하는 바는 율법 아래에 있는 자들에게 말하는 것이니 이는 모든 입을 막고 온 세상으로 하나님의 심판 아래에 있게 하려 함이라 ²⁰ 그러므로 율법의 행위로 그의 앞에 의롭다 하심을 얻을 육체가 없나니 율법으로는 죄를 깨달음이니라 / **롬 3:9-20**

8

**과거의 족쇄에 매이기를 그만두라.
은혜는 우리에게 현재의 삶을 제공하고 미래를 보장한다.**

나뭇잎이 일단 나무에서 떨어지면 다시 붙일 수 없는 것이 단순한 자연의 이치다. 일단 입 밖으로 나온 말은 그 말을 들은 사람의 귀에서 다시 거둬들일 수 없다. 어떤 선택에 근거해 일단 행동을 했으면 그 순간은 되돌릴 수 없다. 특정한 때에 특정한 방식으로 일단 행동을 했으면 번복을 요구할 수 없다. 과거보다 좀 더 잘 해보려고 과거를 재생할 선택권이 우리에게 없음은 나뭇잎을 나무에 풀로 붙여 다시 살게 할 수 없는 것과 마찬가지다. 쏟아진 물은 이미 쏟아진 것이고, 다시 주워 담을 수 없다.

그런데 누구라 할 것 없이 우리는 다 어떤 순간을 다시 살 수 있기를, 어떤 결정을 번복할 수 있기를 바란다. 조금이라도 겸손한 사람이라면, 그리고 어느 정도 정확한 시선으로 자신의 과거를 돌아볼 수 있는 사람이라면, 후회를 경험하게 된다. 언제나 옳은 일만 욕망하는 사람은 세상에 없다. 언제나 최선의 결정만 하는 사람은 세상에 없다. 언제나 겸손하고 친절하고 사랑 많은 사람도 세상에는 없다. 늘 신속하게 섬기고 용서하는 사람도 세상에는 없다. 늘 진실을 말하는 사람도 세상에는 없다. 분노, 시기심, 복수심에서 자유로운 사람도 세상에는 없다. 흠결 하나

없는 고상함으로 삶을 헤쳐 나가는 사람은 세상에 없다. 누구도 그렇게 살지는 못한다. 그래서 사람에게는 다 회한과 후회의 이유가 있다. 사람이라면 누구나 다 과거에 저지른 일, 되돌릴 수 없는 일에 대한 슬픔이 있다.

그것이 바로 과거에 대한 후회에서 우리를 자유롭게 해주는 은혜를 우리 모두가 날마다 찬미해야 하는 이유다. 이 자유는 취소할 자유, 부인할 자유가 아니다. 이는 우리의 역사를 다시 쓸 자유가 아니다. 그렇다, 이 자유는 잘못을 용서하고 변화시켜 주는 은혜의 자유다. 이 은혜가 소망을 가지고 현재를 살라고 나를 반갑게 맞이해 줌은, 내가 거리낌 없이 과거를 뒤로 할 수 있도록 해주기 때문이다. 내가 과거를 돌아보며 번복하고 싶은 모든 일은 예수님의 보혈이 완전히 덮어 가려 주었다. 이제 더는 과거의 짐을 어깨에 짊어지고 다니지 않아도 되며, 그래서 나는 지금 여기서 하나님께서 나에게 명하시는 일에 거리낌 없이 나 자신을 완전히 바칠 수 있다.

"나는 아직 내가 잡은 줄로 여기지 아니하고 오직 한 일 즉 뒤에 있는 것은 잊어버리고 앞에 있는 것을 잡으려고 푯대를 향하여 그리스도 예수 안에서 하나님이 위에서 부르신 부름의 상을 위하여 달려가노라"(빌 3:13-14).

과거에 발목 잡혀 꼼짝 못하고 있지 않은가? "그때 ~이기만 했더라면" 하면서 그때 일의 음울한 그림자 아래서 살고 있지 않은가? 나의 과거가 하나님의 과거·현재·미래의 은혜보다 내 삶에 더 영향을 끼치는가? 예수님의 삶과 죽음과 부활 덕분에 내 것이 된 죄 사함을 받고 그것을 바탕으로 살고 있는가?

더 깊이 묵상하고 격려를 얻으려면 예레미야 29장 1-14절을 읽으라.

~

¹ 선지자 예레미야가 예루살렘에서 이같은 편지를 느부갓네살이 예루살렘에서 바벨론으로 끌고 간 포로 중 남아 있는 장로들과 제사장들과 선지자들과 모든 백성에게 보냈는데 ² 그 때는 여고니야 왕과 왕후와 궁중 내시들과 유다와 예루살렘의 고관들과 기능공과 토공들이 예루살렘에서 떠난 후라 ³ 유다의 왕 시드기야가 바벨론으로 보내어 바벨론의 왕 느부갓네살에게로 가게 한 사반의 아들 엘라사와 힐기야의 아들 그마랴 편으로 말하되 ⁴ 만군의 여호와 이스라엘의 하나님께서 예루살렘에서 바벨론으로 사로잡혀 가게 한 모든 포로에게 이와 같이 말씀하시니라 ⁵ 너희는 집을 짓고 거기에 살며 텃밭을 만들고 그 열매를 먹으라 ⁶ 아내를 맞이하여 자녀를 낳으며 너희 아들이 아내를 맞이하며 너희 딸이 남편을 맞아 그들로 자녀를 낳게 하여 너희가 거기에서 번성하고 줄어들지 아니하게 하라 ⁷ 너희는 내가 사로잡혀 가게 한 그 성읍의 평안을 구하고 그를 위하여 여호와께 기도하라 이는 그 성읍이 평안함으로 너희도 평안할 것임이라 ⁸ 만군의 여호와 이스라엘의 하나님께서 이와 같이 말씀하시니라 너희 중에 있는 선지자들에게와 점쟁이에게 미혹되지 말며 너희가 꾼 꿈도 곧이 듣고 믿지 말라 ⁹ 내가 그들을 보내지 아니하였어도 그들이 내 이름으로 거짓을 예언함이라 여호와의 말씀이니라 ¹⁰ 여호와께서 이와 같이 말씀하시니라 바벨론에서 칠십 년이 차면 내가 너희를 돌보고 나의 선한 말을 너희에게 성취하여 너희를 이 곳으로 돌아오게 하리라 ¹¹ 여호와의 말씀이니라 너희를 향한 나의 생각을 내가 아나니 평안이요 재앙이 아니니라 너희에게 미래와 희망을 주는 것이니라 ¹² 너희가 내게 부르짖으며 내게 와서 기도하면 내가 너희들의 기도를 들을 것이요 ¹³ 너희가 온 마음으로 나를 구하면 나를 찾을 것이요 나를 만나리라 ¹⁴ 이것은 여호와의 말씀이니라 나는 너희들을 만날 것이며 너희를 포로된 중에서 다시 돌아오게 하되 내가 쫓아 보내었던 나라들과 모든 곳에서 모아 사로잡혀 떠났던 그 곳으로 돌아오게 하리라 이것은 여호와의 말씀이니라 / 렘 29:1-14

9

오늘은 나를 하나님의 큰 계획의 한 부분으로 삼아 주신 은혜를 찬미하라.
안 그러면 내 뜻대로 되지 않는 일을 슬퍼하게 될 것이다.

그 남자는 지금까지의 내담자 중 가장 구제불능인 사람일 것이다. 그 남자는 자신만만했고 상대를 휘어잡으려 했다. 어떤 일이든 자신이 한 일은 다 정당하다고 주장했다. 사실은 상대에게 피해를 입혔으면서 오히려 피해자처럼 행동했다. 그는 결혼 생활을 엉망으로 만들고 자녀들을 멀리했다. 그는 자기 자신을 사랑했고 자기 인생을 위해 멋진 계획을 갖고 있었다. 그 계획은 자기가 정한 때에 자기가 정한 방식으로 행하는 자기의 뜻이었다. 그 남자는 주변의 모든 사람을 자기 계획을 이루기 위한 종으로 삼든지 아니면 자기 인생에서 몰아내 버리든지 했다. 그 남자는 자기가 원하는 것을 얻기 위해서는 엄청난 희생을 했지만 하나님께서 희생하라고 하시는 것에 대해서는 화를 냈다.

하지만 그와의 상담 중에 경험한 은혜의 순간을 나는 잊지 못할 것이다. 그는 호전적으로 상대를 휘어잡으려는 행동과 자기를 방어하기를 중지했다. 그 남자는 나에게 이야기를 잠간 멈추라고 하더니 이렇게 말했다.

"폴, 이제 알겠어요. 내가 스스로 하나님 노릇을 하느라 너무 바빠서 하나님을 섬길 시간이 거의 없었거나 하나님 섬기는 일에 별 관심이 없었습니다."

내가 경험한 자기 진단의 순간 중 가장 정확한 자기 진단이 이뤄진 순간이었다. 그의 말이 옳았다. 자기 입에서 그 말이 나오자마자, 그는 울기 시작했다. 나는 남자가 그렇게 우는 것은 처음 보았다. 자기 자신에게 예속된 상태에서 벗어나게 해주는 은혜의 역사가 시작되자, 그는 비탄으로 몸을 떨었다.

하지만 이런 사람이 그 친구만은 아니다. 자녀를 키우는 사람이라면, 아이가 온갖 자기 주권의 집합체라는 사실을 잘 알 것이다. 모든 아이가 사실상 원하는 것은 자기 나름의 방식이다. 아이는 무엇을 먹어라, 무슨 옷을 입어라, 몇 시에 잠자리에 들어라, 용돈 관리는 어떻게 해라, 타인을 대할 때는 어떤 자세로 해라, 지시받기를 싫어한다. 아이는 자기가 자신의 작은 세상 중심에 있고 싶어 하고, 자기 규칙은 자기가 정하고 싶어 한다. 부모가 대담무쌍하게 이래라 저래라 하면 아이는 깜짝 놀란다.

하지만 아이들만 그런 것이 아니다. 죄는 우리 모든 사람들 안에 이런 자기 주권이 존재하게 만든다. 우리는 자기 지혜나 자기 능력으로 충분히 제어할 수 있는 수준 이상의 통제권을 갖고 싶어 하는 경향이 있다. 우리는 사람들이 내 방식을 따라 주기를, 내 방식을 방해하지 않기를 바란다. 그런데 이런 바람을 가질 때 우리는 자신이 어떤 존재인지, 하나님이 어떤 분인지, 그리고 은혜가 나에게 어떤 복을 주었는지를 망각하고 있다.

우리는 일이 내 마음대로 되지 않는다는 사실을 슬퍼하든지, 아니면 은혜가 나를 새롭고 더 좋은 길로 맞아들여 준다고 기뻐하든지 늘 둘 중의 하나다. 내 마음대로 상황을 좌지우지할 수 없다고 좌절하든지, 아니면 "만물 위에 교회의 머리"(엡 1:22)이신 분 안에 안식하든지 둘 중의 하나다. 내가 생각하기에 아마 우리는 다 그 슬픔과 기쁨이 뒤섞인 채 살아갈 것이다. 그러면 오늘 나는 그 슬픔 쪽인가, 그 기쁨 쪽인가? 내 마음대로 되지 않는다고 좌절하는 쪽으로 갈 텐가, 아니면 우리가 상상할 수 있는 가장 놀라운 계획에 나를 포함시켜 준 은혜를 찬미하며 기뻐할 텐가?

더 깊이 묵상하고 격려를 얻으려면 시편 73편을 읽으라.

GOODTV 개역개정성경
시편 73편 오디오클립으로
연결됩니다.

10

단 하루도 이것이 필요하지 않은 날은 없다. 이것을 요구하지 않는 상황도 없다. 이것이 무엇인가? 예수님의 권능이다.

내가 알기로 녀석을 돕는 길은 한 가지뿐이었다. 돕는 방법이 그것 한 가지뿐임은, 녀석이 내 도움을 원하지 않기 때문이었다. 녀석은 이제 겨우 네 살인데, 벌써 자기가 약하다는 사실을 부인하기 시작했다. 녀석은 자기 혼자서도 강하고 지혜롭기를 간절히 바랐지만, 사실은 그렇지 못했다. 녀석은 부모의 지혜로운 말이나 강한 팔이 필요하지 않다고 믿고 싶어 했지만, 사실은 필요했다. 녀석은 잘 알지도 못하면서 잘 안다고, 능력이 없으면서도 능력이 있다고 믿고 싶어 했다. 그래서 녀석은 부모로서 내가 신경 써 주는 것이 싫다고 또 버텼다. 그때 이런 생각이 들었다. 자기가 얼마나 약한지를 경험하게 해서 녀석이 나에게 달려와 도움을 청하게 만들 필요가 있다고 말이다.

그래서 나는 녀석을 놔두고 내 방으로 와 버렸다. 하지만 내가 녀석에게 화가 났고 그렇게 혼자 놔두는 것이 녀석에게 벌을 주는 최선의 방법이기 때문에 그랬던 것은 아니다. 내가 혼자 와 버린 것은 녀석을 사랑했기 때문이고, 그렇게 혼자 와 버리는 것이 그 사랑을 추구하고 존중하게 만드는 최선의 방법이었기 때문이다. 곧이어 어떤 상황이 벌어질지 나는 알고 있었다. 독립적으로 해보려고 녀석이 그렇게 열심히 싸웠던 일을 사실은 해내지 못하리라는 것을 나는 알고 있었다. 어느 시점이 되면 포기를 하고 자신이 약하다는 것을 스스로 인정한 후 내 도움을 구하리라는 것을 나는 알고 있었다.

삼십 분쯤 후, 녀석이 작은 발로 콩콩콩 복도를 뛰어오는 소리가 들렸다. 녀석은 방 귀퉁이 너머에서 빼꼼 얼굴을 내밀고 "못하겠어요"라고 했다. "아빠가 어떻게 하면 좋겠는데?" 내가 물었더니 녀석은 자기 본심에 충실한 말을 했다. "아빠가 도와주세요."

여러분과 나는 독립적 삶을 살려고 창조되지 않았다. 우리가 창조된 것은 하나님께 의존해 살기 위해서다. 여기에 한 가지 보태자면, 죄 때문에 우리는 망가지고 연약한 상태가 된다는 사실이다. 우리는 다 자기 힘을 초월하는 힘을 필요로 하고 독립적으로는 절대 소유하지 못할 능력을 필요로 한다. 그래서 하나님께서는 은혜로 우리에게 능력을 부여하신다. 하나님의 자녀 각 사람 안에 거하시는 성령 안에서, 우리는 이제 더 이상 우리 자신의 힘에 맡겨지지 않는다(엡 3:20-21을 보라).

우리가 어떤 존재이고 우리에게 무엇이 필요하며 우리에게 무엇이 주어졌는지를 일깨우기 위해 하나님께서는 복도로 걸어 내려오셔서 우리의 연약함을 다시 한 번 체험하게 하심으로써 오직 하나님 안에서만 발견되는 힘을 추구하고 찬미하게 하신다. 하나님께서 이렇게 하실 때, 이는 신적 진노의 행위가 아니라 부모로서의 다정한 은혜를 보여 주시는 것이다. 이 은혜가 자기 일을 마칠 때까지 여러분과 나에게는 이 은혜가 여전히 필요할 것이다.

더 깊이 묵상하고 격려를 얻으려면 고린도후서 12장 1-10절을 읽으라.

¹ 무익하나마 내가 부득불 자랑하노니 주의 환상과 계시를 말하리라 ² 내가 그리스도 안에 있는 한 사람을 아노니 그는 십사 년 전에 셋째 하늘에 이끌려 간 자라 (그가 몸 안에 있었는지 몸 밖에 있었는지 나는 모르거니와 하나님은 아시느니라) ³ 내가 이런 사람을 아노니 (그가 몸 안에 있었는지 몸 밖에 있었는지 나는 모르거니와 하나님은 아시느니라) ⁴ 그가 낙원으로 이끌려 가서 말로 표현할 수 없는 말을 들었으니 사람이 가히 이르지 못할 말이로다 ⁵ 내가 이런 사람을 위하여 자랑하겠으나 나를 위하여는 약한 것들 외에 자랑하지 아니하리라 ⁶ 내가 만일 자랑하고자 하여도 어리석은 자가 되지 아니할 것은 내가 참말을 함이라 그러나 누가 나를 보는 바와 내게 듣는 바에 지나치게 생각할까 두려워하여 그만두노라 ⁷ 여러 계시를 받은 것이 지극히 크므로 너무 자만하지 않게 하시려고 내 육체에 가시 곧 사탄의 사자를 주셨으니 이는 나를 쳐서 너무 자만하지 않게 하려 하심이라 ⁸ 이것이 내게서 떠나가게 하기 위하여 내가 세 번 주께 간구하였더니 ⁹ 나에게 이르시기를 내 은혜가 네게 족하도다 이는 내 능력이 약한 데서 온전하여짐이라 하신지라 그러므로 도리어 크게 기뻐함으로 나의 여러 약한 것들에 대하여 자랑하리니 이는 그리스도의 능력이 내게 머물게 하려 함이라 ¹⁰ 그러므로 내가 그리스도를 위하여 약한 것들과 능욕과 궁핍과 박해와 곤고를 기뻐하노니 이는 내가 약한 그 때에 강함이라 / **고후 12:1-10**

11

> 은혜는 영원을 망각하는 기억상실증에서 우리를 자유롭게 해 주며,
> 그래서 우리는 다가올 미래에 대한 소망, 우리를 정화시키는
> 그 소망과 더불어 살고자 할 것이며, 실제로 그렇게 살 수 있을 것이다.

여러분과 나는 믿는다고 말은 하지만 늘 그 믿음대로 살지는 않는다. 입으로 고백하는 신학과 일상 차원의 기능적 신학 사이에는 종종 불연속성이 있다. 한편으로 우리가 포용한다고 말하는 교리, 그리고 다른 한편으로 우리의 선택 및 우리가 느끼는 불안 사이에 틈이 있을 때가 종종 있다. 많은 경우 이 불연속성이 존재하는 영역 중 하나가 바로 영원에 관한 성경의 가르침이다. 우리는 내세를 믿는다고 말한다. 우리는 현세의 이 순간이 전부가 아니라고 말한다. 우리는 원래 영원을 지향하며 사는 존재로 만들어졌다고 말한다. 하지만 우리는 영원에 대한 기억상실로 강박, 불안, 쫓김과 더불어 살 때가 많다. 지금 여기의 갖가지 기회, 책임, 필요, 욕구에 너무 몰두한 나머지 장차 있을 일을 시야에서 놓치고 만다.

사실 영원이라는 시점에서 삶을 바라보지 않는다면, 우리는 삶에서 아무런 의미도 찾아내지 못한다. 하나님의 은혜가 우리에게 주는 것이 지금 여기서 누릴 수 있는 조금 더 좋은 것뿐이라면, 죄가 망쳐 놓은 것을 하나님의 은혜가 마침내 바로잡지 않는다면, 우리가 믿어온 것은 아마다 헛일일 것이다. "만일 그리스도 안에서 우리가 바라는 것이 다만 이

세상의 삶뿐이면 모든 사람 가운데 우리가 더욱 불쌍한 자이리라"(고전 15:19). 하나님의 계획에는 죄와 질병과 슬픔과 사망의 이 세상 말고 그 이상의 것이 있어야 한다. 이 물질적 세상의 덧없는 즐거움 그 이상의 것이 있어야 한다. 그렇다. 그 이상의 것이 있다. 장차 이 세상 이상의 것이 올 것처럼 산다면, 그것은 곧 근본적으로 다른 방식으로 산다는 의미다.

영원을 잊으면 우리는 중요한 것을 시야에서 놓치는 경향이 있다. 참으로 중요한 것을 시야에서 놓치면 덧없는 것을 위해 살게 되며, 그러면 우리 마음은 만족을 찾을 수 없는 곳에서 만족을 추구하게 된다. 만족을 찾을 수 없는 곳에서 만족을 구하면 영적으로 텅 빈 상태, 절망에 빠질 가능성이 있는 상태가 된다. 동시에, 우리는 언젠가 상황이 달라지리라는 소망도 거의 없이 이 타락한 세상의 난관에 대처해 나간다. 영원에 대한 기억상실증 환자로 사는 삶은 제대로 굴러가지 않는다. 절대 낙원일 수 없는 현재가 낙원이기를 바라며 살든지, 아니면 부서지고 망가진 세상이 고쳐질 날이 있기는 할까 절망하며 살든지 둘 중 하나다. 그래서, 반드시 올 것이라고 하나님께서 약속하신 일에 시선을 고정시키는 것이 중요하다.

영원의 가치를 오늘 내 삶의 모양을 형성하는 가치로 삼으라. 그리고 오늘의 난관이 언젠가는 완전히 지나갈 것이라고 자기 자신에게 계속 말하라. 영원을 믿는 믿음은 내 가치관을 분명히 해주고 내 소망을 새롭게 해준다. 하나님께서 은혜로써 나를 도우사 바로 지금, 바로 여기서 영원을 기억하게 해주시기를 기도하라.

더 깊이 묵상하고 격려를 얻으려면 고린도후서 4장 7-18절을 읽으라.

~

⁷ 우리가 이 보배를 질그릇에 가졌으니 이는 심히 큰 능력은 하나님께 있고 우리에게 있지 아니함을 알게 하려 함이라 ⁸ 우리가 사방으로 욱여쌈을 당하여도 싸이지 아니하며 답답한 일을 당하여도 낙심하지 아니하며 ⁹ 박해를 받아도 버린 바 되지 아니하며 거꾸러뜨림을 당하여도 망하지 아니하고 ¹⁰ 우리가 항상 예수의 죽음을 몸에 짊어짐은 예수의 생명이 또한 우리 몸에 나타나게 하려 함이라 ¹¹ 우리 살아 있는 자가 항상 예수를 위하여 죽음에 넘겨짐은 예수의 생명이 또한 우리 죽을 육체에 나타나게 하려 함이라 ¹² 그런즉 사망은 우리 안에서 역사하고 생명은 너희 안에서 역사하느니라 ¹³ 기록된 바 내가 믿었으므로 말하였다 한 것 같이 우리가 같은 믿음의 마음을 가졌으니 우리도 믿었으므로 또한 말하노라 ¹⁴ 주 예수를 다시 살리신 이가 예수와 함께 우리도 다시 살리사 너희와 함께 그 앞에 서게 하실 줄을 아노라 ¹⁵ 이는 모든 것이 너희를 위함이니 많은 사람의 감사로 말미암아 은혜가 더하여 넘쳐서 하나님께 영광을 돌리게 하려 함이라 ⁶ 그러므로 우리가 낙심하지 아니하노니 우리의 겉사람은 낡아지나 우리의 속사람은 날로 새로워지도다 ¹⁷ 우리가 잠시 받는 환난의 경한 것이 지극히 크고 영원한 영광의 중한 것을 우리에게 이루게 함이니 ¹⁸ 우리가 주목하는 것은 보이는 것이 아니요 보이지 않는 것이니 보이는 것은 잠깐이요 보이지 않는 것은 영원함이라 / 고후 4:7-18

12

> 믿음은 우리에게 자연스럽지 않다. 의심은 자연스럽고, 두려움도 자연스럽고, 교만도 자연스럽지만 다른 누군가의 말과 행위를 믿는 믿음은 자연스럽지 않으며, 은혜가 있는 것은 바로 그 때문이다.

하나님께서는 우리를 그냥 용서만 하신 것이 아니라(용서를 해주신 것만으로도 하나님을 찬양하라) 아주 새로운 삶의 방식으로 우리를 부르셨다. 하나님께서는 우리를 부르사 믿음으로 살게 하셨다. 자, 바로 이것이 문제다. 믿음은 우리에게 평범한 것이 아니다. 믿음은 솔직히 말해, 우리의 직관에 반(反)하는 삶의 방식이다.

우리에게는 의심이 오히려 아주 자연스럽다. 하나님이 무얼 하고 계시는지 궁금해 하는 게 자연스럽다. 내 삶이 다른 사람의 삶보다 힘들다고 생각하는 게 정상이다. 다른 누군가의 삶을 시기하는 게 자연스럽다. 사는 게 좀 더 수월하기를 바라고 내 삶을 내가 좀 더 좌지우지할 수 있었으면 하는 게 자연스럽다. 앞날에 대해 알고자 하는 게 여러분과 나의 전형적인 태도다. 염려가 자연스럽다. 두려움이 자연스럽다. 포기하고 싶어 하는 것이 자연스럽다. 내 모든 좋은 습관이 결말을 다르게 만들지 궁금해 하는 것이 자연스럽다. 내 생명을 건 일이 정말 그럴 만한 일인지 이따금 의문에 사로잡히는 것이 정상이다. 하지만 믿음은 자연스럽지 않다.

이는 믿음이 나의 내면에서 내 노력으로 생겨날 수 있는 어떤 것이 아니라는 의미다. 믿음은 하나님께서 주시는 은혜의 선물로서 내게 온다. "너희는 그 은혜에 의하여 믿음으로 말미암아 구원을 받았으니 이것은 너희에게서 난 것이 아니요 하나님의 선물이라"(엡 2:8).

나의 구원이 하나님의 선물일 뿐만 아니라 그 구원을 받아들일 수 있는 믿음 또한 하나님의 선물이다. 하지만 우리가 알아야 할 것이 여기 있다. 나의 구원을 위해 하나님께서는 믿을 수 있는 은혜를 주실 뿐만 아니라 내가 믿음으로 살 수 있도록 역사하시기도 한다. 지금 믿음으로 살고 있는 사람이라면, 나를 변화시키는 강력한 은혜가 나에게 임했음을 알 것이다. 믿음으로 사는 방식은 여러분이나 나에게 자연스러운 삶의 방식이 아니기 때문이다. 내 삶의 방식이 이제 더는 내 눈으로 보고 내 생각으로 이해할 수 있는 것에 근거하지 않고 하나님의 임재, 하나님의 약속, 하나님의 원칙, 하나님께서 마련해 주시는 것에 바탕을 두고 있다면, 이는 하나님께서 내 안에 믿음을 공고히 만들어내셨기 때문이다.

내 삶에 들이닥쳐 나를 혼란스럽게 하는 그 모든 일, 나 스스로는 절대 선택하지 않았을 그 모든 일은 내 믿음을 확고히 하려고 하나님께서 쓰시는 도구일 수 있지 않을까? 점진적인 변화의 은혜로써 하나님께서는 자신의 모든 자녀에게 명하시는 아주 새로운 삶의 방식으로 살아갈 수 있는 능력을 우리에게 주신다. 그 새로운 삶이란 우리가 원래 창조된 목적대로 하나님을 지향하는 삶을 말한다. 연약한 믿음 때문에 길을 벗어나게 되더라도 죄책감에 빠져 숨지 않아도 된다. 이생에서 내 소망은 나의 신실함이 아니라 하나님의 성실함이기 때문이다. 연약한 상태로 하나님께 달려가 다시 한 번 하나님의 능력을 구해도 된다. 그러면 알게 될 것이다. 뜨거운 은혜의 하나님께서는 믿음이 우리 마음을 확고히 지배할 때까지 자신의 작품을 버리지 않으시리라는 것을. 우리에게 명하신 일을 하기 위해 필요한 것을 하나님께서는 언제나 값없이 베풀어 주신다. 더 깊이 묵상하고 격려를 얻으려면 히브리서 11장을 읽으라.

GOODTV 개역개정성경
히브리서 11장 오디오클립으로
연결됩니다.

13

목록을 찢어서 던져 버리라
하나님께서 나를 위해 계획하신 일은 내가 스스로 꿈 꾼 그 어떤 일보다도 낫다.

이는 엄청난 망상,
교만의 극치,
미혹하는 덫,
크고 음험한 위험.
이것이 이끄는 곳에
유익은 없다.
이것의 운명은
죽음.
이는 에덴동산에서
재앙의 중심에 앉아 있었다.
이는 아담과 하와의
서글픈 반역을 추동했다.
이는 우리 모두를
거듭거듭 유혹한다,
때마다 일마다
가는 곳마다

사람을 만나 관계를 맺을 때마다.
타락한 우리 조상들이 했던 생각에
많은 이들이 빠져든다.
어쩌면 우리가 하나님보다
똑똑할지 모른다는,
어쩌면 우리 길이 하나님의 길보다
나을지 모른다는
이 한 가지 치명적 생각에 우리도 빠져든다.
오직 은혜만이
미혹에 빠진 자를 구해낼 수 있다.
그가 자초한 위험에서.

더 깊이 묵상하고 격려를 얻으려면 시편 14편을 읽으라.

~

1 어리석은 자는 그의 마음에 이르기를 하나님이 없다 하는도다 그들은 부패하고 그 행실이 가증하니 선을 행하는 자가 없도다 2 여호와께서 하늘에서 인생을 굽어살피사 지각이 있어 하나님을 찾는 자가 있는가 보려 하신즉 3 다 치우쳐 함께 더러운 자가 되고 선을 행하는 자가 없으니 하나도 없도다 4 죄악을 행하는 자는 다 무지하냐 그들이 떡 먹듯이 내 백성을 먹으면서 여호와를 부르지 아니하는도다 5 그러나 거기서 그들은 두려워하고 두려워하였으니 하나님이 의인의 세대에 계심이로다 6 너희가 가난한 자의 계획을 부끄럽게 하나 오직 여호와는 그의 피난처가 되시도다 7 이스라엘의 구원이 시온에서 나오기를 원하도다 여호와께서 그의 백성을 포로된 곳에서 돌이키실 때에 야곱이 즐거워하고 이스라엘이 기뻐하리로다 / 시 14:1-7

14

하나님의 은혜는 내가 감추고 싶은 것을 폭로할 테지만,
이는 나를 수치스럽게 하기 위해서가 아니라
나를 용서하고 구원하기 위해서다.

"서글픈 인생이군." 어젯밤 사건을 이야기하는 그 남자의 말을 들으면서 나는 그렇게 생각했다. 그는 하루에 여덟 시간씩 분주하게 움직이는 길쭉한 포장 작업대 바로 내 옆에서 일하는 사람이었다. 손은 바빠도 대화는 자유로웠기에 우리는 이야기를 나누었다. 남자는 바람을 피우고 있었다. 그는 모든 상황을 자신이 제어하고 있다 생각했고, 자신은 무엇에도 얽매이지 않는다고 생각했지만, 사실은 그렇지 않았다. 남자는 어젯밤 자기가 사는 작은 동네의 어떤 식당에 내연녀를 데리고 갔다가 식당 밖 주차장에 아내의 차가 주차되어 있는 것을 보았다고 했다. 그래서 다른 식당으로 가기는 했지만, 혹시라도 주변에 아는 사람이 없는지 식당을 나오기 전 단단히 살펴야 했다고 했다. 그래야 들키지 않을 테니 말이다.

나는 그 남자에게 말했다. "자신이 무엇에도 구속받지 않는다고 생각하는 모양인데, 사실은 그렇지가 않아요. 숨겨야 하잖아요. 들킬까봐 걱정해야 하고요. 어두운 데만 골라서 다녀야 하고요." 그리고 또 나는 이렇게 말했다. "저를 보며 매여서 산다고 생각하지요? 하지만 저야말로 자유로운 사람입니다. 아내와 함께 외출할 때, 어디를 가야 안전할까 걱

정하지 않아도 됩니다. 들킬까봐 두려워할 필요가 없습니다. 당당하게 환한 데서 살 수 있다고요."

죄는 우리 모두를 밤의 시민으로 만들어 버린다. 죄는 우리 모두를 조명이 없는 곳을 찾아다니며 살게 만든다. 우리는 숨기고, 우리는 부인하고, 우리는 덮어 감추고, 우리는 거짓말하고, 우리는 핑계대고, 우리는 책임을 전가하고, 우리는 합리화하고, 우리는 변명하고, 우리는 발뺌한다. 이 모든 행동은 드러나는 것을 두려워하는 사람들이 저지르는 어둠의 행위들이다.

은혜는 어떻게 작용하는가? 한때 어둠 속에 숨어 살던 것에 빛을 비춘다. "그 정죄는 이것이니 곧 빛이 세상에 왔으되 사람들이 자기 행위가 악하므로 빛보다 어둠을 더 사랑한 것이니라

악을 행하는 자마다 빛을 미워하여 빛으로 오지 아니하나니 이는 그 행위가 드러날까 함이요"(요 3:19-20). 은혜는 우리의 어두운 비밀을 산산이 부순다. 은혜는 모든 것을 꿰뚫고 속마음을 드러내는 빛을 우리 위에 폭발시킨다. 은혜는 우리의 습기찬 복도와 우리의 어두운 귀퉁이에 빛을 비춘다. 은혜의 성자께서는 우리 마음 속 가장 어둡고 후미진 곳에 은혜의 빛을 비추시며, 보복이나 징벌의 행위가 아니라 죄를 사하고 변화시키며 구원하는 은혜의 행위로서 그렇게 하신다. 성자께서 우리가 자초한 어둠을 몰아내심은, 우리 눈에 보이지 않는 죄는 우리가 슬퍼할 수 없고, 슬퍼할 수 없는 죄는 고백하지 못하며, 고백하지 못하는 죄에서는 돌이킬 수 없기 때문이다.

빛이 임했다. 빛으로 달려가라. 빛은 두려워하라고 있는 것이 아니다. 그렇다, 이는 폭로의 빛이지만, 폭로되는 죄는 그 죄를 폭로하시는 분의 보혈이 이미 떠맡았다.

더 깊이 묵상하고 격려를 얻으려면 요한복음 1장 1-18절을 읽으라.

~

¹ 태초에 말씀이 계시니라 이 말씀이 하나님과 함께 계셨으니 이 말씀은 곧 하나님이시니라 ² 그가 태초에 하나님과 함께 계셨고 ³ 만물이 그로 말미암아 지은 바 되었으니 지은 것이 하나도 그가 없이는 된 것이 없느니라 ⁴ 그 안에 생명이 있었으니 이 생명은 사람들의 빛이라 ⁵ 빛이 어둠에 비치되 어둠이 깨닫지 못하더라 ⁶ 하나님께로부터 보내심을 받은 사람이 있으니 그의 이름은 요한이라 ⁷ 그가 증언하러 왔으니 곧 빛에 대하여 증언하고 모든 사람이 자기로 말미암아 믿게 하려 함이라 ⁸ 그는 이 빛이 아니요 이 빛에 대하여 증언하러 온 자라 ⁹ 참 빛 곧 세상에 와서 각 사람에게 비추는 빛이 있었나니 ¹⁰ 그가 세상에 계셨으며 세상은 그로 말미암아 지은 바 되었으되 세상이 그를 알지 못하였고 ¹¹ 자기 땅에 오매 자기 백성이 영접하지 아니하였으나 ¹² 영접하는 자 곧 그 이름을 믿는 자들에게는 하나님의 자녀가 되는 권세를 주셨으니 ¹³ 이는 혈통으로나 육정으로나 사람의 뜻으로 나지 아니하고 오직 하나님께로부터 난 자들이니라 ¹⁴ 말씀이 육신이 되어 우리 가운데 거하시매 우리가 그의 영광을 보니 아버지의 독생자의 영광이요 은혜와 진리가 충만하더라 ¹⁵ 요한이 그에 대하여 증언하여 외쳐 이르되 내가 전에 말하기를 내 뒤에 오시는 이가 나보다 앞선 것은 나보다 먼저 계심이라 한 것이 이 사람을 가리킴이라 하니라 ¹⁶ 우리가 다 그의 충만한 데서 받으니 은혜 위에 은혜러라 ¹⁷ 율법은 모세로 말미암아 주어진 것이요 은혜와 진리는 예수 그리스도로 말미암아 온 것이라 ¹⁸ 본래 하나님을 본 사람이 없으되 아버지 품 속에 있는 독생하신 하나님이 나타내셨느니라 / 요 1:1-18

15

자치(自治)가 우리에게 안겨 주리라고 생각했던
그 자유와 장기적 만족을 우리는 절대 얻을 수 없을 것이다.
하나님을 등한시하는 것은 축복으로 가는 길이 절대 아니다.

우리 각 사람을 어떻게든, 어떤 방식으로든 유혹하는 두 가지 거짓말이 있다. 이는 에덴동산에서 아담과 하와가 유혹을 당하던 그 순간에 이들의 치명적 선택에 부채질을 한 거짓말이다. 그렇다, 이 거짓말은 오늘날에도 그 당시와 마찬가지로 엄청난 위력을 지니는 것이 사실이다.

첫 번째는 자율이라는 거짓말이다. 이 거짓말은 우리가 자기 마음대로 살 권리를 지닌 독립적 인간이라고 말한다. 자녀를 키우는 사람이라면 아이들이 바로 그 거짓말을 덥석 받아들인다는 사실을 잘 알 것이다. 그것이 바로 아이들이 부모에게 더 많이 교정(敎正) 받기를 갈망하지 않고 부모의 권위를 존중하지도 않는 이유다. 처음부터 아이들은 자기 인생이 자기 것이고 자기에게 필요한 권위는 자기 자신뿐이라고 믿고 싶어 한다. 하지만 우리 인생은 우리 것이 아니다. 하나님께서 우리를 창조하셨다면(실제로 창조하셨다), 우리는 하나님 소유다. 나는 부업으로 그림을 그린다. 내가 그림을 하나 완성할 때 그 그림이 정확히 내 소유임은 내가 그 그림을 그렸기 때문이다. 그 그림은 자율적이지 않다. 마찬가지 원리로, 인간의 자율은 거짓말이다.

두 번째 거짓말은 자충족성이라는 거짓말로, 이 거짓말은 내가 원래 창조된 목적대로 존재하면서 원래 내가 하게 되어 있는 일을 하는 데 필요한 모든 것을 나 자신 안에 다 갖고 있다고 말한다. 사실은 하나님이야말로 우주에서 유일하게 자충족적인 존재시다. 우리는 의존적인 존재로 창조되었으며, 첫째는 하나님께 의존하고 다음으로는 사랑의 공동체 안에서 서로에게 의존한다. 우리는 가르침 받고, 격려 받고, 경고 받고, 힘이 강화되고, 용서받고, 치유받고, 회복되고, 조언 받고, 사랑받고, 질책 받고, 구원받을 필요가 있다. 하나같이 우리가 우리 자신에게는 마련해 줄 수 없는 것들이다. 인간의 자충족성은 거짓말이다.

그래서 예수님께서는 거짓말을 거절하고 자신에게 오라고 우리를 부르신다. 예수님의 멍에 아래가 참 자유를 발견할 수 있는 유일한 곳이다. 예수님께서는 말씀하신다. "수고하고 무거운 짐 진 자들아 다 내게로 오라 내가 너희를 쉬게 하리라 나는 마음이 온유하고 겸손하니 나의 멍에를 메고 내게 배우라 그리하면 너희 마음이 쉼을 얻으리니 이는 내 멍에는 쉽고 내 짐은 가벼움이라 하시니라"(마11:28-30). 우리가 찾아야 할 자유가 있다. 하지만 그 자유는 자율성과 자충족성이라는 공허한 약속에서는 찾을 수 없다. 참 자유는 은혜가 내 마음을 그리스도께 묶어 줄 때만 찾을 수 있다. 내 힘으로는 이를 수 없는 내 모습에 이르려 하고 본디 내가 할 일이 아닌 일을 하려고 애쓰는 삶에서 자유로워지면, 이제 죄 사함을 주고 생명을 회복시키는 은혜라는 가벼운 짐을 자원해서 질 수 있다.

더 깊이 묵상하고 격려를 얻으려면 창세기 3장을 읽으라.

~

[1] 그런데 뱀은 여호와 하나님이 지으신 들짐승 중에 가장 간교하니라 뱀이 여자에게 물어 이르되 하나님이 참으로 너희에게 동산 모든 나무의 열매를 먹지 말라 하시더냐

² 여자가 뱀에게 말하되 동산 나무의 열매를 우리가 먹을 수 있으나 ³ 동산 중앙에 있는 나무의 열매는 하나님의 말씀에 너희는 먹지도 말고 만지지도 말라 너희가 죽을까 하노라 하셨느니라 ⁴ 뱀이 여자에게 이르되 너희가 결코 죽지 아니하리라 ⁵ 너희가 그것을 먹는 날에는 너희 눈이 밝아져 하나님과 같이 되어 선악을 알 줄 하나님이 아심이니라 ⁶ 여자가 그 나무를 본즉 먹음직도 하고 보암직도 하고 지혜롭게 할 만큼 탐스럽기도 한 나무인지라 여자가 그 열매를 따먹고 자기와 함께 있는 남편에게도 주매 그도 먹은지라 ⁷ 이에 그들의 눈이 밝아져 자기들이 벗은 줄을 알고 무화과나무 잎을 엮어 치마로 삼았더라 ⁸ 그들이 그 날 바람이 불 때 동산에 거니시는 여호와 하나님의 소리를 듣고 아담과 그의 아내가 여호와 하나님의 낯을 피하여 동산 나무 사이에 숨은지라 ⁹ 여호와 하나님이 아담을 부르시며 그에게 이르시되 네가 어디 있느냐 ¹⁰ 이르되 내가 동산에서 하나님의 소리를 듣고 내가 벗었으므로 두려워하여 숨었나이다 ¹¹ 이르시되 누가 너의 벗었음을 네게 알렸느냐 내가 네게 먹지 말라 명한 그 나무 열매를 네가 먹었느냐 ¹² 아담이 이르되 하나님이 주셔서 나와 함께 있게 하신 여자 그가 그 나무 열매를 내게 주므로 내가 먹었나이다 ¹³ 여호와 하나님이 여자에게 이르시되 네가 어찌하여 이렇게 하였느냐 여자가 이르되 뱀이 나를 꾀므로 내가 먹었나이다 ¹⁴ 여호와 하나님이 뱀에게 이르시되 네가 이렇게 하였으니 네가 모든 가축과 들의 모든 짐승보다 더욱 저주를 받아 배로 다니고 살아 있는 동안 흙을 먹을지니라 ¹⁵ 내가 너로 여자와 원수가 되게 하고 네 후손도 여자의 후손과 원수가 되게 하리니 여자의 후손은 네 머리를 상하게 할 것이요 너는 그의 발꿈치를 상하게 할 것이니라 하시고 ¹⁶ 또 여자에게 이르시되 내가 네게 임신하는 고통을 크게 더하리니 네가 수고하고 자식을 낳을 것이며 너는 남편을 원하고 남편은 너를 다스릴 것이니라 하시고 ¹⁷ 아담에게 이르시되 네가 네 아내의 말을 듣고 내가 네게 먹지 말라 한 나무의 열매를 먹었은즉 땅은 너로 말미암아 저주를 받고 너는 네 평생에 수고하여야 그 소산을 먹으리라 ¹⁸ 땅이 네게 가시덤불과 엉겅퀴를 낼 것이라 네가 먹을 것은 밭의 채소인즉 ¹⁹ 네가 흙으로 돌아갈 때까지 얼굴에 땀을 흘려야 먹을 것을 먹으리니 네가 그것에서 취함을 입었음이라 너는 흙이니 흙으로 돌아갈 것이니라 하시니라 ²⁰ 아담이 그의 아내의 이름을 하와라 불렀으니 그는 모든 산 자의 어머니가 됨이더라 ²¹ 여호와 하나님이 아담과 그의 아내를 위하여 가죽옷을 지어 입히시니라 ²² 여호와 하나님이 이르시되 보라 이 사람이 선악을 아는 일에 우리 중 하나 같이 되었으니 그가 그의 손을 들어 생명 나무 열매도 따

먹고 영생할까 하노라 하시고 23 여호와 하나님이 에덴 동산에서 그를 내보내어 그의 근원이 된 땅을 갈게 하시니라 24 이같이 하나님이 그 사람을 쫓아내시고 에덴 동산 동쪽에 그룹들과 두루 도는 불 칼을 두어 생명 나무의 길을 지키게 하시니라 / **창 3:1-24**

16

그리스도 안에서 우리는 하나님 및 하나님께서 내 삶 가운데 허락하신 사람들과 더불어 화평하게 사는 데 필요한 모든 것을 다 갖고 있다.

    은혜는 여러분과 나에게 절박하게 필요한 것, 그러나 우리 힘으로는 절대 만들어낼 수 없는 것을 만들어내 준다. 바로 수평적 차원 및 수직적 차원의 화평이다. 예수님은 실로 평강의 왕이시다! 죄는 우리가 하나님과 불화하게 만들고 서로와도 불화하게 만든다. 죄는 우리를 하나님의 원수로 만들고 타인과의 끊임없는 갈등 속으로 우리를 내던진다. 죄는 우리가 원래 속해서 살아야 할 두 가지 사랑의 공동체, 곧 하나님과 함께 하는 사랑과 예배 공동체, 그리고 타인과의 사랑의 공동체에서 우리를 단절시킨다. 죄는 우리를 더 잘 사랑하는 사람이 아니라 더 잘 싸우는 사람으로 만든다. 죄는 반사회적이다. 근본적으로 죄는 우리 삶을 구체화해주게 되어 있는 갖가지 관계를 파괴한다.

    우리는 화평을 간절히 필요로 하지만, 세상 그 어디에서도 화평을 찾을 수 없는 것처럼 보일 때가 종종 있다. 이것이 바로 구약성경에 기록된 이사야의 예언, 곧 평강의 왕이 오시리라는 예언이 그토록 중요하고, 그토록 흥분되고, 그토록 격려가 되는 이유다(사 9:6). 세상은 탄식하고 있었고, 수직적이고 수평적인 갈등으로 무거운 짐을 진 채 망가져 있었다. 세상과 세상 사람들은 스스로의 힘으로는 이 상태를 바로잡을 수 없었다. 화평은 망상에 가까운 멀고 먼 소망으로 보였다. 그러나 그때 이사야의 예언이 임했다.

하나님에게는 한 가지 해법이 있었다. 절충이 그 해법은 아닐 터였다. 행동을 취하라는 명령도 해법이 아닐 터였다. 평화를 위한 전략도 해법이 아니었다. 그렇다, 하나님의 해법은 자기 아들을 선물로 주시는 형태로 임할 터였다. 그 아들께서 우리 손가락 사이로 자꾸 빠져나가는 화평을 안겨 주실 터였다. 우리로서는 살 수 없는 삶을 사실 것이며, 그럼으로써 하나님의 요구조건을 충족시키실 터였다. 우리가 받아야 할 벌을 감당하시고, 그럼으로써 하나님의 진노를 풀어드릴 터였다. 죄와 사망을 물리치고 무덤에서 일어나실 터였다. 그분께서 이 모든 일을 하심은 우리가 우리 힘으로는 절대 성취할 수 없고, 획득할 수 없고, 받을 자격도 없는 것을 경험할 수 있도록 하기 위해서였으니, 그것은 바로 하나님과의 화평이다. 그리고 하나님과의 화평은 우리들 서로 간의 지속적 화평으로 가는 유일한 길이다. 하나님의 평화가 내 마음을 지배할 때에만, 나는 타인들과의 참 평화를 경험할 수 있다.

이것이 복음의 좋은 소식이다. 평강이 임하셨다. 평강이 사셨다. 평강이 죽으셨다. 평강이 다시 살아나셨다. 평강이 나를 위해 다스리신다. 평강이 성령으로써 내 안에 거하신다. 평강이 내가 필요로 하는 모든 것을 은혜로써 나에게 주신다. 평강이 내 죄를 깨우치시고, 용서하시고, 구원하신다. 평강이 내 안에서 자신의 일을 완성하실 것이다. 평강이 나를 영광으로 맞이해 들일 것이며, 거기서 평강은 화평과 의 가운데 영원히 나와 함께 사실 것이다. 평강은 빛바랜 꿈이 아니다. 그렇다, 평강은 현실이다. 평강은 한 위격이며, 그 이름은 예수님이다.

더 깊이 묵상하고 격려를 얻으려면 에베소서 2장 11-22절을 읽으라.

¹¹ 그러므로 생각하라 너희는 그 때에 육체로는 이방인이요 손으로 육체에 행한 할례를 받은 무리라 칭하는 자들로부터 할례를 받지 않은 무리라 칭함을 받는 자들이라 ¹² 그 때에 너희는 그리스도 밖에 있었고 이스라엘 나라 밖의 사람이라 약속의 언약들에 대하여는 외인이요 세상에서 소망이 없고 하나님도 없는 자이더니 ¹³ 이제는 전에 멀리 있던 너희가 그리스도 예수 안에서 그리스도의 피로 가까워졌느니라 ¹⁴ 그는 우리의 화평이신지라 둘로 하나를 만드사 원수 된 것 곧 중간에 막힌 담을 자기 육체로 허시고 ¹⁵ 법조문으로 된 계명의 율법을 폐하셨으니 이는 이 둘로 자기 안에서 한 새 사람을 지어 화평하게 하시고 ¹⁶ 또 십자가로 이 둘을 한 몸으로 하나님과 화목하게 하려 하심이라 원수 된 것을 십자가로 소멸하시고 ¹⁷ 또 오셔서 먼 데 있는 너희에게 평안을 전하시고 가까운 데 있는 자들에게 평안을 전하셨으니 ¹⁸ 이는 그로 말미암아 우리 둘이 한 성령 안에서 아버지께 나아감을 얻게 하려 하심이라 ¹⁹ 그러므로 이제부터 너희는 외인도 아니요 나그네도 아니요 오직 성도들과 동일한 시민이요 하나님의 권속이라 ²⁰ 너희는 사도들과 선지자들의 터 위에 세우심을 입은 자라 그리스도 예수께서 친히 모퉁잇돌이 되셨느니라 ²¹ 그의 안에서 건물마다 서로 연결하여 주 안에서 성전이 되어 가고 ²² 너희도 성령 안에서 하나님이 거하실 처소가 되기 위하여 그리스도 예수 안에서 함께 지어져 가느니라 / 엡 2:11-22

17

자신의 연약함을 두려워하지 말라.
나에게 필요한 힘은 하나님께서 다 공급해 주신다.
내가 자주적으로 강하다는 생각이 드는 그런 순간을 두려워하라.

 인정하라. 우리는 약한 것을 싫어한다. 오늘 경기에 나갈 선수로 내가 기피된다면 이는 웃을 일이 아니다. 질문을 받았는데 대답을 못한다는 것은 창피한 일이다. 방금 구매한 가구를 어떻게 조립하는지, 설명서를 아무리 봐도 알 수 없다면 좌절감이 든다. 중요한 약속을 깜박하거나 친한 친구 이름이 기억나지 않으면 죽을 맛이다. 과제를 해내지 못하면, 패스된 공을 떨어뜨리면, 약속을 해놓고 지키지 못하면 초라한 느낌이 든다. 길을 잃거나 전화번호가 생각나지 않는 것을 우리는 좋아하지 않는다. 스스로 자격미달이라고, 혹은 준비가 안 되어 있다고 느껴지는 그런 순간을 우리는 다 싫어한다. 혼란스럽거나 잘 모르겠는 상황을 우리는 좋아하지 않는다. 우리는 다른 사람의 근육, 다른 사람의 두뇌를 탐낸다. 우리는 두려워지는 것을 싫어하고, 좀 더 담대하기를 바란다. 영웅 앞에 서면 내가 아무것도 아니라는 느낌이 든다. 타인의 성취 앞에 서면 나도 저만큼 가치 있는 일을 했는가 라는 생각이 든다. 우리는 사람은 누구나 나름대로 약한 부분이 있다는 진실에 직면하기를 싫어한다. 이는 모든 인간의 보편적 상태다.
 혼자 힘으로 서는 세상, 자기 나름의 길을 찾아야 하고 자주적으로 자기 인생을 구축해 나가야 하는 세상에서, 약함은 두려워해야 할 일이 된다. 마지막에 나에게 남는 것이 나의 생각, 나의 충동, 나의 업적, 나의 성취뿐인 세상에서, 약함은 아쉬워해야 할 일이다. 찾아가서 힘을 얻을 사람 하나 없고 가진 것 없을 때 나를 받아줄 사람 거의 없는 세상에서, 약함은 회피해야 할 일이다. 하지만 여기 우리가 알아야 할 것이 있다. 약함은 회피해야 할 큰 위험이 아니라는 것이다. 우리가 피해야 할 것은 나에게 힘이 있다는 망상이다. 나에게 자주적 힘이 있다는 그런 판단이 훨씬 더 위험하다.

혼란스러운가? 사실 우리는 다 연약하다. 우리는 지혜 면에서도 연약하고, 능력 면에서도 연약하고, 의로움 면에서도 연약하다. 죄는 우리 마음과 손이 연약한 상태에 있게 만들었다. 죄는 우리를 여러 면에서 힘없고 불완전한 존재들로 만들었다. 하지만 하나님의 은혜는 연약함을 이제 더는 두려워할 필요가 없는 것으로 만든다. 우리를 하나님에게로 부르시고 하나님을 위해 살라고 명하시는 은혜의 하나님께서, 필요한 모든 능력을 우리에게 베푸신다.

내가 얼마나 힘이 없는 존재인지 인정하는 것이 그 능력으로 들어가는 길이다. 은혜는 내가 나를 더는 신뢰할 수 없다는 사실을 곤혹스러워하지 않게 해준다. 내 신뢰를 받기에 합당한 분, 나에게 필요한 것을 늘 전해 주시는 분에게로 은혜가 나를 연결시켜 주기 때문이다.

"어떤 사람은 병거, 어떤 사람은 말을 의지하나 우리는 여호와 우리 하나님의 이름을 자랑하리로다 그들은 비틀거리며 엎드러지고 우리는 일어나 바로 서도다"(시 20:7-8).

더 깊이 묵상하고 격려를 얻으려면 시편 27편을 읽으라.

~

¹ 여호와는 나의 빛이요 나의 구원이시니 내가 누구를 두려워하리요 여호와는 내 생명의 능력이시니 내가 누구를 무서워하리요 ² 악인들이 내 살을 먹으려고 내게로 왔으나 나의 대적들, 나의 원수들인 그들은 실족하여 넘어졌도다 ³ 군대가 나를 대적하여 진 칠지라도 내 마음이 두렵지 아니하며 전쟁이 일어나 나를 치려 할지라도 나는 여전히 태연하리로다 ⁴ 내가 여호와께 바라는 한 가지 일 그것을 구하리니 곧 내가 내 평생에 여호와의 집에 살면서 여호와의 아름다움을 바라보며 그의 성전에서 사모하는 그것이라 ⁵ 여호와께서 환난 날에 나를 그의 초막 속에 비밀히 지키시고 그의 장막 은밀한 곳에 나를 숨기시며 높은 바위 위에 두시리로다 ⁶ 이제 내 머리가 나를 둘러싼 내 원수 위에 들리리니 내가 그의 장막에서 즐거운 제사를 드리겠고 노래하며 여호와를 찬송하리로다 ⁷ 여호와여 내가 소리 내어 부르짖을 때에 들으시고 또한 나를 긍휼히 여기사 응답하소서 ⁸ 너희는 내 얼굴을 찾으라 하실 때에 내가 마음으로 주께 말하되 여호와여 내가 주의 얼굴을 찾으리이다 하였나이다 ⁹ 주의 얼굴을 내게서 숨기지 마시고 주의 종을 노하여 버리지 마소서 주는 나의 도움이 되셨나이다 나의 구원의 하나님이시여 나를 버리지 마시고 떠나지 마소서 ¹⁰ 내 부모는 나를 버렸으나 여호와는 나를 영접하시리이다 ¹¹ 여호와여 주의 도를 내게 가르치시고 내 원수를 생각하셔서 평탄한 길로 나를 인도하소서 ¹² 내 생명을 내 대적에게 맡기지 마소서 위증자와 악을 토하는 자가 일어나 나를 치려 함이니이다 ¹³ 내가 산 자들의 땅에서 여호와의 선하심을 보게 될 줄 확실히 믿었도다 ¹⁴ 너는 여호와를 기다릴지어다 강하고 담대하며 여호와를 기다릴지어다 / 시 27:1-14

18

오늘 우리는 내 삶을 알려고 애씀으로써 안식을 발견하기를 기대하든지,
아니면 내 삶을 포함해 만사를 다 아시는 분 안에서 안식하든지 둘 중 하나다.

그렇다, 맞는 말이다. 우리는 다 신학자, 과학자, 고고학자, 철학자다. 우리는 의미를 만들어내는 자들이 되라고 하나님에 의해 창조되었다. 우리는 우리 삶을 절대 홀로 버려두지 않는다. 우리는 늘 삶을 뒤지면서, 그 삶이 형성하는 문명을 이해하고자 한다. 우리는 과학수사를 하듯 우리 과거를 조사하고, 현재를 책장 넘기듯 훑어보고, 미래를 알려고 최선을 다한다.

하나님의 형상으로 창조된 우리는 경험한 사실에 근거해서 살지 않고 그 경험에 대한 해석에 근거해서 산다. 그것이 바로 어린아이들이 끝없이 '왜'라고 질문하는 이유다. 어린아이에게는 세상을 알고자 하는 내적 충동이 있는 것이다. 또한 그것이 바로 청소년들이 방향을 잃고 헤매는 것처럼 보이는 이유다. 이들은 인생을 알려고 애쓰는 중이다. 그리고 그것이 바로 신부가 결혼식을 앞두고 긴장하는 이유다. 신부는 미래가 어떻게 펼쳐질지 궁금한 것이다. 또한 그것이 바로 노인이 멍하니 먼 곳을 응시하는 이유다. 노인은 과거 한때의 일을 하나하나 되짚고 있다.

열심히 생각하고 또 생각하는 것은 잘못이 아니다. 삶을 이해하고 싶어 하는 것은 죄가 아니다. 알고자 하는 탐구에 나서는 것은 나쁜 일이

아니지만, 마음의 평안은 기대하지 않는 편이 낫다. 하나님께서는 우리를 사고 능력이 있고 삶을 이해하고자 하는 욕구를 지닌 존재로 창조하셨다. 이런 특성이 우리에게 주어진 것은 우리가 하나님을 알며 하나님께서 우리에게 무엇을 전달하셨는지 알 수 있도록 하기 위해서다. 하지만 이 모든 것을 다 알려고 애쓰는 데서는 안식을 찾을 수 없음을 기억하는 것이 중요하다. 왜냐하면 우리는 이 모든 것을 다 알 수 없을 테니 말이다. 우리네 삶에는 늘 신비가 있다. 하나님께서는 우리가 가는 길에 어떤 일을 일으키심으로써 늘 우리를 놀라게 하실 것이다. 우리는 계획에 없던 일과 예상치 못한 일을 늘 만날 것이다. 이 모든 현상은 내가 내 삶을 지배하는 게 아니고 나 스스로 내 이야기를 써내려가는 게 아니기 때문이다. 그리고 내 삶을 지배하고 내 이야기를 써내려가는 분은 내 삶과 자신의 계획에 관해 나에게 모든 것을 다 말씀해 주시지 않는다. 그렇다, 그분은 내가 원래 창조된 목적대로 살기 위해 꼭 알아야 할 것을 말씀해 주시며, 이어서 자신의 임재와 자신의 권능을 우리에게 베풀어 주신다.

　우리 삶의 세세한 부분을 주관하시기에 그분은 늘 우리 가까이 계신다. 그래서 언제 어느 순간에든 우리는 손을 내밀어 그분께 닿을 수 있다(행 17:26-27을 보라). 안식은 나의 유익과 자신의 영광을 위해 만사를 계산하시는 분을 신뢰하는 데서만 찾을 수 있다. 그분은 지혜롭고, 은혜롭고, 신실하고, 능력 있으시기에, 내 신뢰를 받기에 합당하시며, 오직 그분만이 내 마음에 안식을 줄 능력이 있다.

　더 깊이 묵상하고 격려를 얻으려면 시편 139편을 읽으라.

¹ 여호와여 주께서 나를 살펴 보셨으므로 나를 아시나이다 ² 주께서 내가 앉고 일어섬을 아시고 멀리서도 나의 생각을 밝히 아시오며 ³ 나의 모든 길과 내가 눕는 것을 살펴 보셨으므로 나의 모든 행위를 익히 아시오니 ⁴ 여호와여 내 혀의 말을 알지 못하시는 것이 하나도 없으시니이다 ⁵ 주께서 나의 앞뒤를 둘러싸시고 내게 안수하셨나이다 ⁶ 이 지식이 내게 너무 기이하니 높아서 내가 능히 미치지 못하나이다 ⁷ 내가 주의 영을 떠나 어디로 가며 주의 앞에서 어디로 피하리이까 ⁸ 내가 하늘에 올라갈지라도 거기 계시며 스올에 내 자리를 펼지라도 거기 계시니이다 ⁹ 내가 새벽 날개를 치며 바다 끝에 가서 거주할지라도 ¹⁰ 거기서도 주의 손이 나를 인도하시며 주의 오른손이 나를 붙드시리이다 ¹¹ 내가 혹시 말하기를 흑암이 반드시 나를 덮고 나를 두른 빛은 밤이 되리라 할지라도 ¹² 주에게서는 흑암이 숨기지 못하며 밤이 낮과 같이 비추이나니 주에게는 흑암과 빛이 같음이니이다 ¹³ 주께서 내 내장을 지으시며 나의 모태에서 나를 만드셨나이다 ¹⁴ 내가 주께 감사하옴은 나를 지으심이 심히 기묘하심이라 주께서 하시는 일이 기이함을 내 영혼이 잘 아나이다 ¹⁵ 내가 은밀한 데서 지음을 받고 땅의 깊은 곳에서 기이하게 지음을 받은 때에 나의 형체가 주의 앞에 숨겨지지 못하였나이다 ¹⁶ 내 형질이 이루어지기 전에 주의 눈이 보셨으며 나를 위하여 정한 날이 하루도 되기 전에 주의 책에 다 기록이 되었나이다 ¹⁷ 하나님이여 주의 생각이 내게 어찌 그리 보배로우신지요 그 수가 어찌 그리 많은지요 ¹⁸ 내가 세려고 할지라도 그 수가 모래보다 많도소이다 내가 깰 때에도 여전히 주와 함께 있나이다 ¹⁹ 하나님이여 주께서 반드시 악인을 죽이시리이다 피 흘리기를 즐기는 자들아 나를 떠날지어다 ²⁰ 그들이 주를 대하여 악하게 말하며 주의 원수들이 주의 이름으로 헛되이 맹세하나이다 ²¹ 여호와여 내가 주를 미워하는 자들을 미워하지 아니하오며 주를 치러 일어나는 자들을 미워하지 아니하나이까 ²² 내가 그들을 심히 미워하니 그들은 나의 원수들이니이다 ²³ 하나님이여 나를 살피사 내 마음을 아시며 나를 시험하사 내 뜻을 아옵소서 ²⁴ 내게 무슨 악한 행위가 있나 보시고 나를 영원한 길로 인도하소서 / 시 139:1-24

19

내가 가는 길에 역경이 닥칠 때, 이것이 하나님의 은혜의 도구요
하나님의 사랑의 표라고 자신에게 말하겠는가,
아니면 하나님의 선함을 의심하는 마음에 무릎 꿇고 말 것인가?

구속이라는 하나님의 의제(議題)를 계속 의식하고 있지 않으면 결국 하나님의 선함을 의심하게 되고 만다. 우리가 할 수 있는 가장 중요한 질문 중 하나는 "하나님께서는 지금 여기서 무엇을 하고 계신가?"다. 이어지는 질문도 중요하다. "하나님께서 지금 여기서 하시는 일에 나는 어떻게 화답해야 하는가?" 하나님께서 지금 무엇을 하고 계시는지에 관해 근본적으로 혼란이 있으면 삶에 관해 올바로 생각하고 제대로 살아나가기가 거의 불가능하다. 누군가 위의 두 질문 중 첫 번째 질문을 한다면 어떻게 대답하겠는가? 우리는 하나님의 의제라는 궤도를 따라가고 있는가? 하나님께서 추구하시는 것을 나도 추구하고 있는가? 하나님께서 하시는 일과 조화되는 방식으로 살고 있는가? 하나님의 사랑, 신실함, 지혜, 선함에 대한 의문과 싸우고 있는가? 타인의 삶을 부러워한 적이 있는가? 가끔 혼자인 것 같은 기분이 드는가? 내가 어떤 일을 겪고 있는지 누구도 이해하지 못한다는 생각에 빠져드는가? 기독교가 어쨌든 참이기는 한 것인지 의심이 들어 괴로웠던 적이 있는가? 나는 이런 문제와 씨름하지 않는다 해도, 가까이에 그런 사람이 있지는 않은가?

핵심은 이렇다. 바로 여기, 바로 지금, 하나님께서는 내가 개인적으로

행복이라 정의하는 것을 전해 주려고 그다지 애쓰고 계시지는 않다. 하나님께서는 나에게 예측가능한 일정, 행복한 인간관계 혹은 안락한 환경을 베풀어 주는 데 전념하지 않으신다. 하나님께서는 출세, 멋진 거처, 내 가치를 인정해 주는 사람들을 나에게 약속하지 않으셨다. 하나님께서 나에게 약속하신 것은 하나님 자신이며, 하나님께서 나에게 안겨 주시는 것은 나를 변화시키는 은혜의 열심이다. 그렇다, 하나님께서는 나의 행복을 위해 먼저 애쓰시지는 않는다. 하나님께서는 나의 성화에 몰두하신다. 그렇다고 해서 하나님께서 내가 소망하는 것보다 못한 것을 주신다는 말은 아니다. 오히려 내가 소망하는 것보다 많이, 훨씬 많이 주신다. 은혜로써 하나님께서는 가장 중대하고 가장 심각하고 가장 장기적인 문제에서 나를 구원해 내시는 데 열중하신다. 바로 죄 말이다. 하나님께서는 찰나를 초월하는 은혜, 말 그대로 영원한 가치를 지닌 은혜를 내게 선물로 내미신다. 하나님께서는 고작해야 곧 사라질 것들, 내 마음을 만족시킬 능력이 전혀 없는 것들을 나에게 주시기 위해 자신의 능력을 발휘하시지는 않는다.

이 말이 무슨 뜻인가 하면, 사는 것이 힘들어서 하나님께서 나를 덜 사랑하시는 것은 아닌가 하는 생각이 자주 들 때가 있는데, 그런 때 사실은 하나님께서 나를 더 사랑하고 계신 것이라는 말이다. 내가 겪는 역경은 하나님께서 내 죄를 드러내시고, 용서하시고, 나를 해방시키시며, 변화시키시는 은혜의 도구다. 내 삶에 이런 힘든 순간들이 존재하는 것은 하나님이 멀리 계시고 나를 돌보시지 않기 때문이 아니라 오히려 나를 아주 충분히 사랑하시기 때문이다. 은혜로써 내가 하나님께서 하시는 말씀을 참으로 귀하고 중하게 생각하기 시작할 때 그 힘든 순간들은 믿음의 순간으로 변할 것이다. 우리는 하나님께서 소중히 여기시는 것을 소중히 여기는가?

더 깊이 묵상하고 격려를 얻으려면 야고보서 1장 12-18절을 읽으라.

~

¹² 시험을 참는 자는 복이 있나니 이는 시련을 견디어 낸 자가 주께서 자기를 사랑하는 자들에게 약속하신 생명의 면류관을 얻을 것이기 때문이라 ¹³ 사람이 시험을 받을 때에 내가 하나님께 시험을 받는다 하지 말지니 하나님은 악에게 시험을 받지도 아니하시고 친히 아무도 시험하지 아니하시느니라 ¹⁴ 오직 각 사람이 시험을 받는 것은 자기 욕심에 끌려 미혹됨이니 ¹⁵ 욕심이 잉태한즉 죄를 낳고 죄가 장성한즉 사망을 낳느니라 ¹⁶ 내 사랑하는 형제들아 속지 말라 ¹⁷ 온갖 좋은 은사와 온전한 선물이 다 위로부터 빛들의 아버지께로부터 내려오나니 그는 변함도 없으시고 회전하는 그림자도 없으시니라 ¹⁸ 그가 그 피조물 중에 우리로 한 첫 열매가 되게 하시려고 자기의 뜻을 따라 진리의 말씀으로 우리를 낳으셨느니라 / **약 1:12-18**

20

오늘 우리는 내 역량으로 감당하기에는 너무 큰 일을 만날 것이다.
하지만 그 어떤 일도 나를 위해 그 모든 일을 다스리시는 분보다
더 크지는 않기에 두려워할 필요가 없다.

우리가 모를 수도 있고, 그렇게 행동하고 있으면서도 의식하지 못할 수도 있지만, 우리는 늘 자신의 잠재력을 측정한다. 이제 막 걸음마를 시작한 아기는 뒤뚱거리는 다리로 엄마의 무릎을 잡고 서서, 바닥에 엎어지지 않고 방 저편의 아빠에게로 갈 수 있을까 하고 자신의 잠재력을 가늠한다. 첫 직장을 구한 청년은 땀이 흥건하게 밴 손과 두방망이질치는 가슴을 안고 출근해서, 해고당하지 않고 오늘 하루를 잘 버텨낼 가능성을 따져본다. 결혼식을 두 시간 앞둔 신부는 긴장 때문에 속이 메스꺼우면서도 지금까지 살아오면서 맺은 인간관계 중 가장 중요한 관계가 될 이 결혼 생활을 성공적으로 해낼 수 있을지 그 가능성을 계산해 본다. 나이 지긋한 사람은 초조한 마음으로 병원 진료실에 앉아 과연 노년의 육체적 역경을 잘 버텨나갈 수 있겠는지를 생각해 본다. 아내를 잃은 남자는 두 눈에 눈물이 가득한 채 아내의 무덤가에 앉아 아내 없이 여생을 살 수 있을지 생각해 본다. 우리는 다 눈 앞의 일을 해낼 수 있는 가능성을 쉴 새 없이 계산하고 있다.

그런데, 자신의 잠재력을 따져 보는 전형적인 방식은, 문제의 크기를 자신의 선천적 재능 및 그 재능으로 지금까지 받은 성적에 견주어 보는

것이다. 그렇다, 자신의 잠재력을 이런 식으로 가늠해 보는 것은 비합리적 행동이 아니다. 하지만 그리스도 예수를 믿는 신자라면 이 방식만으로는 충분치 않다. 은혜로우신 하나님께서는 우리를 우리 자신의 능력에만 맡겨 놓지 않으신다. 하나님께서는 내 능력, 내 의, 내 지혜라는 도구 상자만 덩그러니 나에게 던져 주시지 않는다. 그렇다, 하나님께서는 자신의 임재, 권능, 지혜, 은혜와 함께 나에게로 밀고 들어오신다.

바울은 다음과 같이 삶을 변화시키는 말로 이 현실을 포착한다. "그런즉 이제는 내가 사는 것이 아니요 오직 내 안에 그리스도께서 사시는 것이라"(갈 2:20). 바울의 말은 자신이 죽었다는 뜻이 아니다. 만약 죽었다면 이 말을 기록하지 못했을 테니 말이다. 그렇다, 바울은 매우 중요한 영적 현실을 여러분과 나에게 일깨우고 있다. 그 영적 현실은 바로 이것이다. 즉, 내가 하나님의 자녀라면, 내 생각·욕망·말·행동에 에너지를 공급하는 생명력은 이제 내가 아니라 그리스도다! 하나님께서는 우리를 그냥 용서만 하신 것이 아니다.

그렇다, 하나님께서는 내 안에 거하려고 오셨으며, 그리하여 내가 하나님께서 명하시는 일을 욕망하고 실제로 행할 수 있는 능력을 갖게 하신다. 또한 하나님께서는 내 안에 거하실 뿐만 아니라, 내 통제권 밖에 있는 모든 상황·위치·관계를 다스리신다. 하나님은 내주하시는 내 구주이실 뿐만 아니라 다스리시는 나의 왕이시다. 하나님은 내 안에서는 나 스스로는 할 수 없는 일을 행하시며, 나의 외부에서는 내가 능력과 권한이 없어 하지 못하는 일을 행하신다. 그리고 하나님께서는 이 모든 일을 나의 구속적 유익을 염두에 두고 행하신다. 이것이 참인데, 왜 두려움 앞에 무릎을 꿇겠는가?

더 깊이 묵상하고 격려를 얻으려면 시편 95편을 읽으라.

¹ 오라 우리가 여호와께 노래하며 우리의 구원의 반석을 향하여 즐거이 외치자 ² 우리가 감사함으로 그 앞에 나아가며 시를 지어 즐거이 그를 노래하자 ³ 여호와는 크신 하나님이시요 모든 신들보다 크신 왕이시기 때문이로다 ⁴ 땅의 깊은 곳이 그의 손 안에 있으며 산들의 높은 곳도 그의 것이로다 ⁵ 바다도 그의 것이라 그가 만드셨고 육지도 그의 손이 지으셨도다 ⁶ 오라 우리가 굽혀 경배하며 우리를 지으신 여호와 앞에 무릎을 꿇자 ⁷ 그는 우리의 하나님이시요 우리는 그가 기르시는 백성이며 그의 손이 돌보시는 양이기 때문이라 너희가 오늘 그의 음성을 듣거든 ⁸ 너희는 므리바에서와 같이 또 광야의 맛사에서 지냈던 날과 같이 너희 마음을 완악하게 하지 말지어다 ⁹ 그 때에 너희 조상들이 내가 행한 일을 보고서도 나를 시험하고 조사하였도다 ¹⁰ 내가 사십 년 동안 그 세대로 말미암아 근심하여 이르기를 그들은 마음이 미혹된 백성이라 내 길을 알지 못한다 하였도다 ¹¹ 그러므로 내가 노하여 맹세하기를 그들은 내 안식에 들어오지 못하리라 하였도다 / **시 95:1-11**

21

오늘 우리는 유혹과 싸우게 될 것이다. 하지만 혼자서는 아니다.
싸움의 영께서 내 안에 거하시며 나를 대신해 싸우시기 때문이다.

내 자녀들을 위해 나는 이 일을 하고 또 했다. 내가 그렇게 했다는 것을 아이들은 모를 때가 많다. 아이들이 스스로 할 생각을 하지 못할 때 내가 대신 해주었다. 내가 이 일을 열심히, 그리고 기쁜 마음으로 한 이유는 아이들 주변 세상이 어떤 세상인지 내가 알기 때문이고 아이들이 얼마나 마음을 다치기 쉬운지 알기 때문이다. 아버지인 나에게 맡겨진 이 일은 어떤 일인가? 나는 내 아이들을 악에서 보호하기 위해 내가 할 수 있는 모든 일을 다 했다.

아이들은 아주 중요한 현실 두 가지를 얕보거나 잊곤 한다는 것을 나는 알고 있었다. 첫째, 아이들은 자기가 태어난 세상이 하나님의 의도대로 제 역할을 하지 못하는 몹시 상하고 망가진 세상이라는 사실을 알지 못하거나 알아도 곧 잊곤 한다. 아이들은 진짜 악이 여전히 존재하는 타락한 세상에서 아침마다 눈을 뜬다는 사실을 망각하곤 한다. 이는 곧 살아 있는 한 단 하루도 빠짐없이 갖가지 유혹을 만나리라는 뜻임을 아이들은 종종 이해하지 못하는 것 같다. 아이들의 눈은 하나님의 원래 계획상 절대 보아서는 안 될 것을 보곤 한다. 아이들의 귀는 들어서는 안 될 것을 듣는다. 매혹적이고, 기만적이고, 마음을 호리는 죄의 쾌락이 아이들 앞에 펼쳐지고 또 펼쳐질 것이다.

둘째, 아이들은 자기 내면의 죄를 얕보거나 망각하는 경향이 있었다. 자기 앞의 가장 큰 위험은 외부의 악이 아니라 자기 마음에 위력적으로 잠복해 있는 죄라는 사실을 아이들은 이해하지 못하는 듯했다. 이는 날마다 반갑게 인사하는 죄의 유혹적 목소리에 자신이 얼마나 취약한지 아이들이 알지 못한다는 의미였다. 내가 얼마나 유혹당하기 쉬운 존재인지를 망각하면, 유혹에서 자신을 지키려고 경계를 하지 않게 된다. 그래서 나는 내 아이들을 주변 환경 가운데 있는 악에서 보호할 뿐만 아니라 더욱 중요하게는 아이들 자신에게서 보호하려고 애써야 한다는 것을 알고 있었다.

하나님께서는 우리가 다 이 아이들과 많이 비슷하다는 것을 알고 계신다. 우리도 아이들처럼 우리가 사는 세상의 타락상과 남아 있는 죄의 위력을 과소평가한다. 그래서 유혹 앞에서 자신을 경계해야 하건만 그렇게 하지 않는다. 하나님께서 은혜로써 우리 안에 싸움의 영을 부어 주셨음을 아는 게 좋지 않은가? 그 영은 우리 스스로 싸워야 한다는 생각을 하지 못하는 순간에도 우리를 대신해 싸우신다(갈 5:16-26). 우리가 상하고 망가진 세상에 여전히 살고 있고 우리 안에 여전히 죄가 있지만 하나님께서 우리를 대신해 쉴 새 없이 싸우신다는 사실을 아는 게 좋지 않은가? 자, 그것이 바로 은혜다!

더 깊이 묵상하고 격려를 얻으려면 이사야 42장을 읽으라.

~

[1] 내가 붙드는 나의 종, 내 마음에 기뻐하는 자 곧 내가 택한 사람을 보라 내가 나의 영을 그에게 주었은즉 그가 이방에 정의를 베풀리라 [2] 그는 외치지 아니하며 목소리를 높이지 아니하며 그 소리를 거리에 들리게 하지 아니하며 [3] 상한 갈대를 꺾지 아니하

며 꺼져가는 등불을 끄지 아니하고 진실로 정의를 시행할 것이며 ⁴ 그는 쇠하지 아니하며 낙담하지 아니하고 세상에 정의를 세우기에 이르리니 섬들이 그 교훈을 앙망하리라 ⁵ 하늘을 창조하여 펴시고 땅과 그 소산을 내시며 땅 위의 백성에게 호흡을 주시며 땅에 행하는 자에게 영을 주시는 하나님 여호와께서 이같이 말씀하시되 ⁶ 나 여호와가 의로 너를 불렀은즉 내가 네 손을 잡아 너를 보호하며 너를 세워 백성의 언약과 이방의 빛이 되게 하리니 ⁷ 네가 눈먼 자들의 눈을 밝히며 갇힌 자를 감옥에서 이끌어 내며 흑암에 앉은 자를 감방에서 나오게 하리라 ⁸ 나는 여호와이니 이는 내 이름이라 나는 내 영광을 다른 자에게, 내 찬송을 우상에게 주지 아니하리라 ⁹ 보라 전에 예언한 일이 이미 이루어졌느니라 이제 내가 새 일을 알리노라 그 일이 시작되기 전에라도 너희에게 이르노라 ¹⁰ 항해하는 자들과 바다 가운데의 만물과 섬들과 거기에 사는 사람들아 여호와께 새 노래로 노래하며 땅 끝에서부터 찬송하라 ¹¹ 광야와 거기에 있는 성읍들과 게달 사람이 사는 마을들은 소리를 높이라 셀라의 주민들은 노래하며 산 꼭대기에서 즐거이 부르라 ¹² 여호와께 영광을 돌리며 섬들 중에서 그의 찬송을 전할지어다 ¹³ 여호와께서 용사 같이 나가시며 전사 같이 분발하여 외쳐 크게 부르시며 그 대적을 크게 치시리로다 ¹⁴ 내가 오랫동안 조용하며 잠잠하고 참았으나 내가 해산하는 여인 같이 부르짖으리니 숨이 차서 심히 헐떡일 것이라 ¹⁵ 내가 산들과 언덕들을 황폐하게 하며 그 모든 초목들을 마르게 하며 강들이 섬이 되게 하며 못들을 마르게 할 것이며 ¹⁶ 내가 맹인들을 그들이 알지 못하는 길로 이끌며 그들이 알지 못하는 지름길로 인도하며 암흑이 그 앞에서 광명이 되게 하며 굽은 데를 곧게 할 것이라 내가 이 일을 행하여 그들을 버리지 아니하리니 ¹⁷ 조각한 우상을 의지하며 부어 만든 우상을 향하여 너희는 우리의 신이라 하는 자는 물리침을 받아 크게 수치를 당하리라 ¹⁸ 너희 못 듣는 자들아 들으라 너희 맹인들아 밝히 보라 ¹⁹ 맹인이 누구냐 내 종이 아니냐 누가 내가 보내는 내 사자 같이 못 듣는 자겠느냐 누가 내게 충성된 자 같이 맹인이겠느냐 누가 여호와의 종 같이 맹인이겠느냐 ²⁰ 네가 많은 것을 볼지라도 유의하지 아니하며 귀가 열려 있을지라도 듣지 아니하는도다 ²¹ 여호와께서 그의 의로 말미암아 기쁨으로 교훈을 크게 하며 존귀하게 하려 하셨으나 ²² 이 백성이 도둑 맞으며 탈취를 당하며 다 굴속에 잡히며 옥에 갇히도다 노략을 당하되 구할 자가 없고 탈취를 당하되 되돌려 주라 말할 자가 없도다 ²³ 너희 중에 누가 이 일에 귀를 기울이겠느냐 누가 뒤에 올 일을 삼가 듣겠느냐 ²⁴ 야곱이 탈취를 당하게 하신 자가 누구냐 이스라엘을 약탈자들에게 넘기신 자가 누구냐 여호와가 아니시냐 우리가 그에게 범죄하였도다 그들이 그의 길로 다니기를 원하지 아니하며 그의 교훈을 순종하지 아니하였도다 25 그러므로 여호와께서 맹렬한 진노와 전쟁의 위력을 이스라엘에게 쏟아 부으시매 그 사방에서 불타오르나 깨닫지 못하며 몸이 타나 마음에 두지 아니하는도다 / **사 42:1-25**

22

시기심은 은혜를 부인한다. 시기심의 전제는,
다른 이에게 주어진 것을 그 사람이 아니라 내가 받아 마땅하다는 것이다.
그러나 사실 우리는 아무것도 받을 자격이 없다.

    시기심은 자기중심적이며 스스로 의롭다 생각한다. 시기심은 나를 내가 속한 세상의 중심에 놓는다. 시기심은 세상을 나 중심으로 돌아가게 만든다. 시기심은 내가 받아 마땅하지 않은 것을 받아 마땅하다고 말한다. 시기심은 기대가 많고 요구가 많다. 시기심은 나를 나 아닌 다른 사람으로 말하며, 내 것이 아닌 게 맞는데 내가 그것을 가질 자격이 있다고 말한다. 시기심은 다른 사람이 복 받을 때 이를 축하하지 못한다. 내가 그 사람보다 더 자격 있다고 속살거리기 때문이다. 시기심은 내 힘으로 절대 획득할 수 없었을 것을 내가 획득했다고 말한다. 물과 기름이 섞일 수 없는 것처럼 시기심의 세계는 은혜의 세계와 어울릴 수 없다. 시기심은 내가 어떤 존재인지를 망각하고, 하나님이 어떤 분인지를 망각하며, 삶이란 것이 대체 무엇인지에 대해서도 혼동을 일으킨다.
    말은 이렇게 했지만, 어쨌든 사람은 누구나 다 언제 어떤 식으로든 시기심과 씨름하는 것이 사실이다. 내 옆 사람이 내가 한 번도 누려본 적 없는 경제적 성공을 이룰 경우 우리는 이를 시샘한다. 우리는 자신의 결혼 생활이 교회 친구들의 결혼 생활만큼 행복하기를 바란다. 저 녀석은 저렇게 만족스러운 직업을 갖고 있는데 나는 왜 이런 짐스러운 일을 떠맡고 있는지 모르겠다고 생각한다. 어떤 사람이 속해 있는 작은 모임이 정말 사랑 넘치는 공동체 같아서 그 모임을 부러워한다. 저 여자처럼 저렇게 많이 먹고도 날씬했으면 좋겠다고 생각한다. 키 큰 남자는 키가 좀 작았으면 하고, 키 작은 남자는 자기도 사람들을 위에서 아래로 내려다볼 수 있으면 좋겠다고 생각한다. 곱슬머리인 사람은 직모를 탐내고 직모인 사람은 구불구불한 머리를 부러워한다. 공부밖에 할 줄 모르는 아이는 운동 잘 하는 친구를 부러워하고, 운동 잘 하는 아이는 성적을 좀 더 잘 받았으면 한다. 시기심이 이렇게 보편적인 것은 죄 때문이다.

시기심은 죄의 이기적 성질에 뿌리를 두고 있다(고후 5:14-15). 시기심은 자기에게 초점을 맞춘다. 자기에게 초점을 맞추기 때문에 스스로 자격 있다 생각할 수밖에 없다. 스스로 자격 있다 생각하기 때문에 지나치게 요구가 많다. 요구가 많기 때문에 내가 받아 마땅하다 생각하는 것을 하나님께서 내게 주시느냐의 여부로 하나님의 선함을 판단하는 경향이 있다. 그런 기준으로 하나님을 판단하기 때문에 하나님의 선함을 의심하기에 이른다. 하나님의 선함을 의심하기 때문에 하나님께 달려가 도움을 청하지 않는다. 시기심은 영적 재앙이다.

은혜는 내가 아무 것도 받을 자격이 없음을 일깨워 준다. 그리고 거기에서 그치지 않고, 하나님은 대단히 자애로우시고 은혜로우시고 친절하시다는 진리, 그리고 하나님은 우리 힘으로는 절대 획득할 수 없었을 것을 우리에게 아낌없이 부어 주신다는 진리를 마주하게 한다. 또한 은혜는 하나님이 지혜로우시며 번짓수를 잘못 찾는 일은 절대 없다는 사실을 우리에게 일깨워 준다. 하나님께서는 우리에게 무엇이 필요한지 정확히 아시며 각 사람에게 바로 그것을 주신다.

더 깊이 묵상하고 격려를 얻으려면 야고보서 3장 13-18절을 읽으라.

13 너희 중에 지혜와 총명이 있는 자가 누구냐 그는 선행으로 말미암아 지혜의 온유함으로 그 행함을 보일지니라 14 그러나 너희 마음 속에 독한 시기와 다툼이 있으면 자랑하지 말라 진리를 거슬러 거짓말하지 말라 15 이러한 지혜는 위로부터 내려온 것이 아니요 땅 위의 것이요 정욕의 것이요 귀신의 것이니 16 시기와 다툼이 있는 곳에는 혼란과 모든 악한 일이 있음이라 17 오직 위로부터 난 지혜는 첫째 성결하고 다음에 화평하고 관용하고 양순하며 긍휼과 선한 열매가 가득하고 편견과 거짓이 없나니 18 화평하게 하는 자들은 화평으로 심어 의의 열매를 거두느니라 / **약 3:13-18**

23

주 예수 그리스도의 십자가에 소망을 건다고 말은 하면서
왜 실제에서는 은혜만이 이룰 수 있는 일을 율법에 요구하는가?

이 일은 전 세계의 그리스도인 가정에서 매일 벌어진다. 부모는 자녀가 옳은 일을 행하는 모습을 보고 싶다는 선한 의도로, 자녀의 삶에서 오직 은혜만이 이룰 수 있는 일을 율법에 요구한다. 부모들은 생각한다. 일련의 올바른 규칙을 정해 두고, 이를 지키지 않을 때 어떤 징벌이 따를지 적당히 위협하고, 이를 일관성 있게 시행만 하면 자녀들은 문제없을 거라고. 이 부모들은 자신들이 부모 노릇을 입법자, 검찰관, 배심원, 교도관 역할로 축소시키고 있다는 것을 알지 못한다. 이들은 자녀의 행실이 어떠해야 하는지 구체적으로 정해 주고, 통제하고, 규제할 수 있다면 무엇이든 다 하는 게 부모의 할 일이라고 생각한다. 그리고 자녀의 행실을 통제하려는 마음이 지나쳐 이들은 위협("겁나서 다시는 이런 짓 못하게 만들겠어."), 조종("말만 잘 들으면 네가 정말로 원하는 걸 구해다 줄게."), 죄책감 유발("정말 기분 나쁘고 부끄러워서 다시는 이런 짓 안 하겠다고 마음먹게 만들 거야.")이라는 수단에 의지한다.

이런 사고방식은 성경이 말하는 중요한 것 두 가지를 부인한다. 첫째는, 죄는 행실의 문제이기에 앞서 언제나 마음의 문제라는 점이다. 우리가 죄를 짓는 것은 우리가 죄인이기 때문이다. 예를 들어, 분노는 물리

적 공격 행위이기에 앞서 언제나 마음의 문제다. 이를 인식하는 것이 중요함은, 어떤 인간도 다른 인간의 마음을 변화시킬 능력은 없기 때문이다. 둘째는, 협박과 조종과 죄의식 유발로 타인의 마음에 지속적 변화를 일으킬 수 있다면 예수님께서 오시지 않아도 되었을 것이라는 점이다. 우리가 입으로는 복음을 소중히 여긴다고 말하지만 이와 같은 사고방식은 이렇게 복음을 부인한다. 이런 방식은 오직 하나님께서만이 놀라운 은혜 가운데 이루실 수 있을 일을 사실상 율법에게 요구한다. 현실의 차원에서 복음을 부인하면, 하나님만이 강력한 은혜로써 창조하실 수 있는 것을 인간적 수단으로 만들어내려 하게 될 것이며, 이는 그 어떤 선한 결과에 절대 이를 수 없다.

감사하게도 하나님께서는 우리의 변화 가능성을 우리의 능력에만 맡겨 놓지 않으셨다. 하나님께서는 변화시키는 은혜로써 우리를 맞으시며, 우리가 그 은혜의 도구가 되어 구속의 역사를 이루시는 하나님의 손에 쓰임 받으라고 명하신다. 하나님께서는 변화에 대한 부담을 우리 어깨에서 벗겨내시며, 하나님께서만이 하실 수 있는 일을 절대 우리에게 명하지 않으신다. 따라서 우리는 자녀가 하나님의 율법을 접하게 하고, 성실히 부모로서의 권위를 행사하며, 그런 한편 마음을 변화시키는 도구가 되어 하나님의 손에 들리기를 추구해야 한다. 하나님의 은혜는 우리가 드잡이하고 있는 그 모든 죄보다 훨씬 크다.

더 깊이 묵상하고 격려를 얻으려면 로마서 5장 12-21절을 읽으라.

~

12 그러므로 한 사람으로 말미암아 죄가 세상에 들어오고 죄로 말미암아 사망이 들어왔나니 이와 같이 모든 사람이 죄를 지었으므로 사망이 모든 사람에게 이르렀느니라 13 죄가 율법 있기 전에도 세상에 있었으나 율법이 없었을 때에는 죄를 죄로 여기지 아

니하였느니라 ¹⁴ 그러나 아담으로부터 모세까지 아담의 범죄와 같은 죄를 짓지 아니한 자들까지도 사망이 왕 노릇 하였나니 아담은 오실 자의 모형이라 ¹⁵ 그러나 이 은사는 그 범죄와 같지 아니하니 곧 한 사람의 범죄를 인하여 많은 사람이 죽었은즉 더욱 하나님의 은혜와 또한 한 사람 예수 그리스도의 은혜로 말미암은 선물은 많은 사람에게 넘쳤느니라 ¹⁶ 또 이 선물은 범죄한 한 사람으로 말미암은 것과 같지 아니하니 심판은 한 사람으로 말미암아 정죄에 이르렀으나 은사는 많은 범죄로 말미암아 의롭다 하심에 이름이니라 ¹⁷ 한 사람의 범죄로 말미암아 사망이 그 한 사람을 통하여 왕 노릇 하였은즉 더욱 은혜와 의의 선물을 넘치게 받는 자들은 한 분 예수 그리스도를 통하여 생명 안에서 왕 노릇 하리로다 ¹⁸ 그런즉 한 범죄로 많은 사람이 정죄에 이른 것 같이 한 의로운 행위로 말미암아 많은 사람이 의롭다 하심을 받아 생명에 이르렀느니라 ¹⁹ 한 사람이 순종하지 아니함으로 많은 사람이 죄인 된 것 같이 한 사람이 순종하심으로 많은 사람이 의인이 되리라 ²⁰ 율법이 들어온 것은 범죄를 더하게 하려 함이라 그러나 죄가 더한 곳에 은혜가 더욱 넘쳤나니 ²¹ 이는 죄가 사망 안에서 왕 노릇 한 것 같이 은혜도 또한 의로 말미암아 왕 노릇 하여 우리 주 예수 그리스도로 말미암아 영생에 이르게 하려 함이라 / 롬 5:12-21

24

인정하라, 우리는 여전히 다 약간 얼치기들이다.
그것이 바로 오늘 우리에게 처음 믿은 날만큼의 은혜가 필요한 이유다.

여러분과 나는 자기 자신에게 이 말을 하고 또 할 필요가 있다. 거울을 들여다보며 고백하기를 아침 일과로 삼아야 한다. 우리가 고백해야 할 말은 다음과 같다. "나는 은혜 졸업생이 아니다."
스스로 의롭다고 주장하기는 아주 구미가 당기는 일이다.

- "그건 사실 정욕이 아니었어. 난 그저 아름다움을 향유하는 남자일 뿐이야."

- "그건 사실 험담이 아니었어. 그건 그저 아주 상세한, 아주 사적인 기도 요청이었을 뿐이야."

- "난 아이들에게 화낸 게 아니야. 난 그저 하나님의 선지자로 행동했을 뿐이지. '여호와께서 말씀하시되…'라고."

- "나는 추하게 개인적 권력을 추구하지 않아. 맞아, 나는 그저 하나님께서 주신 리더십이라는 은사를 발휘할 뿐이지."

- "나는 인정머리 없고 인색하지 않아. 그저 하나님께서 주신 것에 대해 선한 청지기 노릇을 하려는 것일 뿐이지."

- "나는 교만하지 않았어. 누군가가 대화를 진행할 필요가 있다고 생각했을 뿐."
- "그건 사실 거짓말이 아니었지. 사실을 조금 다른 방식으로 상세히 설명한 것일 뿐이야."

우리는 자기를 실제보다 더 의롭다 생각하고 싶어 하는 경향이 있다. 우리는 자신이 여전히 하나님의 구원하시는 은혜를 절실히 필요로 하는 상태라고 생각하기 싫어한다. 또한 우리가 다름 아니라 바로 자기 자신에게서 구원받을 필요가 있다는 사실을 직시하기를 원치 않는다. 스스로 의롭다고 주장하면서 자기 죄에 대한 경험적 증거를 부인하려고 애쓰면, 우리의 유일한 소망인 놀라운 은혜를 추구하지 못하게 된다. 은혜는 죄인들에게나 매력적으로 여겨진다. 하나님의 풍성한 선함은 가난한 이들이나 추구한다. 위대한 의원의 영적 치유는 자기가 여전히 죄라는 영적 질병을 앓고 있음을 인정하는 사람들에게나 존중받는다. 주일에는 하나님의 은혜에 대해 하나님을 찬양하면서 6일 동안 우리에게 그 은혜가 필요하다는 사실을 부인한다면 이는 비극이다. 내가 얼마나 많이 배우고 얼마나 많이 성숙하든, 내게 필요한 은혜의 분량 이상으로 배우고 성숙할 수는 없다는 사실을 직시하라. 죄가 존재하지 않는 저 세상으로 가 이제 모든 싸움이 끝나기까지는 말이다(빌 3:12-16을 보라). 하나님께서 날마다 그토록 값없이 우리에게 주시는 은혜를 찬미하기 시작하는 길은 나에게 그 은혜가 얼마나 필요한지 인정하는 것이다.

더 깊이 묵상하고 격려를 얻으려면 시편 32편을 읽으라.

¹ 허물의 사함을 받고 자신의 죄가 가려진 자는 복이 있도다 ² 마음에 간사함이 없고 여호와께 정죄를 당하지 아니하는 자는 복이 있도다 ³ 내가 입을 열지 아니할 때에 종일 신음하므로 내 뼈가 쇠하였도다 ⁴ 주의 손이 주야로 나를 누르시오니 내 진액이 빠져서 여름 가뭄에 마름 같이 되었나이다 (셀라) ⁵ 내가 이르기를 내 허물을 여호와께 자복하리라 하고 주께 내 죄를 아뢰고 내 죄악을 숨기지 아니하였더니 곧 주께서 내 죄악을 사하셨나이다 (셀라) ⁶ 이로 말미암아 모든 경건한 자는 주를 만날 기회를 얻어서 주께 기도할지라 진실로 홍수가 범람할지라도 그에게 미치지 못하리이다 ⁷ 주는 나의 은신처이오니 환난에서 나를 보호하시고 구원의 노래로 나를 두르시리이다 (셀라) ⁸ 내가 네 갈 길을 가르쳐 보이고 너를 주목하여 훈계하리로다 ⁹ 너희는 무지한 말이나 노새 같이 되지 말지어다 그것들은 재갈과 굴레로 단속하지 아니하면 너희에게 가까이 가지 아니하리로다 ¹⁰ 악인에게는 많은 슬픔이 있으나 여호와를 신뢰하는 자에게는 인자하심이 두르리로다 ¹¹ 너희 의인들아 여호와를 기뻐하며 즐거워할지어다 마음이 정직한 너희들아 다 즐거이 외칠지어다 / 시 32:1–11

25

살아가면서 우리는 모종의 성공을 갈망하게 된다.
우리의 갈망이 부디 마음속에서 복음이 완전히 성공하기를 바라는 갈망이기를.

여러분과 나는 본능에 따라 살지 않는다. 우리는 가치 지향적이고, 목표 지향적이고, 목적 지향적이며, 중요성 지향적인 인간이다. 살아가면서 우리는 끊임없이 모든 것을 평가한다. 사람이라면 누구에게나 중요한 일과 중요하지 않은 일, 많은 의미가 있는 일과 별 의미가 없는 일이 있다. 우리는 어떤 일을 위해서는 기꺼이 희생하고 어떤 일에 대해서는 희생하기를 거부한다. 어떤 일을 잃으면 슬퍼하고 어떤 일을 잃으면 기뻐한다. 다른 사람이 싫어하는 것을 나는 좋아하기도 하고, 내가 보물처럼 여기는 것을 다른 어떤 사람은 쓰레기로 여기기도 한다. 나는 어떤 것을 보고 아름답다 여기는데, 내 옆 사람은 똑같은 것을 보고도 전혀 아름다움을 못 느끼기도 한다. 어떤 일이 나에게 너무 중요해서 그 일을 중심으로 내가 구체적으로 어떤 결정을 내리고 어떤 행동을 취하기도 한다. 어떤 일은 우리에게 마음으로 충성할 것을 명하는 반면, 또 어떤 일은 우리의 주목을 거의 받지 못한다.

이런 가치 체계의 중심에는 우리가 성공을 어떻게 정의하느냐 하는 문제가 자리 잡고 있다. 합리적으로 생각하는 인간치고 실패자가 되기를 바라는 사람은 없다. 자기 삶을 허비했다고 생각하고 싶은 사람은 없다.

마지막에 자기 삶을 돌아보면서 별로 중요하지도 않은 일에 인생을 투자했음을 깨닫게 될 것이라 생각하고 싶은 사람도 없다. 사람은 누구나 자기 삶이 성공적이라고, 혹은 성공적일 거라고 생각하고 싶어 한다. 하지만 무엇이 성공인가? 성공 여부는 살고 있는 집의 크기, 내로라 하는 친구들, 잘 나가는 직업, 권세 있는 직위, 재산 목록의 두께, 외모의 완성도, 지식의 넓이, 성취 목록으로 판단되는가? 이 모든 것의 문제점은, 이런 것들은 곧 사라져 버릴 것들이고, 그래서 이런 것들을 위해서 살다 가는 결국 빈 껍데기만 남으리라는 것이다.

그런 성공관을 하나님께서 내 안에서, 그리고 나를 통해 이루시는 일의 성공과 비교해 보라. 하나님께서는 나에게 최고의 가치가 있는 것들을 주신다(죄 사함, 자신의 임재, 자신의 나라에 반갑게 맞이해 주시는 것, 깨끗한 양심, 청결한 마음). 이런 것들은 절대 소멸되지 않는다. 이런 것들은 신적 은혜가 주는 영원히 가치 있는 선물이다. 이 사실은 우리에게 다음과 같은 의문을 남긴다. "인생에서 내가 정말로 원하는 것이 무엇인가? 하나님께서 은혜로써 뜻하시는 일들이 성공하기를 원하는가, 아니면 내 욕망의 목록이 다 이뤄지기를 원하는가?" 하루가 저물 무렵 우리의 갈망은 무엇을 향하는가? 하나님께서 은혜로 하시는 일이 다 이뤄지는 것을 향하는가, 아니면 이 물질 세계가 나에게 더 많은 것을 주는 쪽을 향하는가? 솔직해야 한다. 어떤 종류의 성공이 내 마음을 끌어당기고 있는가? 그리고 그것이 내가 내리는 결정과 내가 하는 행동을 어떻게 구체화하고 있는가?

더 깊이 묵상하고 격려를 얻으려면 마태복음 6장 25-34절을 읽으라.

~

²⁵ 그러므로 내가 너희에게 이르노니 목숨을 위하여 무엇을 먹을까 무엇을 마실까 몸을 위하여 무엇을 입을까 염려하지 말라 목숨이 음식보다 중하지 아니하며 몸이 의복보다 중하지 아니하냐 ²⁶ 공중의 새를 보라 심지도 않고 거두지도 않고 창고에 모아들이지도 아니하되 너희 하늘 아버지께서 기르시나니 너희는 이것들보다 귀하지 아니하냐 ²⁷ 너희 중에 누가 염려함으로 그 키를 한 자라도 더할 수 있겠느냐 ²⁸ 또 너희가 어찌 의복을 위하여 염려하느냐 들의 백합화가 어떻게 자라는가 생각하여 보라 수고도 아니하고 길쌈도 아니하느니라 ²⁹ 그러나 내가 너희에게 말하노니 솔로몬의 모든 영광으로도 입은 것이 이 꽃 하나만 같지 못하였느니라 ³⁰ 오늘 있다가 내일 아궁이에 던져지는 들풀도 하나님이 이렇게 입히시거든 하물며 너희일까보냐 믿음이 작은 자들아 ³¹ 그러므로 염려하여 이르기를 무엇을 먹을까 무엇을 마실까 무엇을 입을까 하지 말라 ³² 이는 다 이방인들이 구하는 것이라 너희 하늘 아버지께서 이 모든 것이 너희에게 있어야 할 줄을 아시느니라 ³³ 그런즉 너희는 먼저 그의 나라와 그의 의를 구하라 그리하면 이 모든 것을 너희에게 더하시리라 ³⁴ 그러므로 내일 일을 위하여 염려하지 말라 내일 일은 내일이 염려할 것이요 한 날의 괴로움은 그 날로 족하니라 / 마 6:25–34

26

내 삶이 평탄하다면 이는 그 삶이 수월하거나 예측가능하기 때문이 아니라 "나다"(I Am)라고 말씀하시는 분께서 은혜로써 내 실존에 엄습하셨기 때문이다.

이 일은 예수님과 제자들의 삶에서 매우 교훈적인 삽화로서, 마가복음 6장 45-52절에 우리를 위해 기록되어 있다. 예수님께서는 갈릴리 바다 건너편 벳세다로 제자들을 보내셨다. 제자들은 도저히 뚫고나갈 수 없는 맞바람과 성난 파도를 만났다. 이 구절 전체 맥락에서 시간을 짐작할 수 있는 단서를 찾아 해석해 보면, 이들이 약 여덟 시간 가량 노를 저었음을 알 수 있다. 제자들은 지금 헤쳐 나가기 불가능하고, 기진맥진하고, 좌절스럽고, 어쩌면 매우 위험할 수도 있는 상황이다. 이들은 힘과 능력의 한계를 훨씬 지나 있었다. 이 구절을 읽을 때는, 예수님께서 제자들이 이런 종류의 어려움에 처하는 것을 과연 원하셨을지를 생각해 보아야 한다. 제자들이 이런 어려운 상황에 처한 것은 이들이 불순종했거나 교만하거나 지혜롭지 못해서가 아니라 오히려 예수님께 순종했기 때문이다.

예수님께서는 제자들이 이렇게 지치고 위험한 상황에 처해 있음을 아시고, 이들을 향해 출발하셔서 바다 위를 걷기 시작하신다. 그렇다, 옳게 읽었다. 예수님께서는 걸어서 바다를 건너신다. 이제, 예수님께서 이 걸음을 옮기기 시작하는 순간, 우리는 두 가지 사실에 직면한다. 첫째,

나사렛 예수는 전능하신 주 하나님이시라는 사실이다. 다른 어떤 인간도 예수님께서 지금 하시는 일을 할 수 없을 터이기 때문이다. 하지만 여기에는 우리가 눈여겨보아야 할 두 번째 중요한 사실이 있다. 예수님께서 걸음을 떼어놓는 순간, 우리는 예수님께서 무엇을 염두에 두고 계신지 알게 된다. 예수님께서 원하시는 것이 제자들을 어려움에서 구해 내려는 것뿐이라면, 굳이 바다 위로 걷지 않으셔도 된다. 해변에 서서 잠깐 기도만 하면 바람은 그칠 터였다. 예수님께서 굳이 바다 위를 걸으심은, 어려운 상황만을 알아차리고 가시는 것이 아니기 때문이다. 예수님께서는 어려움 가운데 있는 사람들을 보고 가신다. 예수님께서는 제자들이 그들 자신에 관해, 그리고 그들의 삶에 관해 생각하는 모든 것을 다 바꿔 놓으려고 하신다. 여전히 바람이 몰아치고 여전히 파도가 밀어닥치는 배 옆에 서서 예수님께서는 말씀하신다. "나다. 두려워하지 말라."

예수님께서는 사실 자기 자신을 하나님의 이름 중 하나로 말하고 있다. 예수님께서는 지금, 내가("나다", I am)가 너희와 함께 있으니, 이는 아브라함과 이삭과 야곱의 하나님이요, 이분에게 모든 언약적 약속이 달려 있다고 말씀하고 계시다. 제자들만 혼자 있는 것은 불가능하다. 왜냐하면 이들은 이미 "하나님"(I am)의 은혜와 영광에 엄습 당했기 때문이다.

예수님께서는 왜 제자들을 그 폭풍우 속으로 내보내셨을까? 예수님께서 가끔 우리를 폭풍우 속으로 내보내시는 이유와 똑같은 이유에서다. 즉, 영광을 볼 수 있기 위해서는 가끔 폭풍우가 필요하기 때문이다.

신자는 평강을 안온한 삶에서 찾아서는 안 된다. 참 평강은 언제나 구주, 왕, 어린양, "하나님"이신 분의 임재와 능력과 은혜에서만 찾을 수 있다. 삶의 폭풍우가 나를 내 능력과 지혜와 힘의 한계 너머로 데려갈 때에도 그 평강은 나의 것이다. 내가 절대 혼자가 아님을 알기에, 한때 낙심과 두려움을 낳았던 상황 한가운데서도 나는 소망과 담대함을 가지고 살 수 있다.

"하나님"이신 그분은 모든 상황, 관계, 장소에 은혜로써 내주하신다. 그분이 내 안에 계신다. 그분이 나와 함께 계신다. 그분이 나를 위해 계신다. 그분이 나의 소망이다.

더 깊이 묵상하고 격려를 얻으려면 사무엘상 17장을 읽으라.

GOODTV 개역개정성경
사무엘상 17장 오디오클립으로
연결됩니다.

27

우리는 권위가 다스리는 세상으로 태어났으며, 내가 그 권위는 아니다.
그런데 불순종은 하나님을 보좌에서 끌어내리고 마음속으로 나를 보좌에 앉힌다.

성경에서 가장 중요한 말은 맨 첫 장에 나오는 "태초에 하나님이…"라고 주장할 수도 있다. 이 말씀의 의도는 우리가 자기 자신, 하나님, 삶, 그리고 다른 모든 것에 관해 생각하는 방식을 바꾸려는 것이다. 하나님은 우리가 존재하기 전부터 현장에 계셨다. 땅과 땅의 모든 만물은 하나님의 계획과 목적의 표현이다. 하나님이 만물의 창조주이시기에 만물은 하나님께 속해 있다. 하나님께서 나를 창조하셨다. 이는 내가 하나님 것이라는 뜻이다. 여러분과 나는 하나님의 목적을 위해 세심히 구상되었다. 우리가 우리 자신을 만든 것이 아니다. 우리는 비인격적 힘의 결과인, 원시의 늪에서 생겨나오지 않았다. 우리는 하나님의 창조적 능력과 뜻의 직접적 산물이다.

이제 이것을 생각해 보라. 내가 무언가를 만들면 이 무언가는 틀림없이 내 것이다. 내가 만들었기 때문이다. 성경은 "땅과 거기에 충만한 것과 세계와 그 가운데에 사는 자들은 다 여호와의 것"이라고 말한다(시 24:1). 이는 인간의 자율성 같은 것은 세상에 없다는 의미다. 이를 부인한다는 것은 내 삶이 내 행복이라는 목적을 위해 내 마음대로 활용할 수 있는 내 것이라고 나 자신에게 말하는 것이다. 이는 하나님의 존재와 권위를 부인하는 말일 뿐만 아니라 나 자신이 인간이라는 사실을 부인하는 말이기도 하다. 모든 인간은 자기 인생을 구체화하는 하나님 의식을 갖고 하나님의 권위에 기꺼이 복종하며 살 존재로 창조되었다.

　이는 여러분과 나는 절대 삶의 중심일 수 없다는 뜻이다. 삶의 중심은 하나님이시기 때문이다. 삶은 절대 나에 관한 일일 수 없다. 삶은 하나님에 관한 것이기 때문이다. 삶은 절대 내 뜻과 내 방식에 관한 것일 수 없다. 삶은 하나님의 뜻과 방식에 관한 일이기 때문이다. 우리는 우리 삶에서 절대 궁극적 권위일 수 없다. 왜냐하면 하나님이 궁극적 권위이시기 때문이다. 이를 부인하는 것은 현실을 부인하고 모든 망상 중 가장 위험한 망상에 자기 자신을 내맡기는 것이다. 이를 부인하는 것은 하늘에 있는 해의 존재를 부인하는 것과 비슷하다. 하늘에 해가 없다고 말하면 주변 사람들은 아마 나를 미친 사람 취급할 것이다. 죄는 우리를 바로 그런 미친 사람으로 만든다. 우리 주변이 온통 하나님의 존재와 권위에 대한 증거인데, 우리는 그 증거를 부인한다. 우리는 자기 자신만이 자신에게 필요한 유일한 권위라고 스스로에게 말한다. 우리는 나름의 도덕 규칙을 스스로 정한다. 나에게 무엇이 최선인지는 내가 안다고 스스로에게 말한다. 우리는 하나님께서 지혜로 정해 놓으신 보호 영역의 울타리를 기꺼이 넘어간다. 우리는 하나님께서 옳지 않다고 말씀하시는 것을 좇아 달려가며, 옳다고 말씀하시는 것에는 머리를 들이박는다. 우리는 왕으로서의 하나님을 부인하고 자기 자신을 자기의 하잘 것 없는 세계의 왕으로 옹립한다. 우리는 하나님의 영광을 망각하고 자신의 쾌락과 위로와 안락함이라는 영광을 위해 산다.

　이것이 바로 은혜가 필수불가결한 이유다. 자기가 자기를 다스리는 싸구려 상태에서 다른 이의 계획과 목적에 기꺼이 순복하는 사람으로 나를 변화시키려면 강력한 구원의 은혜가 필요하다. 나 자신에게 권위를 부여하며 살던 내가 하나님의 권위에 굴복하는 사람이 되려면 강력한 자비가 요구된다. 세상에는 한 왕이 존재하며 그 왕은 내가 아니라는 사실을 인정하려면 은혜가 필요하다. 나 자신이 왕인 나라의 목적을 버리고 하나님 나라의 목적을 받아들이려면 나를 구원하시는 하나님의 손길이 있어야 한다. 예수님께서는 죽기까지 자기 자신을 하나님의 뜻에 굴복시키셨으며, 그리하여 우리도 예수님처럼 할 수 있기 위해 필요한 은혜를 소유하게 하셨다.

더 깊이 묵상하고 격려를 얻으려면 시편 19편을 읽으라.

~

¹하늘이 하나님의 영광을 선포하고 궁창이 그의 손으로 하신 일을 나타내는도다 ²날은 날에게 말하고 밤은 밤에게 지식을 전하니 ³언어도 없고 말씀도 없으며 들리는 소리도 없으나 ⁴그의 소리가 온 땅에 통하고 그의 말씀이 세상 끝까지 이르도다 하나님이 해를 위하여 하늘에 장막을 베푸셨도다 ⁵해는 그의 신방에서 나오는 신랑과 같고 그의 길을 달리기 기뻐하는 장사 같아서 ⁶하늘 이 끝에서 나와서 하늘 저 끝까지 운행함이여 그의 열기에서 피할 자가 없도다 ⁷여호와의 율법은 완전하여 영혼을 소성시키며 여호와의 증거는 확실하여 우둔한 자를 지혜롭게 하며 ⁸여호와의 교훈은 정직하여 마음을 기쁘게 하고 여호와의 계명은 순결하여 눈을 밝게 하시도다 ⁹여호와를 경외하는 도는 정결하여 영원까지 이르고 여호와의 법도 진실하여 다 의로우니 ¹⁰금 곧 많은 순금보다 더 사모할 것이며 꿀과 송이꿀보다 더 달도다 ¹¹또 주의 종이 이것으로 경고를 받고 이것을 지킴으로 상이 크니이다 ¹²자기 허물을 능히 깨달을 자 누구리요 나를 숨은 허물에서 벗어나게 하소서 ¹³또 주의 종에게 고의로 죄를 짓지 말게 하사 그 죄가 나를 주장하지 못하게 하소서 그리하면 내가 정직하여 큰 죄과에서 벗어나겠나이다 ¹⁴나의 반석이시요 나의 구속자이신 여호와여 내 입의 말과 마음의 묵상이 주님 앞에 열납되기를 원하나이다 / **시 19:1-14**

28

틀린 것을 옳다 하고 옳은 것을 틀리다 하는 사랑은 한 마디로 사랑이 아니다.
참 사랑은 꾸짖고 용서한다.

사실상 사랑이라 할 수준이 아니고 사랑이 하는 일도 하지 못하는데 우리가 사랑이라고 일컫는 것들이 터무니없이 많다. 하나님께서 보시기에 잘못된 일을 기꺼이 관용하면 겉으로 보기에 기분 좋은 평화가 조성될 수는 있지만, 사랑은 그렇게 하지 않는다. 자진해서 악의 집단 안에 살면서 아무런 소요도 일으키지 않으면 사람들이 나를 좋아할지는 몰라도, 그것은 사랑이 아니다. 무언가 잘못된 일을 하는 사람에게 "괜찮아요, 걱정하지 말아요"라고 말한다면, 이는 사실상 사랑하는 것이 아니다. 어떤 대가를 치르더라도 평화를 유지하는 것은 사랑이 아니다. 말해야 할 때 침묵을 지키는 것은 사랑이 아니다. 너와 나 사이에 드러내 놓고 논의해야 할 어떤 잘못이 있는데도 그 긴장된 순간으로 발을 들여놓기 싫어하는 것은 사랑이 아니다. 네가 나를 사랑한다고 하니 내가 무슨 말을 하고 어떤 행동을 하든 관용하라고 하는 것은 사랑이 무엇이며 사랑이 어떤 일을 하는지에 대해 근본적으로 잘못 알고 있는 것이다. 이렇게, 우리가 사랑이라고 생각하는 것의 상당 부분이 사실은 전혀 사랑이 아니다.

참되고, 성경적이고, 자기희생적이며, 하나님을 높이는 사랑은 하나님께서 옳고 참되다 말씀하시는 것을 절대 양보하지 않는다. 진리와 사랑은 불가분으로 함께 엮여 있다. 진리를 양보하는 사랑은 한 마디로 사랑이 아니다. 사랑 없는 진리가 더는 진리가 아님은 인간의 다른 행동노선에 따라 편향되고 왜곡되기 때문이다. 나에게 최선인 것을 원하고 그 최선을 위해 수고하는 사랑이라면, 그 사랑은 내 삶에서 하나님께서 최선이라고 말씀하시는 것의 한 부분이 되기 위해 힘쓸 것이다. 그래서 나는 하나님께서 우리의 삶에 최선이라고 말씀하시는 것을 위한 하나님의 도구가 되는 데 전념한다. 설령 그것이 긴장되고 곤란한 순간을 겪어야 거기 이를 수 있다는 뜻일지라도 말이다. 내가 생각하기에 우리가 침묵을 선택하면서 어떤 사안을 일부러 회피하거나 잘못된 일이 아무 제재 없이 진행되게 놓아두는 경우가 많은데, 이는 우리가 타인을 사랑하기 때문이 아니라 자기 자신을 사랑하기 때문이며 그저 하나님께서 명백히 잘못이라 말씀하시는 어떤 일을 처리할 때 벌어지는 다툼을 겪고 싶지 않기 때문이다. 우리는 참 사랑이 명령하는 힘들고 개인적인 희생을 달가워하지 않는다. 자, 지금 나는 독선적이고, 남을 판단하기 좋아하고, 비판적이고, 정죄를 일삼는 사람이 되자는 말을 하는 것이 아니다. 내 말은, 잘못된 일을 무시하는 쪽을 택하지 말고, 하나님께 받은 바로 그 은혜로써 그 잘못을 처리하자는 뜻이다. 은혜는 절대 그른 것을 옳다고 하지 않는다. 그른 것이 옳다면, 은혜는 필요하지 않을 것이다. 죄가 악이 아니라면, 예수님은 이 땅에 오시지 않아도 되었을 것이다.

예수님의 십자가는 잘못된 일 앞에서 사랑이 어떤 일을 하는지 알기 위해 우리에게 필요한 유일한 모범이다. 사랑은 틀린 것을 옳다고 하지 않는다. 사랑은 잘못된 일을 모른 체하면서 그 일이 얼른 지나가 버리기를 바라지 않는다. 사랑은 내가 틀렸다고 해서 나에게 등을 돌리지 않는다. 사랑은 나를 조롱하지 않는다. 사랑은 내가 형세를 역전시켜, 네가 나에게 상처를 준 것과 똑같은 방식으로 너에게 상처를 주려 애쓴다는 의미가 아니다. 사랑은 잘못된 일 앞에서 수동적인 태도로 침묵을 지키지 않는다. 사랑이 너를 향해 가는 이유는 네가 잘못되어 있고 네 자신에게서 구조될 필요가 있기 때문이다. 너를 향해 갈 때 사랑은 기꺼이 희생하고자 하고 역경을 견디고자 하며 그리하여 네가 다시 올바르게 되어 하나님 및 타인과 화해할 수 있게 한다. 하나님께서는 우리에게 이런 종류의 사랑을 베푸사 우리가 타인의 삶에서 이런 사랑의 도구가 되게 하신다.

더 깊이 묵상하고 격려를 얻으려면 고린도전서 13장 4-13절을 읽으라.

~

4 사랑은 오래 참고 사랑은 온유하며 시기하지 아니하며 사랑은 자랑하지 아니하며 교만하지 아니하며 5 무례히 행하지 아니하며 자기의 유익을 구하지 아니하며 성내지 아니하며 악한 것을 생각하지 아니하며 6 불의를 기뻐하지 아니하며 진리와 함께 기뻐하고 7 모든 것을 참으며 모든 것을 믿으며 모든 것을 바라며 모든 것을 견디느니라 8 사랑은 언제까지나 떨어지지 아니하되 예언도 폐하고 방언도 그치고 지식도 폐하리라 9 우리는 부분적으로 알고 부분적으로 예언하니 10 온전한 것이 올 때에는 부분적으로 하던 것이 폐하리라 11 내가 어렸을 때에는 말하는 것이 어린 아이와 같고 깨닫는 것이 어린 아이와 같고 생각하는 것이 어린 아이와 같다가 장성한 사람이 되어서는 어린 아이의 일을 버렸노라 12 우리가 지금은 거울로 보는 것 같이 희미하나 그 때에는 얼굴과 얼굴을 대하여 볼 것이요 지금은 내가 부분적으로 아나 그 때에는 주께서 나를 아신 것 같이 내가 온전히 알리라 13 그런즉 믿음, 소망, 사랑, 이 세 가지는 항상 있을 것인데 그 중의 제일은 사랑이라 / **고전 13:4-13**

29

내가 은혜를 얼마나 깊이 필요로 하는지 나에게 납득시키기 위해
예수 그리스도의 잔혹한 십자가 외에 무언가가 더 필요한가?

이것을 생각해 보라. 하나님께서는 우리 죄의 깊이와 넓이가 어느 정도인지 너무도 확실히 아셨고 내 상태가 얼마나 절망적인지 나로서는 파악할 능력이 없다는 것도(설령 그럴 능력이 있다 해도 그 상태에서 스스로 벗어날 능력이 전무하다는 것을) 너무 확실히 아셨기에, 기꺼이 자연의 위력을 이용하고 인간 역사의 사건들을 세심히 통제함으로써 어느 시점에서 예수님께서 오사 우리가 살 수 없는 삶을 사시고 우리가 죽어야 할 죽음을 대신 죽으시고 부활하여 죽음을 정복하게 하고자 하셨다.

하나님께서는 왜 이 정도까지 정성을 들이시고 희생을 하신 것일까? 이 질문에는 오직 한 가지 답변뿐이다. 성부 하나님께서 이를 계획하시고, 성자 하나님께서 기꺼이 이 계획을 행하고자 하시며, 성령 하나님께서 이 역사를 여러분과 내 마음에 적용하신 이유는, 이것밖에 다른 길이 없었기 때문이다.

죄는 모든 인간의 핵심 질병이다. 죄에서 벗어나는 것은 인간의 능력을 완전히 초월하는 일이다. 내가 창조된 것은 하나님을 위해서였는데, 죄는 하나님에게서 나를 떼어 놓는다. 죄는 나라는 사람의 모든 측면을 다 손상시킨다. 죄는 하나님께서 나를 창조하실 때 의도하신 내가 되지

못하게 하고, 하나님께서 나에게 의도하신 일을 하지 못하게 한다. 죄는 내면의 만족감과 평강을 앗아가며, 다른 인간과 불화하게 만든다. 죄는 나를 눈멀게 하고, 약하게 하며, 자기 본위의 반항적인 사람이 되게 한다. 죄는 우리 모두를 바보로 만들며, 궁극적으로 죽음이라는 결과를 낳는다. 죄는 완화되지 않은, 규모를 헤아리기가 거의 불가능한 재앙이다. 우리는 어떤 상황에서는 도망칠 수 있고, 어떤 관계에서 빠져나올 수도 있으며, 다른 장소로 이동해 다시 돌아오지 않기로 결정할 수도 있다. 하지만 여러분과 나는 죄가 우리에게 행사하는 장악력에서 벗어날 능력이 전혀 없다. 이는 지금까지 세상에 존재한 모든 사람의 마음을 옭죄는 족쇄다.

죄가 하나님의 형상으로 창조된 사람들에게 무슨 짓을 저지르는지를 창세기 6장 5-6절만큼 잘 포착한 성경 구절은 없다. "여호와께서 사람의 죄악이 세상에 가득함과 그의 마음으로 생각하는 모든 계획이 항상 악할 뿐임을 보시고 땅 위에 사람 지으셨음을 한탄하사 마음에 근심하시고."

이 구절에서는 두 가지를 주목하라. 첫째, 죄는 사람들 마음 깊디깊은 곳에까지 영향을 끼쳤다. 죄는 단순히 나쁜 행실의 문제가 아니다. 죄는 마음의 상태다. 그것이 바로 나 스스로는 죄에서 벗어날 수 없는 이유다. 둘째, 죄가 여러분과 나에게 끼친 영향은 포괄적이다. "모든 계획"이라는 말이 "항상 악할 뿐"이라는 말과 짝을 이루었다는 점에 주목하라.

하지만 이 구절은 그 이상의 사실을 우리에게 말해 준다. 하나님께서는 우리를 죄의 참화 가운데 버려두지 않으셨다. 모든 인간의 마음을 감염시킨 질병은 하나님의 마음에 슬픔을 낳았다. 하지만 하나님의 슬픔은 단순히 후회의 슬픔이나 심판의 슬픔이 아니었다. 이는 은혜의 슬픔이었다. "그러나 노아는 여호와께 은혜를 입었더라"는 창세기 6장 8절 말씀은 창세기 6장이 이야기의 끝이 아니라는 사실을 말해 준다. 하나님께서는 단지 죄를 징벌하려고만 하시지 않았다. 하나님께서는 한 나라를 일으키고자 하셨으며, 그 나라에서 하나님의 아들이 나와 우리를 죄에서 구원하기 위해 살고 죽으실 터였다. 하나님의 아들의 십자가는 그 십자가가 나타내는 은혜가 우리에게 얼마나 절박하게 필요한지를 영속적으로 일깨워 주는 것으로 우뚝 서 있다.

더 깊이 묵상하고 격려를 얻으려면 베드로전서 3장 18-22절을 읽으라.

~

[18] 그리스도께서도 단번에 죄를 위하여 죽으사 의인으로서 불의한 자를 대신하셨으니 이는 우리를 하나님 앞으로 인도하려 하심이라 육체로는 죽임을 당하시고 영으로는 살리심을 받으셨으니 [19] 그가 또한 영으로 가서 옥에 있는 영들에게 선포하시니라 [20] 그들은 전에 노아의 날 방주를 준비할 동안 하나님이 오래 참고 기다리실 때에 복종하지 아니하던 자들이라 방주에서 물로 말미암아 구원을 얻은 자가 몇 명뿐이니 겨우 여덟 명이라 [21] 물은 예수 그리스도께서 부활하심으로 말미암아 이제 너희를 구원하는 표니 곧 세례라 이는 육체의 더러운 것을 제하여 버림이 아니요 하나님을 향한 선한 양심의 간구니라 [22] 그는 하늘에 오르사 하나님 우편에 계시니 천사들과 권세들과 능력들이 그에게 복종하느니라 / 벧전 3:18-22

Part 3

아침마다
새로운 하나님의
은혜를 구하다

NEW MORNING
MERCIES
A DAILY
GOSPEL
DEVOTIONAL

1

**자비란 내가 받은 용서에 너무 깊이 감사해서 타인에게도
동일한 용서를 베풀 수밖에 없다는 뜻이다.**

우리는 다 이 행동을 한다. 어쩌면 날마다. 우리는 자기가 이 행동을 하고 있는지 전혀 모르지만, 그런데도 이는 우리가 자기 자신을 보는 시선 및 타인을 대하는 태도에 엄청난 영향을 끼친다. 이는 하나님의 집안에서조차 인간관계상의 불화가 그토록 많은 이유 중 하나로 손꼽힌다. 누구다 다 행하는 경향이 있는 이것이 무엇이기에 그토록 많은 피해를 초래하는가?

우리는 다 망각한다. 분주하게 돌아가는 자기중심적인 삶 한가운데서 우리는 서글프게도 우리 삶이 얼마나 자비의 복을 받았는지, 자비 덕분에 우리 삶의 방향이 얼마나 근본적으로 달라지는지를 망각한다. 하나님의 진노를 받아 마땅한 우리에게 하나님께서 오히려 은총을 베풀어 주셨다는 사실은, 한때 가사를 알았으나 이제는 생각나지 않는 노래처럼 우리 기억에서 희미해진다. 아침마다 새로운 자비가 우리를 반긴다는 현실은 미친 듯 바쁘게 출근 준비를 하는 우리의 관심을 끌지 못한다. 하루를 마무리한 뒤 고단한 머리를 베개에 누이고 그토록 간절했던 잠을 청할 때, 우리는 하나님의 손에서 우리의 대수롭지 않은 삶 위로 똑똑 떨어진 수많은 자비를 돌아보지 못한다. 구속주의 자비가 우리 개인

의 역사에 명시되지 않았다면 우리 삶이 어찌되었을지, 가만히 앉아 묵상하는 시간을 우리는 자주 갖지 못한다. 서글프게도, 우리는 자비를 너무 쉽게 망각하는 경향이 있다.

자비를 망각하는 태도는 위험하다. 그 태도에 따라 내가 나 자신 및 다른 사람에 관해 생각하는 방식이 결정되기 때문이다. 자비를 기억하면, 무엇이든 자비로써 내게 베풀어진 것을 받을 만한 일을 나는 한 적이 없다는 것 또한 기억하게 된다. 자비를 기억할 때 우리는 겸손해지고, 감사하게 되고, 타인을 배려하게 된다. 자비를 기억할 때, 불평은 감사가 되고 자기중심적 욕구는 예배에 길을 내주게 된다. 그러나 자비를 망각하면, 내가 가진 것은 내가 성취한 것이라고 교만하게 자기 자신에게 말하게 된다. 자비를 망각하면, 오직 자비만이 낳을 수 있었을 결과에 대한 공로를 자기 공로로 삼게 된다. 자비를 망각하면, 스스로를 의롭고 공로 있는 사람으로 일컫게 되며, 스스로 자격 있다 여기고 많은 것을 요구하는 삶을 살게 된다.

자비를 망각하고 스스로를 자격 있다 생각하면 타인에게 자비를 베풀지 않고도 아무렇지도 않게 된다. 교만하게도 나는 내가 받아 마땅한 것을 받고 있고 저들은 저들이 겪어 마땅한 일을 겪고 있다고 생각하게 된다. 내 교만한 마음에는 사랑이 없으며, 그래서 타인이 곤경에 처해 있는 딱한 모습을 봐도 마음이 쉽게 움직이지 않는다. 도움을 필요로 하는 그 형제와 내가 별반 다를 것이 없다는 사실을 망각하고, 누구도 하나님 앞에 자격 있는 자로 서지 못한다는 사실을 인정하지 못한다. 겸손은 타인을 향한 자비가 자라나는 토양이다. 내게 주어진 자비에 감사가 있어야 타인에게 자비를 베풀려는 마음이 생겨난다. 바울은 이렇게 말한다. "서로 친절하게 하며 불쌍히 여기며 서로 용서하기를 하나님이 그리스도 안에서 너희를 용서하심과 같이 하라"(엡 4:32).

더 깊이 묵상하고 격려를 얻으려면 누가복음 6장 27-36절, 마태복음 18장 21-35절을 읽으라.

~

27 그러나 너희 듣는 자에게 내가 이르노니 너희 원수를 사랑하며 너희를 미워하는 자를 선대하며 28 너희를 저주하는 자를 위하여 축복하며 너희를 모욕하는 자를 위하여 기도하라 29 너의 이 뺨을 치는 자에게 저 뺨도 돌려대며 네 겉옷을 빼앗는 자에게 속옷도 거절하지 말라 30 네게 구하는 자에게 주며 네 것을 가져가는 자에게 다시 달라 하지 말며 31 남에게 대접을 받고자 하는 대로 너희도 남을 대접하라 32 너희가 만일 너희를 사랑하는 자만을 사랑하면 칭찬 받을 것이 무엇이냐 죄인들도 사랑하는 자는 사랑하느니라 33 너희가 만일 선대하는 자만을 선대하면 칭찬 받을 것이 무엇이냐 죄인들도 이렇게 하느니라 34 너희가 받기를 바라고 사람들에게 꾸어 주면 칭찬 받을 것이 무엇이냐 죄인들도 그만큼 받고자 하여 죄인에게 꾸어 주느니라 35 오직 너희는 원수를 사랑하고 선대하며 아무 것도 바라지 말고 꾸어 주라 그리하면 너희 상이 클 것이요 또 지극히 높으신 이의 아들이 되리니 그는 은혜를 모르는 자와 악한 자에게도 인자하시니라 36 너희 아버지의 자비로우심 같이 너희도 자비로운 자가 되라 / 눅 6:27-36;

21 제자 중에 또 한 사람이 이르되 주여 내가 먼저 가서 내 아버지를 장사하게 허락하옵소서 22 예수께서 이르시되 죽은 자들이 그들의 죽은 자들을 장사하게 하고 너는 나를 따르라 하시니라 23 배에 오르시매 제자들이 따랐더니 24 바다에 큰 놀이 일어나 배가 물결에 덮이게 되었으되 예수께서는 주무시는지라 25 그 제자들이 나아와 깨우며 이르되 주여 구원하소서 우리가 죽겠나이다 26 예수께서 이르시되 어찌하여 무서워하느냐 믿음이 작은 자들아 하시고 곧 일어나사 바람과 바다를 꾸짖으시니 아주 잔잔하게 되거늘 27 그 사람들이 놀랍게 여겨 이르되 이이가 어떠한 사람이기에 바람과 바다도 순종하는가 하더라 28 또 예수께서 건너편 가다라 지방에 가시매 귀신 들린 자 둘이 무덤 사이에서 나와 예수를 만나니 그들은 몹시 사나워 아무도 그 길로 지나갈 수 없을 지경이더라 29 이에 그들이 소리 질러 이르되 하나님의 아들이여 우리가 당신과 무슨 상관이 있나이까 때가 이르기 전에 우리를 괴롭게 하려고 여기 오셨나이까 하더니

³⁰ 마침 멀리서 많은 돼지 떼가 먹고 있는지라 ³¹ 귀신들이 예수께 간구하여 이르되 만일 우리를 쫓아 내시려면 돼지 떼에 들여 보내 주소서 하니 ³² 그들에게 가라 하시니 귀신들이 나와서 돼지에게로 들어가는지라 온 떼가 비탈로 내리달아 바다에 들어가서 물에서 몰사하거늘 ³³ 치던 자들이 달아나 시내에 들어가 이 모든 일과 귀신 들린 자의 일을 고하니 ³⁴ 온 시내가 예수를 만나려고 나가서 보고 그 지방에서 떠나시기를 간구하더라 / **마 18:21-35**

2

하나님을 기다린다는 것은 하는 일 없이 앉아서 무언가를 기대한다는 뜻이 아니다.
기다림은 하나님께서 약속하신 일을 행하시리라 믿는 것이며,
그런 다음 자신 있게 행동하는 것이다.

하나님을 기다린다는 것(waiting on God)은 치과 대기실에 앉아 있을 때처럼 무의미한 기다림이 아니다. 알다시피 치과 병원은 늘 예약 초과다. 그래서 예약한 시간이 한 시간이 지났는데도 나는 아직 대기실에 앉아 있다. 나는 남자이지만 지금 여성 잡지를 보고 있다. "세계 최고의 치킨 요리법 7가지"라는 기사를 이제 막 읽기 시작했다. 남자인 내가 이 치킨 요리법이 꽤 그럴 듯해 보여 그 페이지를 찢어가려고 하는 순간, 내가 너무 오래 기다렸다는 것을 깨닫게 된다!

하나님을 기다린다는 것은 그와는 다르다. 기다림은 하나님의 임재와 약속에 대한 확신을 바탕으로 한 능동적 삶이지 이따금씩 의심에 사로잡히는 수동적 생활방식이 아니다. 기다림은 활동불능 상태라는 결과를 낳는 내적 고뇌가 아니다. 그렇다, 기다림은 담대한 행동이라는 결과를 낳는 내면의 안식이다.

기다림은 소명이다. 기다림은 축복이다. 하나님의 자녀는 모두 기다리는 사람으로 선택된 이들이다. 왜냐하면 하나님의 모든 자녀는 "이미"와 "아직" 사이에 살고 있기 때문이다. 이 세상은 죄 때문에 이미 망가졌고, 아직 다시 새롭게 되지 않았다. 예수님께서 이미 오셨지만, 나를 영원히

본향으로 데려가려고 아직 다시 오시지는 않았다. 내 죄는 이미 사함 받았지만, 나는 아직 죄에서 완전히 건짐 받지는 않았다. 예수님께서는 이미 다스리시지만, 예수님의 최종적 나라는 아직 임하지 않았다. 죄는 이미 패배했지만, 아직 완전히 궤멸되지는 않았다. 성령이 이미 주어졌지만, 나는 아직 예수님의 형상으로 완전히 빚어지지 않았다. 하나님께서 이미 자신의 말씀을 주셨지만, 이 말씀은 아직 내 삶을 총체적으로 변화시키지 않았다. 나에게는 이미 은혜가 주어졌지만, 그 은혜는 아직 고유의 사역을 다 마치지 않았다. 알다시피, 우리가 다 기다리라는 명령을 받는 이유는, 우리가 다 하나님의 장대한 구속 스토리 한가운데서 살고 있기 때문이다. 우리는 다 하나님께서 우리 안에서, 그리고 우리를 위해 시작하신 일의 최종 결말을 기다린다.

우리는 그냥 기다리는 게 아니라 소망 가운데 기다린다. 하나님께 거는 소망은 어떤 소망인가? 이는 결과가 보장된 자신만만한 기대다. 우리는 하나님께서 시작하신 일을 하나님께서 완성하시리라 믿고 기다리며, 그래서 우리는 확신과 담대함으로 산다. 우리는 매일 아침 잠에서 깨어, 다가올 일에 근거해 행동하며, 어떤 일이 다가올지 확실하기에 우리가 하나님 이름으로 수고하는 일이 헛되지 않으리라는 것을 우리는 알고 있다. 그래서 우리는 기다리며 행동한다. 기다리며 일한다. 기다리며 싸운다. 기다리며 정복한다. 기다리며 선포한다. 기다리며 달린다. 기다리며 희생한다. 기다리며 베푼다. 기다리며 예배한다. 하나님을 기다린다는 것은 다가올 은혜에 대한 자신만만한 확신에 근거한 행동이다.

더 깊이 묵상하고 격려를 얻으려면 로마서 4장을 읽으라.

~

1 그런즉 육신으로 우리 조상인 아브라함이 무엇을 얻었다 하리요 2 만일 아브라함이

행위로써 의롭다 하심을 받았으면 자랑할 것이 있으려니와 하나님 앞에서는 없느니라 [3] 성경이 무엇을 말하느냐 아브라함이 하나님을 믿으매 그것이 그에게 의로 여겨진 바 되었느니라 [4] 일하는 자에게는 그 삯이 은혜로 여겨지지 아니하고 보수로 여겨지거니와 [5] 일을 아니할지라도 경건하지 아니한 자를 의롭다 하시는 이를 믿는 자에게는 그의 믿음을 의로 여기시나니 [6] 일한 것이 없이 하나님께 의로 여기심을 받는 사람의 복에 대하여 다윗이 말한 바 [7] 불법이 사함을 받고 죄가 가리어짐을 받는 사람들은 복이 있고 [8] 주께서 그 죄를 인정하지 아니하실 사람은 복이 있도다 함과 같으니라 [9] 그런즉 이 복이 할례자에게냐 혹은 무할례자에게도냐 무릇 우리가 말하기를 아브라함에게는 그 믿음이 의로 여겨졌다 하노라 [10] 그런즉 그것이 어떻게 여겨졌느냐 할례시냐 무할례시냐 할례시가 아니요 무할례시니라 [11] 그가 할례의 표를 받은 것은 무할례시에 믿음으로 된 의를 인친 것이니 이는 무할례자로서 믿는 모든 자의 조상이 되어 그들도 의로 여기심을 얻게 하려 하심이라 [12] 또한 할례자의 조상이 되었나니 곧 할례 받을 자에게뿐 아니라 우리 조상 아브라함이 무할례시에 가졌던 믿음의 자취를 따르는 자들에게도 그러하니라 [13] 아브라함이나 그 후손에게 세상의 상속자가 되리라고 하신 언약은 율법으로 말미암은 것이 아니요 오직 믿음의 의로 말미암은 것이니라 [14] 만일 율법에 속한 자들이 상속자이면 믿음은 헛것이 되고 약속은 파기되었느니라 [15] 율법은 진노를 이루게 하나니 율법이 없는 곳에는 범법도 없느니라 [16] 그러므로 상속자가 되는 그것이 은혜에 속하기 위하여 믿음으로 되나니 이는 그 약속을 그 모든 후손에게 굳게 하려 하심이라 율법에 속한 자에게뿐만 아니라 아브라함의 믿음에 속한 자에게도 그러하니 아브라함은 우리 모든 사람의 조상이라 [17] 기록된 바 내가 너를 많은 민족의 조상으로 세웠다 하심과 같으니 그가 믿은 바 하나님은 죽은 자를 살리시며 없는 것을 있는 것으로 부르시는 이시니라 [18] 아브라함이 바랄 수 없는 중에 바라고 믿었으니 이는 네 후손이 이같으리라 하신 말씀대로 많은 민족의 조상이 되게 하려 하심이라 [19] 그가 백 세나 되어 자기 몸이 죽은 것 같고 사라의 태가 죽은 것 같음을 알고도 믿음이 약하여지지 아니하고 [20] 믿음이 없어 하나님의 약속을 의심하지 않고 믿음으로 견고하여져서 하나님께 영광을 돌리며 [21] 약속하신 그것을 또한 능히 이루실 줄을 확신하였으니 [22] 그러므로 그것이 그에게 의로 여겨졌느니라 [23] 그에게 의로 여겨졌다 기록된 것은 아브라함만 위한 것이 아니요 [24] 의로 여기심을 받을 우리도 위함이니 곧 예수 우리 주를 죽은 자 가운데서 살리신 이를 믿는 자니라 [25] 예수는 우리가 범죄한 것 때문에 내줌이 되고 또한 우리를 의롭다 하시기 위하여 살아나셨느니라 / 롬 4:1-25

3

기도란 나를 의지하는 태도를 버리고, 하나님의 능력에 의지할 때에만 찾을 수 있는 안식을 향해 달려가는 것이다.

기도는 독립적 태도를 포기한다. 기도는 내 스스로 해낼 수 있다는 모든 생각을 버린다. 기도는 의존적 태도를 긍정한다. 기도는 약함을 인정한다. 기도는 능력 평가를 단념한다. 기도는 실패의 현실을 포용한다. 기도는 내가 중심이 아니라고 나에게 말한다. 기도는 다른 누군가의 더 지혜로운 계획을 위해 내 계획을 포기하라고 말한다. 기도는 도움이 필요하다는 깊은 개인적 인식에서 솟아나와 하나님의 풍성한 은혜를 향해 흘러간다.

기도란 사실 이런 것이기에, 우리에게는 기도가 자연스럽지 않다. 자신의 죄, 연약함, 실패를 포용하기란 우리에게 자연스럽지 않다. 나 아닌 누군가의 자비에 편안히 의지하는 것이 우리에게는 자연스럽지 않다. 내 소망과 꿈을 그보다 좋은 다른 누군가의 꿈과 소망 앞에 굴복시키기는 우리에게 자연스럽지 않다. 내 지혜와 지배권을 나보다 더 큰 누군가에게 내어 주기는 우리에게 자연스럽지 않다. 나에게 은혜가 필요하다고 생각하기는 우리에게 자연스럽지 않다. 반면, 나의 의, 지혜, 힘, 행위로도 충분하다고 생각하는 것이 우리에게는 자연스럽다. 그 결과, 우리의 기도는 스스로 의롭다 여기는 사람들의 신앙 선언, 스스로 자격 있다 여기는 사람들의 장황한 위시리스트, 혹은 하나님은 도대체 무얼 하고 계시는지 모르겠다고 생각하는 사람들의 참을성 없는 요구 목록이 되어버리는 경우가 많다. 그래서 우리의 기도 상당수는 사실 기도가 아니다(눅 18:9-14을 보라).

핵심은 이것이다. 우리가 자기를 의지하는 태도를 버리고 은혜를 구하는 기도를 진정 겸손한 자세로 할 수 있으려면, 하나님의 은혜를 만날 필요가 있다. 오직 은혜로써만 우리는 자신에게 은혜가 필요하다는 사실을 인정하고 하나님을 예배하며 하나님께서 우리에게 그렇게 아낌없이 부어 주시고자 하는 은혜를 구할 수 있다. 기도는 근본적으로 우리의 직관에 반하는 일이기에, 자기 지향적으로 두서없이 헤매는 기도에서 건짐 받기 위해서는 은혜가 필요하며, 그래야 겸손한 마음으로 하나님을 구속주이자 왕으로 인정하고 우리 자신을 하나님의 은혜로운 돌보심에 맡길 수 있다. 기도는 언제나 하나님의 나라를 위해 나의 나라를 버리며, 이를 위해서는 용서하고, 구해내서, 변화시키는 은혜가 우리 모두에게 필요하다. 참된 기도는 우리를 인도해 바로 이런 종류의 은혜를 부르짖게 한다.

더 깊이 묵상하고 격려를 얻으려면 누가복음 11장 1-13절을 읽으라.

~

1 예수께서 한 곳에서 기도하시고 마치시매 제자 중 하나가 여짜오되 주여 요한이 자기 제자들에게 기도를 가르친 것과 같이 우리에게도 가르쳐 주옵소서 2 예수께서 이르시되 너희는 기도할 때에 이렇게 하라 아버지여 이름이 거룩히 여김을 받으시오며 나라가 임하시오며 3 우리에게 날마다 일용할 양식을 주시옵고 4 우리가 우리에게 죄 지은 모든 사람을 용서하오니 우리 죄도 사하여 주시옵고 우리를 시험에 들게 하지 마시옵소서 하라 5 또 이르시되 너희 중에 누가 벗이 있는데 밤중에 그에게 가서 말하기를 벗이여 떡 세 덩이를 내게 꾸어 달라 6 내 벗이 여행중에 내게 왔으나 내가 먹일 것이

없노라 하면 7 그가 안에서 대답하여 이르되 나를 괴롭게 하지 말라 문이 이미 닫혔고 아이들이 나와 함께 침실에 누웠으니 일어나 네게 줄 수가 없노라 하겠느냐 8 내가 너희에게 말하노니 비록 벗 됨으로 인하여서는 일어나서 주지 아니할지라도 그 간청함을 인하여 일어나 그 요구대로 주리라 9 내가 또 너희에게 이르노니 구하라 그러면 너희에게 주실 것이요 찾으라 그러면 찾아낼 것이요 문을 두드리라 그러면 너희에게 열릴 것이니 10 구하는 이마다 받을 것이요 찾는 이는 찾아낼 것이요 두드리는 이에게는 열릴 것이니라 11 너희 중에 아버지 된 자로서 누가 아들이 생선을 달라 하는데 생선 대신에 뱀을 주며 12 알을 달라 하는데 전갈을 주겠느냐 13 너희가 악할지라도 좋은 것을 자식에게 줄 줄 알거든 하물며 너희 하늘 아버지께서 구하는 자에게 성령을 주시지 않겠느냐 하시니라 / 눅 11:1-13

4

죄를 인정하지 않으면 은혜를 가치 있게 여기지 못한다.
은혜를 가치 있게 여기지 못하면 은혜가 베푸는 용서와 구원을 구하지 않게 된다.

마음이 아플지라도
나 이 고백을 합니다.
나는 아주 숙련된
자기 기만꾼.
나는 내 도덕성을 가지고
원숭이 게임을 아주 잘 합니다.
있지도 않은 의로움을
주장할 때도 많습니다.
잘못을 저질러 놓고
그게 그렇게 큰 잘못은 아니라고
나 자신을 설득하기는 식은 죽 먹기.
내 상태가 얼마나 심각한지를
애써 과소평가하면서
해방과
변화와
구원의

유일한 소망인

은혜의 가치를

얕잡아 봅니다.

주님,

내 죄의 무게로

내 마음을 짓뭉개 주소서,

그리하여 구속하시는 주님의 은혜

그 영광으로

내 마음을 다시 채워 주소서.

더 깊이 묵상하고 격려를 얻으려면 시편 38편을 읽으라.

~

¹ 여호와여 주의 노하심으로 나를 책망하지 마시고 주의 분노하심으로 나를 징계하지 마소서 ² 주의 화살이 나를 찌르고 주의 손이 나를 심히 누르시나이다 ³ 주의 진노로 말미암아 내 살에 성한 곳이 없사오며 나의 죄로 말미암아 내 뼈에 평안함이 없나이다 ⁴ 내 죄악이 내 머리에 넘쳐서 무거운 짐 같으니 내가 감당할 수 없나이다 ⁵ 내 상처가 썩어 악취가 나오니 내가 우매한 까닭이로소이다 ⁶ 내가 아프고 심히 구부러졌으며 종일토록 슬픔 중에 다니나이다 ⁷ 내 허리에 열기가 가득하고 내 살에 성한 곳이 없나이다 ⁸ 내가 피곤하고 심히 상하였으매 마음이 불안하여 신음하나이다 ⁹ 주여 나의 모든 소원이 주 앞에 있사오며 나의 탄식이 주 앞에 감추이지 아니하나이다 ¹⁰ 내 심장이 뛰고 내 기력이 쇠하여 내 눈의 빛도 나를 떠났나이다 ¹¹ 내가 사랑하는 자와 내 친구들이 내 상처를 멀리하고 내 친척들도 멀리 섰나이다 ¹² 내 생명을 찾는 자가 올무를 놓고 나를 해하려는 자가 괴악한 일을 말하여 종일토록 음모를 꾸미오나 ¹³ 나는 못 듣는 자 같이 듣지 아니하고 말 못하는 자 같이 입을 열지 아니하오니 ¹⁴ 나는 듣지 못하는 자 같아서 내 입에는 반박할 말이 없나이다 ¹⁵ 여호와여 내가 주를 바랐사오니 내 주 하나님이 내게 응답하시리이다 ¹⁶ 내가 말하기를 두렵건대 그들이 나 때문에 기뻐하며

내가 실족할 때에 나를 향하여 스스로 교만할까 하였나이다 17 내가 넘어지게 되었고 나의 근심이 항상 내 앞에 있사오니 18 내 죄악을 아뢰고 내 죄를 슬퍼함이니이다 19 내 원수가 활발하며 강하고 부당하게 나를 미워하는 자가 많으며 20 또 악으로 선을 대신하는 자들이 내가 선을 따른다는 것 때문에 나를 대적하나이다 21 여호와여 나를 버리지 마소서 나의 하나님이여 나를 멀리하지 마소서 22 속히 나를 도우소서 주 나의 구원이시여 / **시 38:1-22**

5

**내가 하나님의 자녀라면, 오늘 하나님 앞에 내가 서 있다는 것,
그리고 나를 위한 하나님의 다스림이
확실하고 확고함을 확신하면서 안식할 수 있다.**

    인생에는 이제 더는 염려하지 않아도 되는 두 가지, 짊어지고 다니지 않아도 되는 두 가지 큰 관심사가 있다. 여러분과 나는 저마다 인생의 중요한 관심사를 짊어지고 다닌다. 내 말은, 우리가 염려에 짓눌린다는 뜻이 아니라 중요한 일을 중요하게 여긴다는 뜻이다. 재정 문제를 걱정하는 것은 잘못이 아니다. 내 결혼 생활이 하나님께서 의도하신 대로 잘 영위되었으면 하는 생각을 품고 다니는 것도 중요하다. 자녀의 행복과 성장이 우리의 큰 관심의 초점이 되는 것도 옳다. 교회와 나의 그리스도의 몸과의 관계를 진지하게 신경 쓰는 것도 꼭 필요하다. 자기 몸의 건강을 중요한 관심사로 여기지 않는다면 이는 어리석은 일일 것이다. 우리는 이런 염려를 감당해야 할 책임이 있다. 이 모든 일들을 중요한 일로, 관심을 쏟을 만한 가치가 있는 일로 여기지 않는다면 이는 지혜롭지 못하다 할 것이다.
    하지만 인생에서 가장 의미 있고 중요한 일 두 가지는 걱정거리로 짊어지고 다니지 않아도 된다. 이 두 가지에 관해서는 염려의 짐을 지지 않아도 된다. 이 두 가지가 오늘은 나의 것이지만 내일은 나의 것이 아닐 수도 있다는 생각으로 자신을 괴롭히지 않아도 된다. 내 삶에서 가장 중

요한 사항이 결코 위험에 처하지 않는다는 사실을 알기에 매일 아침 얼굴에 미소를 지으며 잠에서 깰 수 있다. 지금 나와 내 삶을 규정하는 이 두 가지가 영원히 내 것이라고 안심할 수 있는 것은 하나님의 은혜가 주는 달콤한 선물 중 하나다. 집이나 직장, 가족이나 친구, 건강, 교회는 잃을 수 있지만, 이 두 가지는 잃지 않을 것이다. 실망과 손해는 겪을 수 있지만 이 두 가지는 그대로 남을 것이다. 패배의 아픔을 겪을 수는 있지만 이 두 가지는 그래도 나의 소유일 것이다. 이 모든 것을 다 잃을 수 있지만, 그 무엇도 내게서 생명을 빼앗아가지는 못한다. 삶을 규정해 주는 사실들은 잃을 수 있는 것이 아니기 때문이다.

인생에서 이 두 가지보다 더 중요한 것은 없다. 첫째는 은혜가 나를 위해 하나님 가족의 일원이라는 신분을 획득해 주었다는 것이고, 둘째는 내가 이제 하나님의 가족이기 때문에 하나님께서 나의 유익을 위해 만사를 다스리신다는 것이다. 내 능력으로는 이 두 가지 부동의 현실을 절대 획득할 수 없었을 것이다.

이 두 가지는 언제나 은혜로써만 내 것이 된다. 내가 영원히 하나님 가족의 일원인 것은 은혜 덕분이다. 내 삶이 왕의 왕이신 분의 직접적이고 세심한 다스림 아래 있는 것도 은혜 덕분이다. 가장 암울한 날에도 내가 여전히 사랑받고 인정받는 것도 은혜 덕분이다. 인생에서 의미 있는 게 아무것도 없을 때도 내 삶이 여전히 하나님의 지배 아래 있는 것은 은혜 덕분이다. 나에게는 신경 쓸 일이 무수히 많지만, 이 두 가지는 신경 쓸 필요가 없다. 하나님의 사랑은 절대 끊어지지 않을 것이고, 나를 위한 하나님의 다스림은 영원하다.

더 깊이 묵상하고 격려를 얻으려면 로마서 8장 31-39절을 읽으라.

³¹ 그런즉 이 일에 대하여 우리가 무슨 말 하리요 만일 하나님이 우리를 위하시면 누가 우리를 대적하리요 ³² 자기 아들을 아끼지 아니하시고 우리 모든 사람을 위하여 내주신 이가 어찌 그 아들과 함께 모든 것을 우리에게 주시지 아니하겠느냐 ³³ 누가 능히 하나님께서 택하신 자들을 고발하리요 의롭다 하신 이는 하나님이시니 ³⁴ 누가 정죄하리요 죽으실 뿐 아니라 다시 살아나신 이는 그리스도 예수시니 그는 하나님 우편에 계신 자요 우리를 위하여 간구하시는 자시니라 ³⁵ 누가 우리를 그리스도의 사랑에서 끊으리요 환난이나 곤고나 박해나 기근이나 적신이나 위험이나 칼이랴 ³⁶ 기록된 바 우리가 종일 주를 위하여 죽임을 당하게 되며 도살 당할 양 같이 여김을 받았나이다 함과 같으니라 ³⁷ 그러나 이 모든 일에 우리를 사랑하시는 이로 말미암아 우리가 넉넉히 이기느니라 ³⁸ 내가 확신하노니 사망이나 생명이나 천사들이나 권세자들이나 현재 일이나 장래 일이나 능력이나 ³⁹ 높음이나 깊음이나 다른 어떤 피조물이라도 우리를 우리 주 그리스도 예수 안에 있는 하나님의 사랑에서 끊을 수 없으리라 / **롬 8:31-39**

6

내가 하나님과 한편이 될 수 있음은 나의 의가 아니라
그리스도의 의에 근거하기 때문에, 실패하는 순간
나는 하나님에게서 도망치는 것이 아니라 하나님께로 달려갈 수 있다.

이것은 우리 모두의 모습이다. 우리는 다 실패자다. 인정하라, 그것이 우리 신상에 좋을 것이다. 어떤 사람의 삶에서든 우리가 실패자라는 경험적 증거가 나오지 않는 날은 단 하루도 없다. 그 증거란 불친절한 말 한마디일 수도 있고, 추악한 생각일 수도 있고, 경건치 못한 욕망일 수도 있다. 짧은 순간의 이기적 시기심, 혹은 고삐 풀린 탐심일 수도 있다. 내가 관심의 중심이 되어야 한다거나 혹은 하나님의 영광을 좀 슬쩍해야 한다는 한 순간의 교만일 수도 있다. 어쩌면 그 증거는 폭음하고 폭식하는 행위나 정욕의 욕구 가운데 있을지도 모른다. 우리 마음이 냉랭해져서 가난한 사람이나 고통 중에 있는 사람에게 동정심을 보이지 않는 경우가 그런 증거일 수도 있다. 타인의 미모나 힘을 질투할 때 그 증거가 저절로 모습을 나타낼 수도 있다. 현세의 어떤 우상 앞에 우리 마음을 또 내어 줄 때 그 증거가 드러날 수도 있다. 내 것으로 삼아서는 안 되는 것을 내 것으로 취하거나 베풀라고 명령받은 것을 베풀지 못할 때 어쩌면 그 증거가 나타난다. 여하튼 우리 모두는 어떤 식으로든 날마다 이렇게 행동한다. 우리는 하나님의 의의 기준에 미치지 못한다. 하나님께서 우리를 창조하실 때 구상하시고 명령하신 그 모습에 우리는 다 미치지 못한다.

자, 이렇게 실패에 직면할 때(겸손하고 정직한 사람이라면 그럴 수밖에 없을 것이다) 우리에게는 세 가지 선택밖에 없다. 첫째로, 사실은 괜찮지 않은데 괜찮다고 자기 자신을 설득하려 애쓰면서 증거를 부인하는 자가 될 수 있다. 자신의 의에 대해 그럴 듯한 찬성론을 펼쳐 양심을 홀가분하게 함으로써 자신을 위로할 수 있다. 둘째로, 실패 앞에서 죄책감과 수치심에 빠져들어, 더 잘 하지 못한 것에 대해 자책하고 하나님과 사람들 앞에서 자신의 실패를 숨기려고 애쓸 수 있다. 셋째로, 잘못을 깨우침에 따라 마음 상해하고 슬퍼하면서, 하나님에게서 멀리 도망치는 게 아니라 하나님께 달려갈 수 있다. 하나님의 거룩한 임재의 빛 속으로 아무 두려움 없이 달려갈 수 있다. 비록 하나님은 의로우시고 나는 의롭지 않지만, 하나님께서 나를 돌려보내시지 않으리라는 자신감으로 가득해서 말이다. 내가 이렇게 할 수 있음은, 내가 하나님과 한 편이 되는 것이 절대 나의 의로운 행위에 근거하지 않고 내 구주님의 완전한 순종에 바탕을 두기 때문이다. 내가 구주 안에 있기 때문에 하나님께서는 나를 의롭다 여겨 주시고, 그리하여 나를 언제까지나 영원히 하나님의 거룩한 임재 안으로 받아들여 주신다.

그렇다, 나는 거룩한 삶을 살라고 부름 받았다. 하지만 내 삶의 방식은 내가 하나님과 한편이 되는 근거가 아니었고 앞으로도 절대 그럴 수 없을 것이다. 징벌이 아니라 은혜를 받으리라는 것을 알고 나는 하나님의 발 앞에 엎드려 죄를 고백할 수 있다. 의로우신 예수님께서 내가 받아야 할 벌을 남김없이 다 받으사 내가 그 벌을 감당할 일이 전혀 없도록 하셨기 때문이다. 에베소서 3장 12절은 그리스도 안에서 우리가 그분을 믿는 믿음으로 말미암아 담대함과 확신을 가질 수 있다고 일깨워 준다. 그러므로 오늘 또 실패할 때 어디로 달려가겠는가?

더 깊이 묵상하고 격려를 얻으려면 히브리서 4장 14-16절을 읽으라.

~

¹⁴ 그러므로 우리에게 큰 대제사장이 계시니 승천하신 이 곧 하나님의 아들 예수시라 우리가 믿는 도리를 굳게 잡을지어다 ¹⁵ 우리에게 있는 대제사장은 우리의 연약함을 동정하지 못하실 이가 아니요 모든 일에 우리와 똑같이 시험을 받으신 이로되 죄는 없으시니라 ¹⁶ 그러므로 우리는 긍휼하심을 받고 때를 따라 돕는 은혜를 얻기 위하여 은혜의 보좌 앞에 담대히 나아갈 것이니라 / 히 4:14-16

7

**문제는 마음이다. 사람들, 장소, 상황 때문에 죄를 짓지는 않는다.
사람이나 장소, 상황은 내 마음의 죄가 드러나는 곳일 뿐이다.**

어떤 아이에게 왜 여동생을 때렸느냐고 물어 보면, 마음속에 있는 죄 때문에 그랬다고 대답하지는 않을 것이다. 그렇다, 아이는 "동생이 나를 귀찮게 해서 그랬어요"라고 할 것이다. 중학생 자녀에게 어제 왜 집에 늦게 왔느냐고 물어 보면, 자기에게 책임이 있는 이유를 대지는 않을 것이다. 교통사고가 나서 도로가 막혔다느니, 전철을 오래 기다렸다느니, 수도관이 터져서 늘 다니던 길에 홍수가 났다느니 하면서 장황하게 이유를 설명할 것이다. 아버지에게 왜 늘 그렇게 화가 나 있느냐고 물으면, 마음속의 이기심과 조급함 때문에 그렇다고 대답하지는 않을 것이다. 그렇다, 아버지는 자녀들 때문에 그렇다고 말할 것이다. 자녀들 때문에 미칠 지경이라고 말이다. 미혼의 여성에게 왜 그리 우울하고 못마땅한 얼굴이냐고 물으면, 마음속에 자리잡은 질투심 때문에 그렇다고 대답하지 않을 것이다. 사는 게 늘 힘들다고 말할 것이다. 노인에게 왜 그리 인색하냐고 물으면, 마음을 사로잡고 있는 원한 때문에 그렇다고 대답하지 않을 것이다. 자기가 받아 마땅하다고 생각하는 것을 평생 제대로 받아 누리지 못했다는 이야기만 늘어놓을 것이다. 때로 나는 이것이 누구도 믿지 않는 성경적 진리 한 가지가 아닐까 하는 생각을 한다.

무언가 잘못을 저지를 때 우리는 다 자기 외부에서 원인을 찾는 경향이 있다.

"이런 교통 체증 때문에 너무 화가 나", "그 여자가 나를 아주 열 받게 해", "사장 때문에 내가 아주 밑바닥을 보이게 된다니까."

이는 일상 차원의 간편한 이단 신앙이다. 내 삶의 가장 큰 문제점이 나의 내면이 아니라 나의 외부에 있다고 생각하면 기분은 좋다. 그러나 문제는 그게 사실이 아니라는 것이다.

산상설교에서 예수님은 스스로 죄를 속하는(self-atoning) 관점에서 인간의 행실을 보는 행태를 철저히 무너뜨리셨다. "옛 사람에게 말한 바 살인하지 말라… 하였다는 것을 너희가 들었으나 나는 너희에게 이르노니 형제에게 노하는 자마다 심판을 받게 되고… 또 간음하지 말라 하였다는 것을 너희가 들었으나 나는 너희에게 이르노니 음욕을 품고 여자를 보는 자마다 마음에 이미 간음하였느니라"(마 5:21-22, 27-28).

죄는 행실의 문제이기에 앞서 마음의 일이다. 이는 너나 할 것 없이 인생 최대의 문제점이 자기 외부가 아니라 자기 안에 있다는 뜻이다. 나를 내 외부의 악과 연결시키는 것은 내 내면의 악이다. 그러므로 나는 나 자신이야말로 나의 최대 문제점이라고 고백해야 한다. 이렇게 고백한다는 것은 곧 사람들과 장소와 상황에서 벗어날 필요는 그다지 크지 않다고 말하는 것이다. 그보다는 은혜가 절박하게 필요하며, 은혜만이 나 자신에게서 나를 건져낼 수 있다. 나는 어떤 상황이나 인간관계에서는 벗어날 수 있지만, 나 자신에게서 벗어날 능력은 없다.

이것이 바로 시편 51편에서 다윗이 자기 안에 정한 마음을 창조해 달라고 하나님께 기도한 이유다. 하나님의 은혜는 마음을 위한 은혜이며, 이는 아주 좋은 소식이다.

더 깊이 묵상하고 격려를 얻으려면 야고보서 4장 1-10절을 읽으라.

~

¹ 너희 중에 싸움이 어디로부터 다툼이 어디로부터 나느냐 너희 지체 중에서 싸우는 정욕으로부터 나는 것이 아니냐 ² 너희는 욕심을 내어도 얻지 못하여 살인하며 시기하여도 능히 취하지 못하므로 다투고 싸우는도다 너희가 얻지 못함은 구하지 아니하기 때문이요 ³ 구하여도 받지 못함은 정욕으로 쓰려고 잘못 구하기 때문이라 ⁴ 간음한 여인들아 세상과 벗된 것이 하나님과 원수 됨을 알지 못하느냐 그런즉 누구든지 세상과 벗이 되고자 하는 자는 스스로 하나님과 원수 되는 것이니라 ⁵ 너희는 하나님이 우리 속에 거하게 하신 성령이 시기하기까지 사모한다 하신 말씀을 헛된 줄로 생각하느냐 ⁶ 그러나 더욱 큰 은혜를 주시나니 그러므로 일렀으되 하나님이 교만한 자를 물리치시고 겸손한 자에게 은혜를 주신다 하였느니라 ⁷ 그런즉 너희는 하나님께 복종할지어다 마귀를 대적하라 그리하면 너희를 피하리라 ⁸ 하나님을 가까이하라 그리하면 너희를 가까이하시리라 죄인들아 손을 깨끗이 하라 두 마음을 품은 자들아 마음을 성결하게 하라 ⁹ 슬퍼하며 애통하며 울지어다 너희 웃음을 애통으로, 너희 즐거움을 근심으로 바꿀지어다 ¹⁰ 주 앞에서 낮추라 그리하면 주께서 너희를 높이시리라 / 약 4:1-10

8

맞다, 우리 삶은 엉망이고 힘들다.
하지만 그렇다고 해서 계획이 실패하지는 않았다. 그것이 원래 계획이다.
이는 내 안에서 시작하신 일을 완성하시려는 하나님의 역사다.

　이는 우리가 은혜에 관해 생각하는 통상적인 방식과는 아주 많이 다르다. 우리는 하나님의 사랑에 관해 이런 방식으로는 생각하지 않는 경향이 있다. 우리가 보기에 이는 지혜롭고 바람직하지 않다. 이는 하나님의 신실함과 사랑에 의문을 갖게 만든다. 우리가 생각하기에, 예수 그리스도를 믿기로 했을 당시 우리는 이 방식에 동의한다고 서명하지 않았다. 이는 바람직한 삶이 무엇인가에 관한 전형적인 정의가 아니며, 그래서 이따금 하나님이 무관심하신 것은 아닌지, 나쁜 놈들이 이기고 있는 것은 아닌지 하는 생각이 들게 만든다.
　나는 하나님의 자녀이므로 내 삶은 더 편안하고 더 예측가능하고 분명히 더 안락해야 한다고 생각하고 싶은 마음이 든다. 하지만 성경은 그렇게 가르치지 않는다. 오히려 성경은 힘든 싸움이 나를 위한 하나님의 계획의 한 부분임을 보여 준다. 이 말은, 하나님의 자녀라면 자신이 지금 겪고 있는 힘든 일이 하나님의 성품이나 약속, 능력, 혹은 계획의 실패는 아닐까 하는 생각을 스스로에게 허용해서는 안 된다는 뜻이다. 하나님께서 나에게 등을 돌리셨다는 생각을 스스로에게 허용해서는 안 된다. 하나님이 내 생각만큼 신뢰할 만한 분이 아닐 가능성을 믿기 시작해서는 안 된다. 이런 생각을 한 가지라도 해서는 안 된다. 왜냐하면, 하나님의 선함을 의심하기 시작하면, 이제 하나님께 가서 도움을 청하지 않게 되기 때문이다. 알다시피, 우리는 의심이 드는 사람에게 달려가 도움을 구하지는 않는다.

하나님께서 나를 선택하사 이 타락한 세상에 살게 하심은 이 세상의 난관을 활용해 내 안에서 시작하신 일을 계속해 나가 완성할 계획이시기 때문이다. 이는 그 난관의 순간들이 하나님의 계획을 가로막는 일이거나 하나님의 계획의 실패가 아니라 오히려 그 계획의 한 부분이라는 뜻이다. 하나님의 은혜를 부르짖어서 은혜를 받기는 받았는데 내가 원하던 은혜가 아닌 적이 있을 것이다. 우리는 안도감이나 해방의 은혜를 원한다. 그래서 그런 안도감이나 해방을 작은 조각들로 경험하지만 대부분은 아직 주어지지 않았다. 사실 우리 모두에게 지금 당장 필요한 것은 변화의 은혜다. 하나님의 은혜가 언제나 유쾌하지는 않다. 내가 조종간을 잡는다면 절대 선택하지 않았을 그런 어떤 것의 형태로 은혜가 임할 때가 종종 있다.

우리는 이 불편한 은혜의 신학을 서로에게 가르치고 서로 힘을 북돋울 필요가 있다. 이생에서 하나님의 은혜는 흔히 불편한 형태로 우리에게 임하기 때문이다. 그 은혜는 여러분이나 내가 원하지 않는 은혜일 수는 있으나 정확히 우리에게 꼭 필요한 은혜다. 하나님은 성실하시다. 나의 현주소인 이 부서지고 망가진 세상을 이용해 자신이 시작하신 인격적 변화의 사역을 사랑으로 완성하실 것이다. 그게 바로 은혜다!

더 깊이 묵상하고 격려를 얻으려면 시편 66편을 읽으라.

¹ 온 땅이여 하나님께 즐거운 소리를 낼지어다 ² 그의 이름의 영광을 찬양하고 영화롭게 찬송할지어다 ³ 하나님께 아뢰기를 주의 일이 어찌 그리 엄위하신지요 주의 큰 권능으로 말미암아 주의 원수가 주께 복종할 것이며 ⁴ 온 땅이 주께 경배하고 주를 노래하며 주의 이름을 노래하리이다 할지어다 (셀라) ⁵ 와서 하나님께서 행하신 것을 보라 사람의 아들들에게 행하심이 엄위하시도다 ⁶ 하나님이 바다를 변하여 육지가 되게 하셨으므로 무리가 걸어서 강을 건너고 우리가 거기서 주로 말미암아 기뻐하였도다 ⁷ 그가 그의 능력으로 영원히 다스리시며 그의 눈으로 나라들을 살피시나니 거역하는 자들은 교만하지 말지어다 (셀라) ⁸ 만민들아 우리 하나님을 송축하며 그의 찬양 소리를 들리게 할지어다 ⁹ 그는 우리 영혼을 살려 두시고 우리의 실족함을 허락하지 아니하시는 주시로다 ¹⁰ 하나님이여 주께서 우리를 시험하시되 우리를 단련하시기를 은을 단련함 같이 하셨으며 ¹¹ 우리를 끌어 그물에 걸리게 하시며 어려운 짐을 우리 허리에 매어 두셨으며 ¹² 사람들이 우리 머리를 타고 가게 하셨나이다 우리가 불과 물을 통과하였더니 주께서 우리를 끌어내사 풍부한 곳에 들이셨나이다 ¹³ 내가 번제물을 가지고 주의 집에 들어가서 나의 서원을 주께 갚으리니 ¹⁴ 이는 내 입술이 낸 것이요 내 환난 때에 내 입이 말한 것이니이다 ¹⁵ 내가 숫양의 향기와 함께 살진 것으로 주께 번제를 드리며 수소와 염소를 드리리이다 (셀라) ¹⁶ 하나님을 두려워하는 너희들아 다 와서 들으라 하나님이 나의 영혼을 위하여 행하신 일을 내가 선포하리로다 ¹⁷ 내가 나의 입으로 그에게 부르짖으며 나의 혀로 높이 찬송하였도다 ¹⁸ 내가 나의 마음에 죄악을 품었더라면 주께서 듣지 아니하시리라 ¹⁹ 그러나 하나님이 실로 들으셨음이여 내 기도 소리에 귀를 기울이셨도다 ²⁰ 하나님을 찬송하리로다 그가 내 기도를 물리치지 아니하시고 그의 인자하심을 내게서 거두지도 아니하셨도다 / **시 66:1-20**

9

하나님께서 우리에게 물으신다. "어찌하여 양식이 아닌 것을 위하여 은을 달아 주며 배부르게 하지 못할 것을 위하여 수고하느냐?" 슬프게도 많은 이가 날이면 날마다 그렇게 하고 있다.

이 또한 우리 모두가 쉬이 저지르는 또 한 가지 잘못이다. 우리는 완전히 엉뚱한 데 가서 생명을 구하는 경향이 있다. 사실은 수직적 차원에서만 생명을 발견할 수 있는데 수평적 차원에서 생명을 찾으려 하는 경향이 있다. 방법은 조금씩 달라도 여하튼 우리는 창조 세상이 우리에게 생명을 주기를 기대하는 경향이 있다.

우리는 모두 "만약 ~하기만 하다면"의 개인적 목록을 가지고 다닌다. "결혼만 했다면 행복할 텐데." "저 일을 낚아챌 수만 있다면 만족할 텐데." "우리가 저 집을 살 수만 있다면 원이 없겠어요." "결혼생활이 조금 나아지기만 한다면 만사 오케이일 텐데." "우리 아이들이 잘 커주기만 한다면 족하겠어요." "＿＿＿을 이룰 수만 있다면, 더는 원하는 게 없을 겁니다." "형편이 조금 안정되기만 한다면 더는 불평 안 할 텐데요."

"~이기만 하다면"이라는 말의 이면에 무엇이 자리 잡고 있든, 거기서 우리가 구하는 것은 결국 생명·평안·기쁨·소망 그리고 지속적인 마음의 만족이다. 문제는, 결코 나를 충족시키지 못할 것에 자꾸 돈을 쓰고, 나를 절대 만족시키지 못할 것을 얻으려고 너무 열심히 애쓴다는 점이다. 이는 나를 비만하게 만들고, 중독자로 만들고, 빚더미에 앉게 만들 뿐, 여전히 마음은 충족시키지 못하는 중대하고 비참한 영적 혼란이다. 왜 그런가? 땅은 결코 나의 구주일 수 없기 때문이다. 물질적인 이 창조 세계는 그 모든 풍경과 소리와 장소와 경험과 관계에도 불구하고 우리 마음을 만족시킬 능력이 없다. 이 물질 세계는 하나님께서 내 마음이 만족과 안식을 얻을 수 있는 유일한 장소를 가리키는 커다란 손가락으로 구상하셨다. 내 마음은 하나님 안에서, 오직 하나님 안에서 안식을 찾을 때에만 안식할 수 있다.

그래서 예수님께서는 말씀하신다. "너희 소유를 팔아 구제하여 낡아지지 아니하는 배낭을 만들라 곧 하늘에 둔 바 다함이 없는 보물이니 거기는 도둑도 가까이 하는 일이 없고 좀도 먹는 일이 없느니라"(눅 12:33). 오늘 무엇에다 내 마음을 걸어놓고 그것이 나에게 생명을 주기를 바랄 것인가? 어디에서 마음의 평안과 안식을 구할 것인가? 어디로 가서 삶을 계속 이어나갈 소망과 용기와 이유를 찾겠는가? 창조 세상 어디에서 오직 창조주만이 주실 수 있는 것을 기대하겠는가? 내 영적 배를 채워 주지도 못할 어떤 빵을 오늘 또 살 것인가?

피조물을 미친 듯이 찾아다니면서 그리스도 안에서 이미 주어진 것을 또 달라고 할 이유가 무엇인가? 예수님께서 내 구주로 오사 내게 필요한 모든 것을 은혜로써 마련해 주셨는데, 왜 이 망가진 세상을 향해 내 구주가 되어 주기를 청하겠는가?

더 깊이 묵상하고 격려를 얻으려면 이사야 55장을 읽으라.

~

[1] 오호라 너희 모든 목마른 자들아 물로 나아오라 돈 없는 자도 오라 너희는 와서 사 먹되 돈 없이, 값 없이 와서 포도주와 젖을 사라 [2] 너희가 어찌하여 양식이 아닌 것을 위하여 은을 달아 주며 배부르게 하지 못할 것을 위하여 수고하느냐 내게 듣고 들을지

어다 그리하면 너희가 좋은 것을 먹을 것이며 너희 자신들이 기름진 것으로 즐거움을 얻으리라 ³ 너희는 귀를 기울이고 내게로 나아와 들으라 그리하면 너희의 영혼이 살리라 내가 너희를 위하여 영원한 언약을 맺으리니 곧 다윗에게 허락한 확실한 은혜이니라 ⁴ 보라 내가 그를 만민에게 증인으로 세웠고 만민의 인도자와 명령자로 삼았나니 ⁵ 보라 네가 알지 못하는 나라를 네가 부를 것이며 너를 알지 못하는 나라가 네게로 달려올 것은 여호와 네 하나님 곧 이스라엘의 거룩하신 이로 말미암음이니라 이는 그가 너를 영화롭게 하였느니라 ⁶ 너희는 여호와를 만날 만한 때에 찾으라 가까이 계실 때에 그를 부르라 ⁷ 악인은 그의 길을, 불의한 자는 그의 생각을 버리고 여호와께로 돌아오라 그리하면 그가 긍휼히 여기시리라 우리 하나님께로 돌아오라 그가 너그럽게 용서하시리라 ⁸ 이는 내 생각이 너희의 생각과 다르며 내 길은 너희의 길과 다름이니라 여호와의 말씀이니라 ⁹ 이는 하늘이 땅보다 높음 같이 내 길은 너희의 길보다 높으며 내 생각은 너희의 생각보다 높음이니라 ¹⁰ 이는 비와 눈이 하늘로부터 내려서 그리로 되돌아가지 아니하고 땅을 적셔서 소출이 나게 하며 싹이 나게 하여 파종하는 자에게는 종자를 주며 먹는 자에게는 양식을 줌과 같이 ¹¹ 내 입에서 나가는 말도 이와 같이 헛되이 내게로 되돌아오지 아니하고 나의 기뻐하는 뜻을 이루며 내가 보낸 일에 형통함이니라 ¹² 너희는 기쁨으로 나아가며 평안히 인도함을 받을 것이요 산들과 언덕들이 너희 앞에서 노래를 발하고 들의 모든 나무가 손뼉을 칠 것이며 ¹³ 잣나무는 가시나무를 대신하여 나며 화석류는 찔레를 대신하여 날 것이라 이것이 여호와의 기념이 되며 영영한 표징이 되어 끊어지지 아니하리라 / 사 55:1-13

10

내 외부의 일은, 아무리 골치 아픈 일이라 해도
내 내면의 혼란만큼 위험하지 않으며,
나에게 예수님의 은혜가 있음은 바로 그래서다.

예수님의 말씀을 들어 보자.

무리를 다시 불러 이르시되 너희는 다 내 말을 듣고 깨달으라 무엇이든지 밖에서 사람에게로 들어가는 것은 능히 사람을 더럽게 하지 못하되 사람 안에서 나오는 것이 사람을 더럽게 하는 것이니라 하시고 무리를 떠나 집으로 들어가시니 제자들이 그 비유를 묻자온대 예수께서 이르시되 너희도 이렇게 깨달음이 없느냐 무엇이든지 밖에서 들어가는 것이 능히 사람을 더럽게 하지 못함을 알지 못하느냐 이는 마음으로 들어가지 아니하고 배로 들어가 뒤로 나감이라 이러므로 모든 음식물을 깨끗하다 하시니라 또 이르시되 사람에게서 나오는 그것이 사람을 더럽게 하느니라 속에서 곧 사람의 마음에서 나오는 것은 악한 생각 곧 음란과 도둑질과 살인과 간음과 탐욕과 악독과 속임과 음탕과 질투와 비방과 교만과 우매함이니 이 모든 악한 것이 다 속에서 나와서 사람을 더럽게 하느니라(막 7:14-23).

예수님께서는 매우 강력한 주장을 하고 계신다. 죄악 된 사람이나 장소 혹은 경험을 멀리하는 것으로써는 죄의 참화를 물리칠 수 없다. 이는 아주 바람직한 행동일 수는 있으나, 이런 방식으로는 죄 문제를 절대 근절할 수 없다. 죄가 겉으로 발현되는 현상을 멀리함으로써 죄를 물리칠 수 있다면, 예수님께서 오실 필요가 없었을 것이다. 보라, 우리는 중세의 수도사가 아니다. 수도사들은 죄 된 세상을 멀리하고 높고 두꺼운 담장 뒤로 자신을 고립시키는 것이 죄를 물리치는 길이라고 생각했다. 우리가 알기로 그 수도사들은 자신들이 벗어나고자 했던 그 세상에 존재하는 모든 악을 되풀이했다. 수도원의 큰 실책이 무엇인지 아는가? 대답은 간단하다. 수도원은 사람들을 수도원 안으로 들였다. 수도원 담장 안으로 들어올 때 사람들은 죄 된 마음도 함께 가지고 들어왔고, 그 때문에 이들은 자신이 피하고자 하던 그 모든 일들을 수도원 담장 안에서 재현했다.

위의 말씀에서, 예수님께서는 우리 각 사람에게 가장 큰 위험은 우리 외부에 잠복한 죄가 아니라 우리 마음에 여전히 거하고 있는 불법임을 겸손히 인정하라고 말씀하신다. 일단 이를 인정하면, 예수 그리스도 안에 있는 하나님의 은혜에 관해 흥분하기 시작한다. 나의 가장 큰 문제가 내 외부에 있다면 사실 은혜가 필요하지 않으며, 그냥 상황이나 관계에 변화를 주면 된다. 자칭 그리스도인 중에 은혜에 관해 흥분하지 않는 이들이 왜 그렇게 많은지 나는 알고 있다. 내 환경이 문제라고 생각한다면 은혜를 존중하지 않을 테지만, 나 자신이 나의 최대 문제임을 일단 인정하면 나를 나에게서 구제하는 은혜를 찬미하게 될 것이다.

더 깊이 묵상하고 격려를 얻으려면 로마서 3장 21-31절을 읽으라.

²¹ 이제는 율법 외에 하나님의 한 의가 나타났으니 율법과 선지자들에게 증거를 받은 것이라 ²² 곧 예수 그리스도를 믿음으로 말미암아 모든 믿는 자에게 미치는 하나님의 의니 차별이 없느니라 ²³ 모든 사람이 죄를 범하였으매 하나님의 영광에 이르지 못하더니 ²⁴ 그리스도 예수 안에 있는 속량으로 말미암아 하나님의 은혜로 값 없이 의롭다 하심을 얻은 자 되었느니라 ²⁵ 이 예수를 하나님이 그의 피로써 믿음으로 말미암는 화목제물로 세우셨으니 이는 하나님께서 길이 참으시는 중에 전에 지은 죄를 간과하심으로 자기의 의로우심을 나타내려 하심이니 ²⁶ 곧 이 때에 자기의 의로우심을 나타내사 자기도 의로우시며 또한 예수 믿는 자를 의롭다 하려 하심이라 ²⁷ 그런즉 자랑할 데가 어디냐 있을 수가 없느니라 무슨 법으로냐 행위로냐 아니라 오직 믿음의 법으로니라 ²⁸ 그러므로 사람이 의롭다 하심을 얻는 것은 율법의 행위에 있지 않고 믿음으로 되는 줄 우리가 인정하노라 ²⁹ 하나님은 다만 유대인의 하나님이시냐 또한 이방인의 하나님은 아니시냐 진실로 이방인의 하나님도 되시느니라 ³⁰ 할례자도 믿음으로 말미암아 또한 무할례자도 믿음으로 말미암아 의롭다 하실 하나님은 한 분이시니라 ³¹ 그런즉 우리가 믿음으로 말미암아 율법을 파기하느냐 그럴 수 없느니라 도리어 율법을 굳게 세우느니라 / 롬 3:21-31

11

**물론 나는 이생에서는 완성되지 않았다.
이는 내가 앞으로 임할 세상을 위해 계획된 존재라는 신호다.**

이는 우리가 믿는 신학 개요의 한 항목이다. 그런데 사실 우리는 이 항목을 믿는 것처럼 살지 않는다. 지금 여기 존재하는 것이 전부가 아님을 믿는다고 우리는 모두 말한다. 이생이 끝난 후 내세가 있음을 정말로 믿는다고 말한다. 우리의 공식 신학에는 새 하늘과 새 땅이 임한다는 사실이 포함되어 있다. 하지만 우리는 내게 있는 것이 이 순간뿐이라고 믿을 때에 생기는 불안이나 강박과 더불어 사는 경향이 있다.

실생활의, 통속적 수준의 쟁점은 이것이다. 즉, 앞으로 임할 낙원에 마음의 시선을 고정시키지 않으면, 절대 낙원일 수 없는 이 보잘것없는 타락한 세상을 낙원으로 삼으려 한다는 것이다.

살아 있는 모든 사람의 마음에는 낙원에 대한 갈망이 있다. 아장아장 걷다가 방금 넘어진 아기의 울음은 낙원을 찾는 울음이다. 놀이에서 왕따를 당한 초등학생의 눈물은 낙원을 향해 손을 내미는 아이의 눈물이다. 친구나 가족이 없는 사람이 느끼는 외로움의 고통은 낙원을 갈망하는 사람의 고통이다. 결혼 생활이 와해된 부부가 느끼는 아픔은 낙원을 부르짖는 사람들의 아픔이다. 노인이 몸이 약해짐에 따라 느끼는 서글픔은 낙원을 갈망하는 사람의 서글픔이다. 설령 의식하지 못할지라도 우리 모두에게는 다 이런 갈망이 있다. 왜냐하면 우리의 창조주께서 우리에게 이 갈망을 심어 주셨기 때문이다. 창조주께서는 우리 각 사람에게 영원을 사모하는 마음을 주셨다(전 3:11). 우리의 부르짖음은 고통의 부르짖음 그 이상이다. 이는 우리가 이 타락한 세상에서 겪을 일보다 더 좋고 더 많은 것을 갈망하는 부르짖음이다.

이 점을 잊으면, 절대 낙원이 될 수 없는 이 순간을 낙원으로 만들려 몹시 애쓰게 된다. 결혼 생활이 낙원일 수 없다. 직장이 내가 갈망하는 낙원일 수 없다. 우정도 내 마음이 갈구하는 낙원일 수 없다. 나를 에워싼 세상은 낙원 같은 역할을 하지 못한다. 자녀가 나에게 낙원을 안겨 주지 못한다. 교회도 낙원의 기준에는 미치지 못한다. 내가 하나님의 자녀인 한, 나에게는 낙원이 보장되어 있지만, 그 낙원이 바로 지금 바로 이곳은 아니다. 지금 나를 실망시키는 모든 일은 이생이 전부가 아님을 나에게 상기시키고 앞으로 임할 낙원을 갈망하게 만들기 위함이다. 내가 죽는 꿈은 이생이 낙원이 아님을 일깨워 준다. 시든 꽃도 이 땅이 낙원이 아님을 상기시킨다. 나를 사로잡는 죄도 이 땅이 낙원이 아님을 나에게 일깨워 줄 것이다. 내가 감염된 질병 또한 이생이 낙원이 아님을 상기시킨다. 낙원은 확실히 임하므로, 절대 낙원일 수 없는 이 타락한 세상을 향해 낙원이 되어 달라고 청하기를 그만두고, 소망 가운데 살라.

더 깊이 묵상하고 격려를 얻으려면 고린도전서 4장을 읽으라.

~

1 사람이 마땅히 우리를 그리스도의 일꾼이요 하나님의 비밀을 맡은 자로 여길지어다 2 그리고 맡은 자들에게 구할 것은 충성이니라 3 너희에게나 다른 사람에게나 판단 받는 것이 내게는 매우 작은 일이라 나도 나를 판단하지 아니하노니 4 내가 자책할 아무 것도 깨닫지 못하나 이로 말미암아 의롭다 함을 얻지 못하노라 다만 나를 심판하실 이

는 주시니라 5 그러므로 때가 이르기 전 곧 주께서 오시기까지 아무 것도 판단하지 말라 그가 어둠에 감추인 것들을 드러내고 마음의 뜻을 나타내시리니 그 때에 각 사람에게 하나님으로부터 칭찬이 있으리라 6 형제들아 내가 너희를 위하여 이 일에 나와 아볼로를 들어서 본을 보였으니 이는 너희로 하여금 기록된 말씀 밖으로 넘어가지 말라 한 것을 우리에게서 배워 서로 대적하여 교만한 마음을 가지지 말게 하려 함이라 7 누가 너를 남달리 구별하였느냐 네게 있는 것 중에 받지 아니한 것이 무엇이냐 네가 받았은즉 어찌하여 받지 아니한 것 같이 자랑하느냐 8 너희가 이미 배 부르며 이미 풍성하며 우리 없이도 왕이 되었도다 우리가 너희와 함께 왕 노릇 하기 위하여 참으로 너희가 왕이 되기를 원하노라 9 내가 생각하건대 하나님이 사도인 우리를 죽이기로 작정된 자 같이 끄트머리에 두셨으매 우리는 세계 곧 천사와 사람에게 구경거리가 되었노라 10 우리는 그리스도 때문에 어리석으나 너희는 그리스도 안에서 지혜롭고 우리는 약하나 너희는 강하고 너희는 존귀하나 우리는 비천하여 11 바로 이 시각까지 우리가 주리고 목마르며 헐벗고 매맞으며 정처가 없고 12 또 수고하여 친히 손으로 일을 하며 모욕을 당한즉 축복하고 박해를 받은즉 참으며 13 비방을 받은즉 권면하니 우리가 지금까지 세상의 더러운 것과 만물의 찌꺼기 같이 되었도다 14 내가 너희를 부끄럽게 하려고 이것을 쓰는 것이 아니라 오직 너희를 내 사랑하는 자녀 같이 권하려 하는 것이라 15 그리스도 안에서 일만 스승이 있으되 아버지는 많지 아니하니 그리스도 예수 안에서 내가 복음으로써 너희를 낳았음이라 16 그러므로 내가 너희에게 권하노니 너희는 나를 본받는 자가 되라 17 이로 말미암아 내가 주 안에서 내 사랑하고 신실한 아들 디모데를 너희에게 보내었으니 그가 너희로 하여금 그리스도 예수 안에서 나의 행사 곧 내가 각처 각 교회에서 가르치는 것을 생각나게 하리라 18 어떤 이들은 내가 너희에게 나아가지 아니할 것 같이 스스로 교만하여졌으나 19 주께서 허락하시면 내가 너희에게 속히 나아가서 교만한 자들의 말이 아니라 오직 그 능력을 알아보겠으니 20 하나님의 나라는 말에 있지 아니하고 오직 능력에 있음이라 21 너희가 무엇을 원하느냐 내가 매를 가지고 너희에게 나아가랴 사랑과 온유한 마음으로 나아가랴 / **고전 4:1-21**

12

**내가 사는 세상의 난국을 저주하기보다 그 세상의 타락상을 애통해 한다면,
은혜가 나에게 임한 것이다.**

끔찍하게 망가진 이 세상에서의 삶은 힘들다. 하나님께서 원래 뜻하신 대로 작동하지 않는 이 세상에 대한 좌절감을 계속 처리해야 한다. 예기치 못한 일을 끊임없이 마주해야 한다. 내가 선택하지는 않았지만 내가 살고 있는 장소 때문에 겪어야 하는 어떤 일을 거의 매일 처리해야 한다. 바로 여기, 바로 지금의 삶은 무너져 내리기 시작한 엉망진창의 집에서 사는 것과 비슷하다. 집은 집이지만 원래 집이 해야 할 기능은 하지 못한다. 문은 늘 닫혀 있다. 배관은 제대로 동작할 때보다 고장 나 있을 때가 더 많다. 가전제품 플러그를 콘센트에 꽂을 때마다 어떤 일이 벌어질지 알 수 없어 불안하고, 지붕에서는 비가 오지 않을 때도 물이 샌다. 여러분과 내가 사는 세상도 이와 같다. 세상은 정말 망가진 집이다.

자, 우리 삶의 모든 국면을 복잡하게 만드는 그 망가짐에 대해 우리가 보일 수 있는 반응은 두 가지뿐이다. 저주하든지 애통해 하든지. 우리 솔직해지자. 저주가 비교적 더 자연스러운 반응이다. 우리는 흠 많은 사람들을 대해야 한다는 사실을 저주한다. 우리는 제대로 작동하지 않는 일들을 처리해야 한다는 사실을 저주한다. 우리는 오염과 질병 문제를 해결해야 한다는 사실을 저주한다. 우리는 약속이 깨지고, 관계가 산산

조각 나고, 꿈이 사라진다는 사실을 저주한다. 우리는 고통과 고난의 현실을 저주한다. 우리는 이 무너진 세상이 내가 사는 현주소로 할당되었다는 사실을 저주한다. 이 모든 사실들이 우리를 짜증나게 하고, 초조하게 만들고, 분하게 만들고, 화나게 하고, 불만족하게 만든다. 그렇다, 우리는 당연히 이런 일들을 좋아하지 않는다.

이런 현실에 좌절을 느끼는 것이 당연하다. 바울이 로마서 8장에서 말하는 것처럼, 온 세상이 구속을 기다리며 탄식하기 때문이다. 하지만 저주는 잘못된 반응이다. 해결해야 할 문제를 앞에 두고 이를 저주하는 것은 이 일이 내가 바라는 것과 달리 내 삶을 힘들게 만들기 때문이다. 저주란 결국 나의 위로, 나의 즐거움, 나의 편안함에 관한 문제다. 저주는 근본적으로 자기중심적이다. 반면 애통해 하기는 타락의 비극을 포용한다. 애통해 하기는 세상이 하나님께서 원래 의도하신 모습이 아니라는 사실을 인정한다. 애통해 하기는 속량하시고 회복시키시는 하나님의 손길을 부르짖는다. 애통해 하기는 타인의 고난을 인정한다. 애통해 하기는 결국 삶이 힘들다는 사실보다 더 큰 어떤 것에 관한 일이다. 애통해 하기는 죄가 우주에 저지른 일을 슬퍼하고 구속주께서 오셔서 자신의 망가진 세상을 다시 새롭게 해 주시기를 갈망한다. 따라서 애통해 하기는 은혜가 유발시키는 반응이다.

이 세상에서 저주는 나의 나라의 기본 언어이고, 애통해 하기는 하나님 나라의 기본 언어다. 오늘 나는 어떤 언어를 말할 것인가?

더 깊이 묵상하고 격려를 얻으려면 창세기 1-3장을 읽으라.

   GOODTV 개역개정성경
창세기 1-3장 오디오클립으로
연결됩니다.

13

내가 사는 세상이 제대로 관리되고 있는지 염려하지 않아도 된다.
하나님께서 다스리신다. 우리는 그저 하나님의 다스림이 분명해 보이지 않을 때에도
그분을 신뢰하는 법을 배우기만 하면 된다.

사방을 찾아보았다. 높은 곳, 낮은 곳을 다 뒤졌다. 서랍, 장롱, 벽장 등 뒤집어엎지 않은 곳이 없었다. 혹시 차에다 두고 내리지 않았나 해서 차고에 두 번이나 가서 확인했다. 파일에는 중요한 서류가 담겨 있었는데, 어디에선가 그것을 잃어버리고 만 것이다. 정말 낭패였다. 그렇게 다 뒤지고 찾았어도 파일은 온데 간데 없었다.

그날 밤, 잃어버린 내 파일은 내가 내 삶을 얼마나 제어하지 못하고 있는지를 보여 주는 하나의 그림이라는 생각이 들었다. 나는 중요한 물건은 절대 잃어버리지 않는다고 확실히 보장될 만큼도 내 작은 세계에 주권을 갖지 못한다. 생각하면 이는 좀 무서운 일일 수 있다. 여러분과 나는 우리 삶에 가장 중요한 일에 대한 권세와 통제권이 거의 없다. 여러분과 나는 다음 순간에 무슨 일이 일어날지 알지 못한다. 우리는 다음 주나 다음 달에 어떤 일을 겪게 될지 전혀 알지 못한다. 우리 삶의 주요 인물들에 대해서도 별 제어권이 없고, 우리가 살고 있는 상황에 대해서도 별 권세가 없으며, 우리 삶의 장소에 대해서도 거의 아무런 관리권이 없다.

자기 삶에 주권이 없다는 사실을 정직하게 직시하면 불안감이 생기거나 안도감이 생기거나 둘 중 하나다. 불안이란 하나님을 망각하는 것이

다. 이는 삶을 내 어깨에 짊어졌다고 생각하고, 이 모든 것을 다 알고 모든 일을 질서 있게 유지하는 것이 내 할 일이라고 생각하는 데서 빚어지는 결과다. 필요하다고 생각하는 것을 손에 넣을 것이며 이루어야 한다고 생각하는 일을 이룰 것이라 확신하고 안심할 수 있을 만큼 사람과 장소와 상황을 제어하려 애쓰는 것이 내가 평생 할 일이라고 생각하면 걱정이 안 될 수가 없다. 이런 사고방식에 빠져들면 내 삶은 걱정의 짐을 지게 될 것이고 내 마음은 두려움으로 가득하게 될 것이다.

하지만 훨씬 더 좋은 길이 있다. 하나님을 기억하는 것이 바로 그 길이다. 겉으로 보기에는 그렇지 않을지라도 내 삶은 지혜와 권능과 사랑이 무엇인지 정의하시는 분의 세심한 제어 아래 있다고 생각하며 안도하는 것이 이 길의 기초다. 삶이 내 통제를 벗어나는 그 모든 순간에도 하나님의 통제를 벗어나지는 않는다. "그 권세는 영원한 권세요 그 나라는 대대에 이르리로다… 하늘의 군대에게든지 땅의 사람에게든지 그는 자기 뜻대로 행하시나니 그의 손을 금하든지 혹시 이르기를 네가 무엇을 하느냐고 할 자가 아무도 없도다"(단 4:34-35).

알다시피, 안식은 나의 통제권이 아니라 만물에 대한 하나님의 절대적 다스림에서 찾을 수 있다. 내가 어떤 상황이나 장소에 있든, 어떤 관계를 맺든, 하나님의 제어 아래 있지 않은 것은 하나도 없을 것이다.

더 깊이 묵상하고 격려를 얻으려면 시편 97편을 읽으라.

~

¹ 여호와께서 다스리시나니 땅은 즐거워하며 허다한 섬은 기뻐할지어다 ² 구름과 흑암이 그를 둘렀고 의와 공평이 그의 보좌의 기초로다 ³ 불이 그의 앞에서 나와 사방의 대적들을 불사르시는도다 ⁴ 그의 번개가 세계를 비추니 땅이 보고 떨었도다 ⁵ 산들이 여호와의 앞 곧 온 땅의 주 앞에서 밀랍 같이 녹았도다 ⁶ 하늘이 그의 의를 선포하니 모

든 백성이 그의 영광을 보았도다 ⁷ 조각한 신상을 섬기며 허무한 것으로 자랑하는 자는 다 수치를 당할 것이라 너희 신들아 여호와께 경배할지어다 ⁸ 여호와여 시온이 주의 심판을 듣고 기뻐하며 유다의 딸들이 즐거워하였나이다 ⁹ 여호와여 주는 온 땅 위에 지존하시고 모든 신들보다 위에 계시니이다 ¹⁰ 여호와를 사랑하는 너희여 악을 미워하라 그가 그의 성도의 영혼을 보전하사 악인의 손에서 건지시느니라 ¹¹ 의인을 위하여 빛을 뿌리고 마음이 정직한 자를 위하여 기쁨을 뿌리시는도다 ¹² 의인이여 너희는 여호와로 말미암아 기뻐하며 그의 거룩한 이름에 감사할지어다 / **시 97:1-12**

14

**공동예배는 삶에서 무엇이 참으로 중요한지에 대한 혼란을
다시 한 번 말끔히 걷어내기 위해 만들어졌다.**

우리 모두가 알아야 할 것이 여기 있다. 이생에서는 하나님께서 중요하다고 말씀하시는 것을 우리 마음속에 중요하게 간직하기가 매우 힘들다. 누구에게든, 본연의 중요성 이상으로 중요해진 일들이 우리 마음의 생각·행동 동기·욕구·선택·충성을 좌지우지하기 시작한다. 인간은 하나님의 형상으로 만들어졌기 때문에 본능에 따라 살지 않는다. 그렇다, 우리는 가치 지향적이고, 목표 지향적이고, 목적 지향적이며, 중요성 지향적인 존재다. 우리는 늘 무언가를 추구하며 살아간다. 우리는 늘 어떤 이상, 어떤 욕망, 어떤 꿈을 좇는다. 날마다 우리는 어떤 일들을 중요한 일로 명명하며, 그렇게 할 때, 우리는 그 중요한 일을 소유하려고 애를 쓴다. 우리의 모든 언행은 우리가 살고 있는 상황, 관계, 장소에서 우리에게 중요한 것을 얻으려는 시도라고 말할 수 있다.

내가 지금 설명하는 것은, 내 마음이라는 영역에서 벌어지는 거대한 영적 싸움이다. 알다시피, 그 어떤 중요한 일이 내 마음을 다스리든, 그일이 내 말과 행실 또한 구체화한다. 사실상 우리는 무엇이 진짜 중요한지를 보는 안목을 잃었다. 논쟁에서 이기는 것이 우리에게 지나치게 중요한 일이 된다. 아름다운 집이 그 본연의 가치를 넘어설 만큼 중요한 것

으로 부상한다. 다음 번 승진을 놓치지 않는 것이 너무 중요한 일이 된다. 안락하고 예측 가능한 삶을 사는 것에 너무 많은 가치가 부여된다. 사람들의 호감을 사는 것이 하나님의 은총을 받는 것보다 우리에게 더 중요한 일이 된다. 육체의 아름다움과 육체의 쾌락이 우리 마음에서 너무 큰 가치를 지닌다. 근사한 차, 맛있는 음식, 멋진 옷, 혹은 마지막 한 그릇 분량의 시리얼이 그 본연의 중요성을 넘어서는 가치를 지닌다. 따라서 하나님께서 선포하신 말씀이야말로 인생에서 가장 중요한 것임을 우리 모두가 거듭거듭 상기할 필요가 있다.

그래서 은혜로써 하나님께서는 우리가 정기적으로 함께 모여, 우리 삶의 목표가 될 만한 일들을 기억하게 하셨다. 공동예배는 하나님의 권능, 영광, 은혜를 우리에게 상기시킨다. 공동예배는 우리의 영적 필요가 얼마나 깊은지를 일깨워 준다. 공동예배는 앞으로 임할 영원 세상을 우리에게 일깨워 준다. 공동예배는 과거와 현재와 미래의 구원을 우리에게 일깨워 준다. 그리고 우리에게 이런 것을 일깨워 줌으로써 공동예배는 우리의 가치관 혼란을 다시 한 번 일소해서, 두서없고 변덕스러운 마음에서 우리를 구해내고, 우리에게 정당하게 충성을 명하시며 우리에게 늘 필요한 모든 중요한 것들을 은혜로써 우리에게 베푸시는 분을 향하게 한다. 더 깊이 묵상하려면 히브리서 10장 19-25절을 읽으라.

~

[19] 그러므로 형제들아 우리가 예수의 피를 힘입어 성소에 들어갈 담력을 얻었나니 [20] 그 길은 우리를 위하여 휘장 가운데로 열어 놓으신 새로운 살 길이요 휘장은 곧 그의 육체니라 [21] 또 하나님의 집 다스리는 큰 제사장이 계시매 [22] 우리가 마음에 뿌림을 받아 악한 양심으로부터 벗어나고 몸은 맑은 물로 씻음을 받았으니 참 마음과 온전한 믿음으로 하나님께 나아가자 [23] 또 약속하신 이는 미쁘시니 우리가 믿는 도리의 소망을

움직이지 말며 굳게 잡고 24 서로 돌아보아 사랑과 선행을 격려하며 25 모이기를 폐하는 어떤 사람들의 습관과 같이 하지 말고 오직 권하여 그 날이 가까움을 볼수록 더욱 그리하자 / **히 10:19-25**

15

언제든 하나님의 지혜를 의심하거나 혹은 하나님의 영역으로 넘어 들어간다면
이는 내가 하나님보다 더 똑똑하다고 스스로에게 말하는 것이다.

이는 "분수를 아는 자세"의 한 표현이다. 하나님께서는 욥에게 말씀하시면서 창조주와 피조물 간의 구별선을 아주 굵은 획으로 그려 넣으신다. 분수를 아는 태도란 하나님의 엄위와 욥의 하찮음을 기가 막히게 묘사하는 표현이다. 다음은 우리가 반복해서 읽고 또 읽어야 할 말씀이다.

그 때에 여호와께서 폭풍우 가운데에서
욥에게 말씀하여 이르시되

무지한 말로 생각을 어둡게 하는 자가 누구냐
너는 대장부처럼 허리를 묶고 내가 네게 묻는 것을 대답할지니라

내가 땅의 기초를 놓을 때에 네가 어디 있었느냐
네가 깨달아 알았거든 말할지니라
누가 그것의 도량법을 정하였는지,
누가 그 줄을 그것의 위에 띄웠는지 네가 아느냐

> 그것의 주추는 무엇 위에 세웠으며 그 모퉁잇돌을 누가 놓았느냐
> 그 때에 새벽 별들이 기뻐 노래하며
> 하나님의 아들들이 다 기뻐 소리를 질렀느니라
>
> 바다가 그 모태에서 터져 나올 때에 문으로 그것을 가둔 자가 누구냐
> 그 때에 내가 구름으로 그 옷을 만들고 흑암으로 그 강보를 만들고
> 한계를 정하여 문빗장을 지르고 이르기를
> 네가 여기까지 오고 더 넘어가지 못하리니
> 네 높은 파도가 여기서 그칠지니라 하였노라(욥 38:1-11).

성경으로 고개를 돌려 40장까지 계속 읽어 보라. 하나님의 지혜와 권능의 장엄함을 마음으로 받아들이라. 입이 떡 벌어지게 만드는 하나님의 위엄, 그 위엄에 대한 경외 가운데 영혼이 안식하게 하라. 그리고 나 자신의 하찮음과 유약함을 기억하라. 내가 아는 것이 얼마나 시시한지, 내가 할 수 있는 일이 얼마나 적은지를 생각하며 겸손하라. 어떤 상황, 어떤 장소, 어떤 관계에서든 내가 하나님보다 똑똑할 수도 있다고 생각한다면 이는 지극히 우습고 말이 안 되는 생각임을 받아들이기 시작하라. 나 자신의 위대함이라는 망상을 비웃으라. 나 자신의 영광이라는 환상을 조롱하라. 그리고 나를 겸손하게 하는 은혜에 대한 겸손한 감사로, 고개 숙여 경배하라.

고개 숙여 경배한 뒤에는, 일어나 이 경외스러운 영광을 지닌 분을 섬기라. 그분의 뜻에 의심 품기를 거부하라. 그분의 엄위가 나의 보호막이고, 그분의 영광이 나의 행동 동기이며, 그분의 은혜가 나의 도움이고, 그분의 지혜가 나의 행동 지침이라는 사실에 감사하라. 그분은 가장 재

기 넘치는 순간의 여러분과 나보다 무한히 명민하시다.
더 깊이 묵상하려면 욥기 38장 1절부터 42장 46절까지 읽으라.

GOODTV 개역개정성경
욥기 38장 1절부터 42장 46절
오디오클립으로 연결됩니다.

16

불만족이 나로 하여금 본향을 갈망하게 만든다면 그것은 좋은 불만족이다.
하지만 본향에 내가 거할 곳을 예비하시는 분을 의심하게 만든다면 그것은 나쁜 불만족이다.

내 의의 하나님이여 내가 부를 때에 응답하소서
곤란 중에 나를 너그럽게 하셨사오니
내게 은혜를 베푸사 나의 기도를 들으소서

인생들아 어느 때까지 나의 영광을 바꾸어 욕되게 하며
헛된 일을 좋아하고 거짓을 구하려는가(셀라)
여호와께서 자기를 위하여 경건한 자를 택하신 줄 너희가 알지어다
내가 그를 부를 때에 여호와께서 들으시리로다

너희는 떨며 범죄하지 말지어다
자리에 누워 심중에 말하고 잠잠할지어다(셀라)
의의 제사를 드리고
여호와를 의지할지어다

여러 사람의 말이 우리에게 선을 보일 자 누구뇨 하오니
여호와여 주의 얼굴을 들어 우리에게 비추소서

주께서 내 마음에 두신 기쁨은
그들의 곡식과 새 포도주가 풍성할 때보다 더하니이다
내가 평안히 눕고 자기도 하리니
나를 안전히 살게 하시는 이는 오직 여호와이시니이다(시 4편).

이 말씀을 다윗이 기록한 때는 그의 인생에서 가장 가슴 찢어지는 순간으로 손꼽히는 시기였다. 아들이 자신의 왕위를 찬탈하려 기를 쓰고 있기 때문에 다윗은 지금 일단의 충성스런 신하들과 함께 동굴에 은신 중이다. 왕정 국가에서 왕위를 안정적으로 취하는 유일한 길은 현재 왕위에 있는 사람이 수명을 다하는 것뿐이다. 이런 상황에서 내 생각은 어디로 향할지, 내 감정은 어떠할지, 내 마음은 어디로 달려갈지 상상해 보라. 다윗은 만족하고 있는가? 물론 아니다. 지금 이 순간 그의 삶에는 좋은 일이 별로 없을 것 같다. 하지만 슬픔과 불만족 가운데서도 다윗은 주목할 만한 평안을 누린다. 심지어 그는 마음이 기쁨으로 충만하다고 말한다! 이유가 뭘까? 가장 깊은 차원에서, 다윗이 누리는 평강과 기쁨은 상황에 근거를 두지 않고 상황을 다스리시는 하나님께 근거를 두고 있기 때문이다. 다윗의 안전이 하나님 안에, 오직 하나님 안에만 있다면, 그는 그 동굴에서도 왕궁에 있는 것 못지않게 안전하다. 다윗을 안전히 거하게 하시는 분은 오직 주님뿐이기 때문이다. 다윗의 말에는 전혀 의심이 없다.

오늘 우리는 어떠할까? 의심과 두려움에 따른 불만족으로 하루를 살 것인가, 아니면 평강과 안식으로 만족하며 살 것인가? 우리를 두려움에서 건져내고, 우리가 또 다시 동굴에 있을 때에도 우리 마음에 안식을 줄 수 있는 것은 은혜뿐이다.

더 깊이 묵상하고 격려를 얻으려면 미가 7장을 읽으라.

~

¹ 재앙이로다 나여 나는 여름 과일을 딴 후와 포도를 거둔 후 같아서 먹을 포도송이가 없으며 내 마음에 사모하는 처음 익은 무화과가 없도다 ² 경건한 자가 세상에서 끊어졌고 정직한 자가 사람들 가운데 없도다 무리가 다 피를 흘리려고 매복하며 각기 그물로 형제를 잡으려 하고 ³ 두 손으로 악을 부지런히 행하는도다 그 지도자와 재판관은 뇌물을 구하며 권세자는 자기 마음의 욕심을 말하며 그들이 서로 결합하니 ⁴ 그들의 가장 선한 자라도 가시 같고 가장 정직한 자라도 찔레 울타리보다 더하도다 그들의 파수꾼들의 날 곧 그들 가운데에 형벌의 날이 임하였으니 이제는 그들이 요란하리로다 ⁵ 너희는 이웃을 믿지 말며 친구를 의지하지 말며 네 품에 누운 여인에게라도 네 입의 문을 지킬지어다 ⁶ 아들이 아버지를 멸시하며 딸이 어머니를 대적하며 며느리가 시어머니를 대적하리니 사람의 원수가 곧 자기의 집안 사람이리로다 ⁷ 오직 나는 여호와를 우러러보며 나를 구원하시는 하나님을 바라보나니 나의 하나님이 나에게 귀를 기울이시리로다 ⁸ 나의 대적이여 나로 말미암아 기뻐하지 말지어다 나는 엎드러질지라도 일어날 것이요 어두운 데에 앉을지라도 여호와께서 나의 빛이 되실 것임이로다 ⁹ 내가 여호와께 범죄하였으니 그의 진노를 당하려니와 마침내 주께서 나를 위하여 논쟁하시고 심판하시며 주께서 나를 인도하사 광명에 이르게 하시리니 내가 그의 공의를 보리로다 ¹⁰ 나의 대적이 이것을 보고 부끄러워하리니 그는 전에 내게 말하기를 네 하나님 여호와가 어디 있느냐 하던 ²⁾자라 그가 거리의 진흙 같이 밟히리니 그것을 내가 보리로다 ¹¹ 네 성벽을 건축하는 날 곧 그 날에는 지경이 넓혀질 것이라 ¹² 그 날에는 앗수르에서 애굽 성읍들에까지, 애굽에서 강까지, 이 바다에서 저 바다까지, 이 산에서 저 산까지의 사람들이 네게로 돌아올 것이나 ¹³ 그 땅은 그 주민의 행위의 열매로 말미암아 황폐하리로다 ¹⁴ 원하건대 주는 주의 지팡이로 주의 백성 곧 갈멜 속 삼림에 홀로 거주하는 주의 기업의 양 떼를 먹이시되 그들을 옛날 같이 바산과 길르앗에서 먹이시옵소서 ¹⁵ 이르시되 네가 애굽 땅에서 나오던 날과 같이 내가 그들에게 이적을 보이리라 하셨느니라 ¹⁶ 이르되 여러 나라가 보고 자기의 세력을 부끄러워하여 손으로 그 입을 막을 것이요 귀는 막힐 것이며 ¹⁷ 그들이 뱀처럼 티끌을 핥으며 땅에 기는 벌레처럼 떨며 그 좁은 구멍에서 나와서 두려워하며 우리 하나님 여호와께로 돌아와서 주로 말미암

아 두려워하리이다 18 주와 같은 신이 어디 있으리이까 주께서는 죄악과 그 기업에 남은 자의 허물을 사유하시며 인애를 기뻐하시므로 진노를 오래 품지 아니하시나이다 19 다시 우리를 불쌍히 여기셔서 우리의 죄악을 발로 밟으시고 우리의 모든 죄를 깊은 바다에 던지시리이다 20 주께서 옛적에 우리 조상들에게 맹세하신 대로 야곱에게 성실을 베푸시며 아브라함에게 인애를 더하시리이다 / 미 7:1–20

17

**나의 필요 목록에 너무 많은 것을 집어넣으면, 결국 사는 일에 좌절하고,
타인에게 상처 받고, 하나님의 선함을 의심하게 될 것이다.**

이는 정말 인간의 문화에서 쓰이는 가장 엉성한 단어로 손꼽힌다. '필요'(need)라는 말이 "사는 데 없어서는 안 되는 것"이라는 의미라면, 우리가 필요하다고 말하는 것들 대다수가 사실은 필요하지 않다. 자녀를 키우는 사람이나 아이들 가까이에 사는 사람이라면 알 것이다.

가령 쇼핑몰에 아이를 데리고 간다고 해보자(이것이 첫 번째 실수다). 쇼핑몰을 돌아다니다가 운동화 매장을 발견한 아이는 즉시 좌회전을 한다. 그리고 매장 쇼윈도에 코를 들이박고 말한다. "엄마, 나 저 운동화 필요해요." 엄마가 아이 발을 내려다보니 멀쩡하게 좋은 구두가 신겨져 있다. 엄마는 말한다. "안 돼. 안 사 줘. 지금 멀쩡하게 좋은 신발 신고 있잖아." 엄마가 이렇게 말한다고 해서 아이가 "이렇게 지혜로운 엄마라니, 내가 복도 많지. 뭐가 필요한지 필요하지 않은지에 대한 내 왜곡된 인식을 꿰뚫어보고, 이기적 욕망도 알아차리고, 사랑으로 나를 나에게서 구원해 주다니 말이야"라고 생각하지는 않는다. 그렇다, 아이는 엄마에게 빈정댄다. "엄마는 만날 안 된대. 운동화를 싫어하는 엄마가 왜 내 엄마여야 하는지 난 잘 모르겠어." 그리고 아이는 그 뒤로 입을 꾹 닫아 버린다.

뭔가가 필요하다고 자기 자신에게 말할 때 여기에는 세 가지 부대 상황이 있다. 첫째, 내가 그것을 가질 자격이 있다고 생각한다. 왜냐하면 필요하니까 말이다. 둘째, 필요한 물건이기에 그것을 요구하는 게 내 권리라고 생각한다. 셋째, 그것을 기꺼이 내게 주거나 사주느냐에 따라 상대방의 사랑을 판단한다. 이런 일은 서로 간의 관계에서 일어날 뿐만 아니라, 더 중요하게는 하나님과의 관계에서도 일어난다. 내가 무언가를 지목하며 필요하다고 하는데 하나님께서 그것을 주시지 않으면 하나님의 선함을 의심하기 시작한다. 이런 태도에서 치명적인 문제는, 어떤 사람의 성품을 의심하게 되면 그 사람에게 달려가 도움을 청하지 않게 된다는 것이다.

마태복음 6장 32절에서, 예수님께서는 우리에게 하늘 아버지가 계시며 이 아버지께서는 우리에게 무엇이 필요한지 정확히 아신다고 일깨워 준다. 예수님의 이 말씀에는 위로도 담겨 있고 우리가 직면해야 할 사실도 담겨 있다. 우리가 직면해야 할 사실은 다음과 같다. 우리에게 진짜 필요한 게 무엇인지 명확히 아시는 아버지가 계시다고 예수님께서 우리에게 일깨우는 이유는, 우리에게 그 지식이 없기 때문이다. 우리는 필요한 것과 원하는 것을 자꾸 혼동한다. 그럴 때 우리는 하늘에 계신 아버지의 사랑을 의심하고 싶은 마음이 든다. 우리에게 위로가 되는 사실은, 은혜로써 우리가 우주에 알려진 가장 지혜로우시고 가장 사랑 많으신 아버지의 자녀가 되었다는 점이다.

아버지는 절대 혼동하지 않으신다. 아버지께서 우리의 모든 필요를 아심은, 아버지께서 우리를 창조하셨기 때문이다. 우리가 하나님의 가정에 속해 있고, 따라서 필요한 것이라면 다 갖게 되리라는 보장이 있음을 알기에, 우리는 우리를 하나님의 자녀 삼아 준 은혜 안에서 안식할 수 있다.

더 깊이 묵상하고 격려를 얻으려면 시편 45편을 읽으라.

~

¹내 마음이 좋은 말로 왕을 위하여 지은 것을 말하리니 내 혀는 글솜씨가 뛰어난 서기관의 붓끝과 같도다 ²왕은 사람들보다 아름다워 은혜를 입술에 머금으니 그러므로 하나님이 왕에게 영원히 복을 주시도다 ³용사여 칼을 허리에 차고 왕의 영화와 위엄을 입으소서 ⁴왕은 진리와 온유와 공의를 위하여 왕의 위엄을 세우시고 병거에 오르소서 왕의 오른손이 왕에게 놀라운 일을 가르치리이다 ⁵왕의 화살은 날카로워 왕의 원수의 염통을 뚫으니 만민이 왕의 앞에 엎드러지는도다 ⁶하나님이여 주의 보좌는 영원하며 주의 나라의 규는 공평한 규이니이다 ⁷왕은 정의를 사랑하고 악을 미워하시니 그러므로 하나님 곧 왕의 하나님이 즐거움의 기름을 왕에게 부어 왕의 동료보다 뛰어나게 하셨나이다 ⁸왕의 모든 옷은 몰약과 침향과 육계의 향기가 있으며 상아궁에서 나오는 현악은 왕을 즐겁게 하도다 ⁹왕이 가까이 하는 여인들 중에는 왕들의 딸이 있으며 왕후는 오빌의 금으로 꾸미고 왕의 오른쪽에 서도다 ¹⁰딸이여 듣고 보고 귀를 기울일지어다 네 백성과 네 아버지의 집을 잊어버릴지어다 ¹¹그리하면 왕이 네 아름다움을 사모하실지라 그는 네 주인이시니 너는 그를 경배할지어다 ¹²두로의 딸은 예물을 드리고 백성 중 부한 자도 네 얼굴 보기를 원하리로다 ¹³왕의 딸은 궁중에서 모든 영화를 누리니 그의 옷은 금으로 수 놓았도다 ¹⁴수 놓은 옷을 입은 그는 왕께로 인도함을 받으며 시종하는 친구 처녀들도 왕께로 이끌려 갈 것이라 ¹⁵그들은 기쁨과 즐거움으로 인도함을 받고 왕궁에 들어가리로다 ¹⁶왕의 아들들은 왕의 조상들을 계승할 것이라 왕이 그들로 온 세계의 군왕을 삼으리로다 ¹⁷내가 왕의 이름을 만세에 기억하게 하리니 그러므로 만민이 왕을 영원히 찬송하리로다 / 시 45:1-17

18

실망과 실패를 마주하고 있는가? 놀라지 말라.
나는 여전히 흠이 있고 내가 속한 세상은 여전히 타락해 있다. 그래서 은혜가 있다.

우리가 어떤 존재인지에 관해, 그리고 우리가 사는 세상의 본질에 관해 성경이 하는 말을 진지하게 받아들이지 못하면, 비현실적 기대를 갖고 살게 되고, 유혹이 닥칠 때 잘 넘어가게 되고, 자기도 모르게 걸핏하면 놀라고 실망하게 된다. "이미"와 "아직" 사이의 이 시대에 성경은 우리와 우리가 사는 세상에 관해 뭐라고 말하는지 검토해 보자.

하나님의 구속 사역이 시작되기는 했지만, 여러분과 나는 끔찍하게 망가져서 하나님께서 처음 창조하실 때 의도하셨던 아름다운 방식으로 작동하지 않는 세상에 여전히 살고 있다. 현재 우리가 사는 세상의 망가진 모습을 로마서 8장만큼 잘 포착하는 성경 구절은 없을 것이다. 바울은 세 가지 도발적 문구로 세상의 상한 모습을 포착한다. "허무한 데 굴복"(20절), "썩어짐의 종 노릇"(21절), "함께 고통을 겪고 있는"(22절). 타락한 세상에서의 삶에는 계속되는 허무함이 있다. 세상일은 옳게 돌아가지 않고, 내가 아무리 열심히 노력해도, 제대로 돌아가지 않는 세상의 좌절감을 벗어날 수 없다.

우리 주변에는 죽음과 부패가 만연하다. 사람들은 죽는다. 사물은 사멸한다. 관계는 소멸한다. 물질적 창조 세계는 소멸한다. 이어서 마치 출산

때의 날카로운 통증처럼 고통이 극심해지는 때가 있다. 바울은 이 세상이 이 모든 망가짐의 무게 아래서 "함께 탄식"하고 있다고 말한다(22절). 성경은 우리가 살고 있는 환경이 어떤 상태인지 의식하라고 말한다.

또한 성경은 여러분과 나에 관해 명쾌한, 그리고 겸손해지지 않을 수 없는 말을 한다. "만일 우리가 죄가 없다고 말하면 스스로 속이고 또 진리가 우리 속에 있지 아니할 것이요"(요일 1:8). 그렇다, 죄의 권세는 깨졌지만, 죄의 존재는 우리 안에 여전히 남아 있고 하나님의 구원하시는 은혜에 의해 점차 근절되고 있는 중이다. 그래서 날마다 우리는 우리가 죄인이라는 경험적 증거를 내놓는다. 우리는 우리 내면에 여전히 불의와 허물과 죄의 어둠을 지니고 다닌다. 우리는 나 자신이라는 그 긴박한 위험에서 아직 완전히 벗어나지 못했다.

자, 내가 사는 세상에 관해 성경이 하는 말을 진지하게 받아들이지 못하고 여전히 내 안에 살고 있는 것에 관해 성경이 하는 말을 진지하게 받아들이지 못한다면, 나는 나의 유일한 소망인, 용서하고 구출하고 보호하고 변화시키고 구원하는 은혜를 추구하지 않을 것이다. 그러나 그 은혜만이 내 외부의 악에서 나를 보호하고 내 안의 악에서 나를 구출할 능력이 있다.

현실적인 면에서 상황은 내 생각보다 더 나빠지고 있다. 하지만 하나님의 은혜는 내가 상상할 수 없을 만큼 크다. 성경적 믿음은 충격적 정직함과 영광스러운 소망이 씨실과 날실로 엮이는 지점에 존재한다.

더 깊이 묵상하고 격려를 얻으려면 창세기 6장 1-8절을 읽으라.

~

1 사람이 땅 위에 번성하기 시작할 때에 그들에게서 딸들이 나니 2 하나님의 아들들이 사람의 딸들의 아름다움을 보고 자기들이 좋아하는 모든 여자를 아내로 삼는지라 3 여

호와께서 이르시되 나의 영이 영원히 사람과 함께 하지 아니하리니 이는 그들이 육신이 됨이라 그러나 그들의 날은 백이십 년이 되리라 하시니라 ⁴ 당시에 땅에는 네피림이 있었고 그 후에도 하나님의 아들들이 사람의 딸들에게로 들어와 자식을 낳았으니 그들은 용사라 고대에 명성이 있는 사람들이었더라 ⁵ 여호와께서 사람의 죄악이 세상에 가득함과 그의 마음으로 생각하는 모든 계획이 항상 악할 뿐임을 보시고 ⁶ 땅 위에 사람 지으셨음을 한탄하사 마음에 근심하시고 ⁷ 이르시되 내가 창조한 사람을 내가 지면에서 쓸어버리되 사람으로부터 가축과 기는 것과 공중의 새까지 그리하리니 이는 내가 그것들을 지었음을 한탄함이니라 하시니라 ⁸ 그러나 노아는 여호와께 은혜를 입었더라 / **창 6:1-8**

19

믿음이란 나의 잠재력을 측정하는 일이되
나의 선천적 재능이나 경험에 근거해서가 아니라
하나님의 임재와 약속의 확실성에 근거해서 측정하는 것이다.

이는 거의 익살스럽다 할 만한 이야기다. 이 이야기는 사사기 6장 11-18절에서 볼 수 있다.

여호와의 사자가 아비에셀 사람 요아스에게 속한 오브라에 이르러 상수리나무 아래에 앉으니라 마침 요아스의 아들 기드온이 미디안 사람에게 알리지 아니하려 하여 밀을 포도주 틀에서 타작하더니 여호와의 사자가 기드온에게 나타나 이르되 큰 용사여 여호와께서 너와 함께 계시도다 하매 기드온이 그에게 대답하되 오 나의 주여 여호와께서 우리와 함께 계시면 어찌하여 이 모든 일이 우리에게 일어났나이까 또 우리 조상들이 일찍이 우리에게 이르기를 여호와께서 우리를 애굽에서 올라오게 하신 것이 아니냐 한 그 모든 이적이 어디 있나이까 이제 여호와께서 우리를 버리사 미디안의 손에 우리를 넘겨 주셨나이다 하니 여호와께서 그를 향하여 이르시되 너는 가서 이 너의 힘으로 이스라엘을 미디안의 손에서 구원하라 내가 너를 보낸 것이 아니냐 하시니라 그러나 기드온이 그에게 대답하되 오 주여 내가 무엇으로 이스라엘을 구원하리이까 보소서 나의 집은 므낫세 중에 극히 약하고 나는 내 아버지

집에서 가장 작은 자니이다 하니 여호와께서 그에게 이르시되 내가 반드시 너와 함께 하리니 네가 미디안 사람 치기를 한 사람을 치듯 하리라 하시니라 기드온이 그에게 대답하되 만일 내가 주께 은혜를 얻었사오면 나와 말씀하신 이가 주 되시는 표징을 내게 보이소서 내가 예물을 가지고 다시 주께로 와서 그것을 주 앞에 드리기까지 이 곳을 떠나지 마시기를 원하나이다 하니 그가 이르되 내가 너 돌아올 때까지 머무르리라 하니라

하나님께서 기드온에게 다가가 아주 중요한 전쟁에서 이스라엘을 이끌라 명하시면서 기드온을 "큰 용사"라고 부르신다. 하나님은 이 "용사"를 어디에서 발견하시는가? 그가 포도주틀에서 밀을 타작하고 있을 때 발견하신다. 기드온은 통상적으로 실외에서 하는 일을 실내에서 하고 있는데, 이는 하나님께서 이제 무찌르라고 명하실 바로 그 백성이 두렵기 때문이다! 하나님께서 기드온을 용사라고 부르심은 기드온의 타고난 능력과 담대함 때문이 아니라 하나님께서 주실 능력으로 기드온이 이제부터 할 수 있게 될 일 때문이다. 우리가 이것이 참임을 알 수 있는 이유는, 하나님께서 "여호와께서 너와 함께 계시도다"라는 말로 말씀을 시작하시기 때문이다. 두려움에 질린 가여운 기드온은 심지어 그 사실에 대해서도 의문을 품는다.

그래서 기드온의 말은 본질적으로 이런 의미다. "하나님, 번지수를 잘못 찾아오신 것이 분명합니다. 저는 이스라엘 전체에서 가장 별 볼일 없는 지파의 가장 하찮은 아들입니다. 도대체 어떻게 제가 이스라엘을 구할 거라고 기대를 하신단 말입니까?" 이 발언이 보여주다시피, 기드온은 자기가 어떤 존재인지는 물론 하나님이 어떤 분인지도 잘못 알고 있다.

권세와 영광과 은혜 가운데 계신 하나님이 어떤 분인지 기억하지 못하면, 그리고 하나님의 가정의 자녀로서 자신이 어떤 존재인지 망각하면, 하나님께서 명하시는 일을 할 수 있는 자신의 잠재력을 반드시 잘못 측정하게 되어 있다. 타고난 내 재능 혹은 어떤 종류의 일이든 하나님께서 나로 하여금 직면하게 하신 일의 크기에 근거해 내 역량을 측정하게 된다. 감사하게도, 하나님께서 나와 함께 계시기에 나는 나 자신의 지혜와 능력을 넘어서는 지혜와 능력으로 복을 받았으며, 이 지혜와 능력이 나 스스로는 가지지 못했을 잠재력을 나에게 준다.

더 깊이 묵상하고 격려를 얻으려면 고린도전서 1장 26-31절을 읽으라.

~

26 형제들아 너희를 부르심을 보라 육체를 따라 지혜로운 자가 많지 아니하며 능한 자가 많지 아니하며 문벌 좋은 자가 많지 아니하도다 27 그러나 하나님께서 세상의 미련한 것들을 택하사 지혜 있는 자들을 부끄럽게 하려 하시고 세상의 약한 것들을 택하사 강한 것들을 부끄럽게 하려 하시며 28 하나님께서 세상의 천한 것들과 멸시 받는 것들과 없는 것들을 택하사 있는 것들을 폐하려 하시나니 29 이는 아무 육체도 하나님 앞에서 자랑하지 못하게 하심이라 30 너희는 하나님으로부터 나서 그리스도 예수 안에 있고 예수는 하나님으로부터 나와서 우리에게 지혜와 의로움과 거룩함과 구원함이 되셨으니 31 기록된 바 자랑하는 자는 주 안에서 자랑하라 함과 같게 하려 함이라 / 고전 1:26-31

20

그리스도의 희생은 아버지의 진노를 풀어드렸고,
그래서 아버지의 자녀로서 우리는 그분의 징계는 받겠지만
그분의 진노를 두려워할 필요는 없다.

　이는 내가 하나님께 받아들여진다는 사실의 핵심이다. 이는 은혜가 왜 내 유일한 소망인지에 대한 근본적 이유다. 예수님께서는 아버지의 진노를 충분히, 그리고 완전히 풀어 드렸고, 그래서 여러분과 나는 우리 죄의 형벌을 절대 다시 마주할 일이 없을 것이다. 하나님의 진노를 두려워하며 살지 않아도 된다. 최악의, 가장 반역적인, 그리고 가장 믿음 없는 날에도 하늘 아버지의 거룩한 임재 안으로 달려갈 수 있으며, 그분은 절대 나를 돌려보내시지 않을 것이다. 내가 하나님께 받아들여짐은 나의 행위를 바탕으로 한 것이 아니었고, 앞으로도 그럴 것이다. 내가 하나님과의 영원한 관계로 반갑게 맞아들여진 것은 내가 율법을 지켰기 때문이 아니라 예수님께서 지키셨기 때문이다. 천 년 동안 하나님께 순종했다 해도, 처음 믿고 하나님께 받아들여졌던 순간에 비해 하나님의 인정을 더 많이 획득하지는 못할 것이다. 은혜의 복음이 실제로 얼마나 철저한지 여기서 확인할 수 있다. 내가 하나님 앞에서 꽤 가치 있는 사람이 아니어도 되는 이유는, 예수님께서 나를 대신해 모든 것을 이루셨기 때문이다.
　내가 하나님의 자녀이고 나를 귀히 사랑하시기에 하나님께서는 나를

징계하신다. 하지만 이 사랑의 징계 앞에서 아주 중요한 구별이 이뤄질 필요가 있다. 하나님의 징계는 내 죄에 대한 징벌이 아니다. 왜냐하면 내가 받을 모든 징벌은 내 구주 예수님께서 다 감당하셨기 때문이다. 하나님께서 아버지로서 내리는 징계는 징벌적 징계라기보다 변화를 위한 징계다. 내 마음을 변화시키려는 것이 이 징계의 의도다. 이는 은혜라는 하나님의 행동 일정을 추진하고 궁극적으로 완성하기 위해 하나님께서 사용하시는 도구 중 하나다. 하나님의 징계는 하나님의 자녀라는 지위를 획득하기 위해 내가 무엇을 해야 할지 가르치지 않는다. 하나님께서 사랑으로 베푸시는 사려 깊은 징계는 사실 내가 하나님의 자녀 중 한 사람임을 입증한다.

> 너희가 참음은 징계를 받기 위함이라 하나님이 아들과 같이 너희를 대우하시나니 어찌 아버지가 징계하지 않는 아들이 있으리요 징계는 다 받는 것이거늘 너희에게 없으면 사생자요 친아들이 아니니라 또 우리 육신의 아버지가 우리를 징계하여도 공경하였거든 하물며 모든 영의 아버지께 더욱 복종하며 살려 하지 않겠느냐 그들은 잠시 자기의 뜻대로 우리를 징계하였거니와 오직 하나님은 우리의 유익을 위하여 그의 거룩하심에 참여하게 하시느니라 무릇 징계가 당시에는 즐거워 보이지 않고 슬퍼 보이나 후에 그로 말미암아 연단 받은 자들은 의와 평강의 열매를 맺느니라(히 12:7-11).

이렇게 하나님의 징계는 하나님의 은혜의 수단이다. 이는 하나님께서 한 개인의 마음과 삶을 변화시키시는 일의 연장이다. 하나님의 징계는 하나님께서 진노하여 우리에게 등을 돌리시는 것이 아니다. 오히려 은혜의 얼굴로 다시 한 번 우리를 돌아보시는 것이며, 자신의 은혜가 그 사역을 다 마칠 때까지 하나님께서는 계속 그렇게 하실 것이다.

더 깊이 묵상하고 격려를 얻으려면 욥기 5장 17-27절을 읽으라.

~

17 볼지어다 하나님께 징계 받는 자에게는 복이 있나니 그런즉 너는 전능자의 징계를 업신여기지 말지니라 18 하나님은 아프게 하시다가 싸매시며 상하게 하시다가 그의 손으로 고치시나니 19 여섯 가지 환난에서 너를 구원하시며 일곱 가지 환난이라도 그 재앙이 네게 미치지 않게 하시며 20 기근 때에 죽음에서, 전쟁 때에 칼의 위협에서 너를 구원하실 터인즉 21 네가 혀의 채찍을 피하여 숨을 수가 있고 멸망이 올 때에도 두려워하지 아니할 것이라 22 너는 멸망과 기근을 비웃으며 들짐승을 두려워하지 말라 23 들에 있는 돌이 너와 언약을 맺겠고 들짐승이 너와 화목하게 살 것이니라 24 네가 네 장막의 평안함을 알고 네 우리를 살펴도 잃은 것이 없을 것이며 25 네 자손이 많아지며 네 후손이 땅의 풀과 같이 될 줄을 네가 알 것이라 26 네가 장수하다가 무덤에 이르리니 마치 곡식단을 제 때에 들어올림 같으니라 27 볼지어다 우리가 연구한 바가 이와 같으니 너는 들어 보라 그러면 네가 알리라 / 욥 5:17-27

21

후회 때문에 무력해질 필요는 없다. 나의 계획표는 용서하시는
하나님의 놀라운 은혜로 깨끗이 닦일 것이기 때문이다.

오늘은 다음 말씀이 주는 위로에 흠뻑 잠겨 보라.

전에 악한 행실로 멀리 떠나 마음으로 원수가 되었던 너희를 이제는 그의 육체의 죽음으로 말미암아 화목하게 하사 너희를 거룩하고 흠 없고 책망할 것이 없는 자로 그 앞에 세우고자 하셨으니(골 1:21-22).

곧 우리가 원수 되었을 때에 그의 아들의 죽으심으로 말미암아 하나님과 화목하게 되었은즉 화목하게 된 자로서는 더욱 그의 살아나심으로 말미암아 구원을 받을 것이니라(롬 5:10).

그리스도께서 우리를 위하여 저주를 받은 바 되사 율법의 저주에서 우리를 속량하셨으니 기록된 바 나무에 달린 자마다 저주 아래에 있는 자라 하였음이라 이는 그리스도 예수 안에서 아브라함의 복이 이방인에게 미치게…함이라(갈 3:13-14).

너희는 그 은혜에 의하여 믿음으로 말미암아 구원을 받았으니 이것은

너희에게서 난 것이 아니요 하나님의 선물이라 행위에서 난 것이 아니
니 이는 누구든지 자랑하지 못하게 함이라(엡 2:8-9).
또 범죄와 육체의 무할례로 죽었던 너희를 하나님이 그와 함께 살리시고
우리의 모든 죄를 사하시고 우리를 거스르고 불리하게 하는 법조문으로
쓴 증서를 지우시고 제하여 버리사 십자가에 못 박으시고(골 2:13-14).

그러므로 이제 그리스도 예수 안에 있는 자에게는 결코 정죄함이 없나
니 이는 그리스도 예수 안에 있는 생명의 성령의 법이 죄와 사망의 법
에서 너를 해방하였음이라(롬 8:1-2).

그러므로 우리가 믿음으로 의롭다 하심을 받았으니 우리 주 예수 그리
스도로 말미암아 하나님과 화평을 누리자 또한 그로 말미암아 우리가
믿음으로 서 있는 이 은혜에 들어감을 얻었으며 하나님의 영광을 바라
고 즐거워하느니라(롬 5:1-2).

사랑은 여기 있으니 우리가 하나님을 사랑한 것이 아니요 하나님이 우
리를 사랑하사 우리 죄를 속하기 위하여 화목 제물로 그 아들을 보내셨
음이라(요일 4:10).

메시지는 명쾌하다! 위에 인용한 골로새서 2장의 그 위로가 되는 말씀
이 가장 명쾌하게 진술하고 있다. 이 말씀이 주는 위로를 마음으로 받아
들이라, 다른 어디에서도 찾아볼 수 없는 이 위로를. "(하나님께서) 우리를
거스르고 불리하게 하는 법조문으로 쓴 증서를 지우시고 제하여 버리사
십자가에 못 박으시고."

어떤 후회가 내 머릿속을 떠나지 않든 하나님께서 그 후회되는 일을 기꺼이 다 지우고 제하여 주신다면, 이제 나도 거리낌 없이 그 기억을 놓아 보내도 된다. 하나님께서 이미 빚을 탕감해 주셨으니 그 빚 때문에 자책하는 일을 이제는 그만두어도 된다!

더 깊이 묵상하고 격려를 얻으려면 골로새서 2장을 읽으라.

~

1 내가 너희와 라오디게아에 있는 자들과 무릇 내 육신의 얼굴을 보지 못한 자들을 위하여 얼마나 힘쓰는지를 너희가 알기를 원하노니 2 이는 그들로 마음에 위안을 받고 사랑 안에서 연합하여 확실한 이해의 모든 풍성함과 하나님의 비밀인 그리스도를 깨닫게 하려 함이니 3 그 안에는 지혜와 지식의 모든 보화가 감추어져 있느니라 4 내가 이것을 말함은 아무도 교묘한 말로 너희를 속이지 못하게 하려 함이니 5 이는 내가 육신으로는 떠나 있으나 심령으로는 너희와 함께 있어 너희가 질서 있게 행함과 그리스도를 믿는 너희 믿음이 굳건한 것을 기쁘게 봄이라 6 그러므로 너희가 그리스도 예수를 주로 받았으니 그 안에서 행하되
7 그 안에 뿌리를 박으며 세움을 받아 교훈을 받은 대로 믿음에 굳게 서서 감사함을 넘치게 하라 8 누가 철학과 헛된 속임수로 너희를 사로잡을까 주의하라 이것은 사람의 전통과 세상의 초등학문을 따름이요 그리스도를 따름이 아니니라 9 그 안에는 신성의 모든 충만이 육체로 거하시고 10 너희도 그 안에서 충만하여졌으니 그는 모든 통치자와 권세의 머리시라 11 또 그 안에서 너희가 손으로 하지 아니한 할례를 받았으니 곧 육의 몸을 벗는 것이요 그리스도의 할례니라 12 너희가 세례로 그리스도와 함께 장사되고 또 죽은 자들 가운데서 그를 일으키신 하나님의 역사를 믿음으로 말미암아 그 안에서 함께 일으키심을 받았느니라 13 또 범죄와 육체의 무할례로 죽었던 너희를 하나님이 그와 함께 살리시고 우리의 모든 죄를 사하시고 14 우리를 거스르고 불리하게 하는 법조문으로 쓴 증서를 지우시고 제하여 버리사 십자가에 못 박으시고 15 통치자들과 권세들을 무력화하여 드러내어 구경거리로 삼으시고 십자가로 그들을 이기셨느니라 16 그러므로 먹고 마시는 것과 절기나 초하루나 안식일을 이유로 누구든지 너희를 비판하지 못하게 하라 17 이것들은 장래 일의 그림자이나 몸은 그리스도의 것이니

라 ¹⁸ 아무도 꾸며낸 겸손과 천사 숭배를 이유로 너희를 정죄하지 못하게 하라 그가 그 본 것에 의지하여 그 육신의 생각을 따라 헛되이 과장하고 ¹⁹ 머리를 붙들지 아니하는지라 온 몸이 머리로 말미암아 마디와 힘줄로 공급함을 받고 연합하여 하나님이 자라게 하시므로 자라느니라 ²⁰ 너희가 세상의 초등학문에서 그리스도와 함께 죽었거든 어찌하여 세상에 사는 것과 같이 규례에 순종하느냐 ²¹ (곧 붙잡지도 말고 맛보지도 말고 만지지도 말라 하는 것이니 22 이 모든 것은 한때 쓰이고는 없어지리라) 사람의 명령과 가르침을 따르느냐 ²³ 이런 것들은 자의적 숭배와 겸손과 몸을 괴롭게 하는 데는 지혜 있는 모양이나 오직 육체 따르는 것을 금하는 데는 조금도 유익이 없느니라 / 골 2:1-23

22

순종은 해방이다. 원래 내가 하게 되어 있지 않은 일,
즉 나 스스로 주인이 되는 일을 하기보다는 주님의 계획을 따르는 편이 더 낫다.

사실 여러분과 나는 무엇보다도 자기 자신에게서 구출될 필요가 있다! 우리 앞에 선 우리 자신이야말로 우리가 직면한 가장 큰 위험이다. 우리가 생각하는 우리 자신은 하나의 망상이며, 우리 모두는 재앙을 원하는 경향이 있다. 이 모든 것이 합쳐져서 결국 이를 곳은 단 한 곳, 죽음뿐이다.

자녀를 키우는 사람이라면 아이들의 모습에서 이를 확인할 수 있다. 내가 키우는 아이가 작은 주권자, 곧 자기 자신 외에 다른 권위는 필요 없다 생각하는 존재라는 사실을 깨닫는 데는 그리 오래 걸리지 않았다. 아이의 마음 가장 깊은 곳에는 그런 생각이 자리 잡고 있었다. 아직 걷지 못하고 말을 못하는 아이도 부모의 지혜를 거부하고 부모의 권위에 반항한다. 뭐가 몸에 좋은지 안 좋은지 전혀 모르면서도 아이는 어떤 음식을 원하지 않는다고 작정을 하고서는 그 음식을 먹여 보려는 부모의 노력과 싸움을 벌인다. 자라면서는, 벽에 설치된 콘센트가 얼마나 위험한지 알 수 있는 능력이 거의 없으면서도 자꾸 콘센트에 손가락을 넣으려 한다. 부모가 하지 말라고 한다는 바로 그 이유 때문에 말이다. 아이는 잠자고 먹고 행동하는 일에 대해 완전히 자신이 통제권을 행사하고 싶어 한다. 아이는 자기 삶을 다스리는 것이 자신의 권리라고 믿으며, 그

래서 부모의 자애로운 권위에 순복하게 만들려는 부모의 노력에 맞서 싸운다.

그 꼬맹이는 부모의 권위에 순복하게 만들려는 내 노력에 저항할 뿐만 아니라, 부모인 나에게 권위를 행사하려고도 한다. 아이는 아무렇지도 않게 부모에게 이래라 저래라 하고, 부모가 무언가 자기가 싫어하는 일을 할라치면 지체 없이 싫다고 말한다. 부모가 자신의 욕구를 채워 주면 좋아하고, 요구하는 것을 부모가 들어주지 못하면 부모에게 벌을 줄 방법을 찾아낸다.

자, 여기 우리가 알아야 할 것이 있다. 부모 노릇하느라 길고 힘들었던 하루의 끝, 아이들이 모여 뭔가 특별히 부모에게 반항할 음모를 꾸미고 있는 것 같을 때, 그리고 나는 지치고 실망해 침대에 걸터앉아 있을 때 내가 기억해야 할 것은, 나도 저 아이들과 다르지 않고 오히려 비슷하다는 사실이다. 우리는 다 스스로 자기 세상을 다스리고 싶어 한다. 권위란 자유를 주기보다 자유를 종식시키는 어떤 것이라고 생각할 때가 누구에게나 있다. 우리는 하나님께서 우리 각 사람의 위시리스트 맨 아래에 서명을 해주시기를 원하며, 만약 서명해 주시면 하나님의 선함을 기뻐한다. 그러나 서명을 안 해 주시면, 하나님을 따르는 것이 과연 가치 있는 일일지 의심하기 시작한다. 우리의 아이들과 마찬가지로, 우리도 저마다 우리 창조주께서 의도하시지 않은 어떤 존재가 되려 하고, 의도하시지 않은 어떤 일을 하려 한다.

그래서 자충족성이라는 우리의 망상을 제거하려고 은혜가 임한다. 은혜는 자율이라는 우리의 위험한 소망을 소멸시키고자 애쓴다. 은혜는 우리가 정말로 필요한 것을 위해 손을 내밀 수 있게 돕고 또 그것을 주시는 분의 지혜에 순복할 수 있도록 돕는다. 그렇다, 맞는 말이다, 은혜는 우리 자신에게서 우리를 구출한다.

더 깊이 묵상하고 격려를 얻으려면 시편 119편 1-88절을 읽으라.

GOODTV 개역개정성경
시편 119편 1-88 오디오클립으로
연결됩니다.

23

내가 어디에서 살든 하나님께서 그 모든 곳을 다 다스리시기 때문에,
나에게 약속하신 것을 필요로 하는 바로 그 상황에서
그 약속을 내게 이뤄주실 수 있다.

전에 이런 생각을 해본 적이 있는지 모르겠지만, 하나님의 약속은 하나님의 주권의 범위만큼만 유효하다. 하나님께서는 자신이 다스리시는 곳에서만 내게 필요한 것을 전해 주실 수 있다. 하나님의 다스림이 확고하고 불변하지 않는다면, 하나님의 약속 또한 마찬가지다. 내가 생각하기에 이 둘을 연결 짓지 못하는 이들이 많으며, 이렇게 될 때 우리는 하나님의 다스림에는 교묘하게 저항하면서 하나님의 약속은 찬양한다. 하나님은 우리의 주권적 구주시다. 하나님이 주권적이시지 않으면 우리는 그분이 나의 구주가 되는 데 필요한 권위를 행사하실 수 있다고 장담할 수가 없다.

성경 역사의 흐름에 대해 잠깐 생각해 보라. 아담과 하와의 타락과 예수 그리스도의 탄생 사이에 존재한 수많은 세대의 사람들을 생각해 보라. 그 기간 동안의 무수한 상황과 장소를 생각해 보라. 흥했다가 망한 인간의 모든 나라를 생각해 보라. 크든 작든 사람들이 내린 모든 결정을 생각해 보라. 물질세계의 쉼 없는 생과 사의 순환을 생각해 보라. 그리고 이제 이것을 생각해 보라. 약속된 대로 예수님께서 태어나, 필연적으로 이 땅에 사시고, 자신의 말씀대로 우리를 위해 죽었다가 다시 사실 수 있

기 위해 하나님께서는 자연의 힘에 절대적 지배권을 행사하셔야 했고 인간 역사의 사건들을 완전히 제어하셔야 했다. 그래야 예수님께서 우리의 구속을 위해 적시에 태어나, 살고, 죽고, 다시 사실 수 있을 터였다.

전능자의 다스림이 없었더라면 메시아의 탄생을 예언하는 선지자도 없었을 것이고, 목자들에게 이를 알리는 천사도 없었을 것이며, 구유의 아기에 대해 궁금해 하는 마리아도 없었을 것이다. 팔레스타인에 아무 기적도 없었을 것이다. 완벽히 순종하신 인자도 없었을 것이다. 부당한 재판과 잔혹한 십자가도 없었을 것이다. 생명을 주는 복음을 우리에게 전한 제자들도, 성경도, 교회도, 영생의 소망도 없었을 것이다. 생명을 주는 복음의 약속을 향해 손을 내밀고자 한다면, 자신의 다스림 덕분에 그 약속을 내게 전해주실 수 있는 분의 절대적 다스림을 기뻐하기도 해야 한다. 소망은 그 약속의 아름다움에서만이 아니라 그 약속을 하신 분의 헤아릴 수 없는 권세와 권위에서도 찾을 수 있다. 약속한 것이 전달되어야 할 상황과 장소에 대해 별 권세가 없는 존재의 약속에는 소망이 없다. 그러나 내가 소망을 가질 수 있음은, 내 주님의 약속이 현실이 될 필요가 있는 그 모든 상황을 주님께서 완전히 다스리시기 때문이다.

더 깊이 묵상하고 격려를 얻으려면 예레미야 32장 16-27절을 읽으라.

~

[16] 내가 매매 증서를 네리야의 아들 바룩에게 넘겨 준 뒤에 여호와께 기도하여 이르되 [17] 슬프도소이다 주 여호와여 주께서 큰 능력과 펴신 팔로 천지를 지으셨사오니 주에게는 할 수 없는 일이 없으시니이다 [18] 주는 은혜를 천만인에게 베푸시며 아버지의 죄악을 그 후손의 품에 갚으시오니 크고 능력 있으신 하나님이시요 이름은 만군의 여호와시니이다 [19] 주는 책략에 크시며 하시는 일에 능하시며 인류의 모든 길을 주목하시며 그의 길과 그의 행위의 열매대로 보응하시나이다 [20] 주께서 애굽 땅에서 표적과 기사를 행하셨고 오늘까지도 이스라엘과 인류 가운데 그와 같이 행하사 주의 이름을 오

늘과 같이 되게 하셨나이다 [21] 주께서 표적과 기사와 강한 손과 펴신 팔과 큰 두려움으로 주의 백성 이스라엘을 애굽 땅에서 인도하여 내시고 [22] 그들에게 주시기로 그 조상들에게 맹세하신 바 젖과 꿀이 흐르는 땅을 그들에게 주셨으므로 [23] 그들이 들어가서 이를 차지하였거늘 주의 목소리를 순종하지 아니하며 주의 율법에서 행하지 아니하며 무릇 주께서 행하라 명령하신 일을 행하지 아니하였으므로 주께서 이 모든 재앙을 그들에게 내리셨나이다 [24] 보옵소서 이 성을 빼앗으려고 만든 참호가 이 성에 이르렀고 칼과 기근과 전염병으로 말미암아 이 성이 이를 치는 갈대아인의 손에 넘긴 바 되었으니 주의 말씀대로 되었음을 주께서 보시나이다 [25] 주 여호와여 주께서 내게 은으로 밭을 사며 증인을 세우라 하셨으나 이 성은 갈대아인의 손에 넘기신 바 되었나이다 [26] 그 때에 여호와의 말씀이 예레미야에게 임하여 이르시되 [27] 나는 여호와요 모든 육체의 하나님이라 내게 할 수 없는 일이 있겠느냐 / 렘 32:16-27

24

하나님의 거대한 영광만이 내 마음을 자꾸 유혹하고
낚아채는 피조물의 모든 작은 영광에서 나를 구출할 수 있다.

1년쯤 뒤에 가족들을 데리고 디즈니 월드에 놀러 가기로 했다고 가정해 보라. 그리고 아이들과 함께 컴퓨터 앞에 앉아 다채로운 볼 거리와 음향 등 디즈니 월드의 화려함을 구경한다고 가정해 보라. 그리고 1년의 시간이 흐르는 동안, 이제 곧 어떤 일을 경험하게 될지 망각하고 그 일을 위해 우리 식구가 지금 치러야 할 희생에 대해 불평하는 아이들에게 디즈니 웹사이트를 보여 주고 또 보여 주면서 그곳에 가야만 경험할 수 있는 비할 바 없이 화려한 재미를 상기시켜 준다고 가정해 보라. 그리고 마침내 온 가족이 자동차에 몸을 싣고 이 화려한 곳으로 가는 긴 여정에 올랐다고 가정해 보라. 아이들이 조급해 하며 얼마나 가야 디즈니 월드에 도착하느냐고 묻는다고 가정해 보라. 여러 시간을 달려 플로리다의 고속도로로 접어들었는데, "월트 디즈니 월드까지 190킬로미터"라는 이정표가 보인다고 해보자. 이제, 이 이정표 옆에 차를 세우고 거기서 휴가를 보낸다고 가정해 보자. 아마 내가 제 정신이 아니라고 생각할 것이다. 그런데 수많은 사람이 매일 그런 행동을 한다. 혼란스러운가? 내가 설명해 보겠다.

우리가 확실히 아는 사실 한 가지가 있다. 그 이정표는 우리가 가야 할 곳이 아니라는 것이다. 이정표는 가야 할 곳을 알려 주려고 만들어졌다. 이정표는 우리가 목표하는 곳이 줄 수 있는 것을 우리에게 주지 못한다. 이정표는 어디로 가야 우리가 목표로 하는 것을 찾을 수 있는지 가리켜 줄 수 있을 뿐이다. 디즈니 월드를 가리키는 그 이정표는 디즈니 월드가 줄 수 있는 것을 우리에게 주지 못할 것이다. 창조 세계의 물질적 화려함 또한 마찬가지다.

여기 우리가 알아야 할 것이 있다. 세상에는 오직 두 가지 유형의 영광만이 존재한다. 이정표 영광과 궁극적 영광이 바로 그것이다. 이정표 영광이란 하나님께서 창조하신 물질적 세상의 풍경, 소리, 색채, 질감, 맛, 냄새, 체험 등이 신기하게 펼쳐지는 것을 말한다. 이 화려한 영광은 원래 내 마음을 만족시키기 위한 것들이 아니다. 이 영광은 나에게 만족감, 평강, 의미, 목적을 주려고 만들어지지 않았다. 이 영광은 나에게 생명을 줄 능력이 없다. 땅은 절대 나의 구주일 수 없다. 그보다 창조 세상의 만물은 원래 궁극적 영광을 지닌 분을 가리키는 커다란 이정표 역할을 해야 하며, 오직 그분만이 나에게 생명을 주고 내 마음을 만족시킬 능력을 지닌 유일한 분이시다. 하나님만이 나에게 생명을 주실 수 있다. 하나님만이 참 영광을 추구하는 내 마음에 안식을 주실 수 있다. 하나님께서는 자신이 만든 세상이 자신을 대신하는 것이 아니라 자신을 가리키는 역할을 하도록 하셨다(시 19편).

오늘 어디에서 생명을 구하겠는가? 고속도로변 이정표 옆에서 휴가를 보내는 아버지처럼 살 것인가, 아니면 그 이정표가 가리키는 곳으로 달려가겠는가? 실로 우리 마음은 하나님 안에서 충족감을 누릴 때에라야 비로소 만족하게 되는 것이 사실이다.

더 깊이 묵상하고 격려를 얻으려면 요엘 2장 21-27절을 읽으라.

~

²¹ 땅이여 두려워하지 말고 기뻐하며 즐거워할지어다 여호와께서 큰 일을 행하셨음이로다 ²² 들짐승들아 두려워하지 말지어다 들의 풀이 싹이 나며 나무가 열매를 맺으며 무화과나무와 포도나무가 다 힘을 내는도다 ²³ 시온의 자녀들아 너희는 너희 하나님 여호와로 말미암아 기뻐하며 즐거워할지어다 그가 너희를 위하여 비를 내리시되 이른 비를 너희에게 적당하게 주시리니 이른 비와 늦은 비가 예전과 같을 것이라 ²⁴ 마당에는 밀이 가득하고 독에는 새 포도주와 기름이 넘치리로다 ²⁵ 내가 전에 너희에게 보낸 큰 군대 곧 메뚜기와 느치와 황충과 팥중이가 먹은 햇수대로 너희에게 갚아 주리니 ²⁶ 너희는 먹되 풍족히 먹고 너희에게 놀라운 일을 행하신 너희 하나님 여호와의 이름을 찬송할 것이라 내 백성이 영원히 수치를 당하지 아니하리로다 ²⁷ 그런즉 내가 이스라엘 가운데에 있어 너희 하나님 여호와가 되고 다른 이가 없는 줄을 너희가 알 것이라 내 백성이 영원히 수치를 당하지 아니하리로다 / **요엘 2:21-27**

25

우리는 흔히 화내는 데는 신속하고 사랑하는 데는 더디지만,
하나님은 우리 같지 않으시다. 하나님은 더디 진노하시고 사랑이 풍성하시다.

그 장면을 여러분도 익히 알 것이다. 생필품 몇 가지를 사러 급히 마트에 갔다. 내 계획은 필요한 물건을 최대한 빨리 사 가지고 나오는 것이다. 잰 걸음으로 진열대로 가, 사려는 물건을 집어 들고 서둘러 계산대 앞에 줄을 섰으나, 셀프 계산대는 고장 수리 중이고 직원이 직접 계산해 주는 계산대만 열려 있다. 막 그 줄에 서려고 할 때 한 여자가 물건이 150개쯤 들어 있는 카트를 내 앞으로 밀고 들어온다. 갑자기 가슴이 답답해지는 게 느껴진다. 여자는 물건 하나하나를 느릿느릿 살펴보며 계산대 위에 올려놓는 것만으로도 부족한지 카트를 다 비운 뒤에는 120장이나 되는 쿠폰을 늘어놓는다. 직원은 각 쿠폰을 계산대 위 물건과 하나하나 대조해 가며 계산해야 한다. 나는 화가 나기 시작한다. 동전 한 닢까지도 아끼려는 꼼꼼한 정산이 마침내 끝났지만, 여자는 이제 돈을 더 내야 한다는 사실을 알게 된다. 그런데 그런 일은 그 여자 사전에는 없는 일인 듯하다. 6인용 캠핑 텐트만한 손가방을 들고 있는 여자는 이 시점까지도 가방을 열 기미가 안 보인다. 이윽고 여자가 작은 아이들을 품에서 내려놓고 가방에서 화장품, 과자봉지를 주섬주섬 꺼내기 시작하자 나는 결국 큰 소리를 내고 만다. "빨리 좀 하라고요, 지금 사람 놀리는

겁니까?" 마트 건물 앞에 있던 사람들이 일제히 나를 쳐다보자 나는 나도 모르게 생각보다 큰 소리가 나왔다는 것을 알게 된다.

나와 함께 그 순간을 생각해 보자. 나는 이 여자에게 화가 치밀었지만, 여자가 의도적으로 내 순서를 지체시키지는 않았다. 속이 부글부글 끓어올랐지만, 사실 손실된 시간은 나의 하루 중 겨우 10분 남짓이다. 나는 성이 났지만 이 일 전체를 보자면 우스꽝스러울 만큼 사소한 일이다. 내가 큰 소리를 낸 것은 나의 분노가 표면화되었기 때문이다. 내가 짜증을 낸 것은 인내하는 사랑보다는 분노가 내게 더 자연스럽기 때문이다. 내 앞에 있는 여자를 내가 충분히 사랑하지 않은 이유는 나 자신에게 초점을 맞추기에 바빠서 그 여자를 향해 사랑으로 대처할 에너지가 별로 남아 있지 않기 때문이었다.

하나님은 내가 방금 묘사한 풍경과 정반대라는 사실을 알면 위로가 되지 않는가? 우리에게 진노하실 권리가 있고 어떤 행동이든 그 분노가 욕구하는 대로 행동할 힘을 가지신 분이 실제로는 노하기를 더디 하신다. 성경은 하나님이 진노가 풍성하시다고 말하지 않으며, 오히려 사랑이 풍성하시다고 신속히 우리를 안심시킨다. 하나님이 우리와 똑같지 않다는 사실을 오늘 감사히 여기라. 만약 우리와 똑같으시다면 여러분과 나는 저주를 받을 터이니 말이다. 하나님이 믿을 수 없을 만큼 인내심이 강하며 영원히 온유하시다는 사실에 감사하라. 하나님이 다정하시고, 친절하시며, 은혜로우시다는 사실에 감사하라. 내 죄가 받아 마땅한 대접이 있지만 하나님께서 나를 그렇게 대하지 않으신다는 사실에 감사하라. 예수님의 공로 덕분에 하나님께서 나의 최악의 날에도 나를 인자함으로 대하신다는 사실에 감사하라. "여호와는 노하기를 더디하시고 인자가 많아 죄악과 허물을 사하시나"(민 14:18).

더 깊이 묵상하고 격려를 얻으려면 시편 104편을 읽으라.

GOODTV 개역개정성경
시편 104편 오디오클립으로
연결됩니다.

26

> 오늘 나는 나를 혼란스럽게 만드는 일을 만날 것이다.
> 하지만 그 모든 일을 다스리시는 분은
> 혼란스러워 하지 않는다는 사실을 확신하고 안심하라.

우리는 사실 많이 알지 못한다. 날마다 우리는 신비와 마주한다. 자신의 개인적 스토리가 어디로 흘러갈지 확실히 예측할 수 있는 사람은 아무도 없다. 나에게, 나와 가까운 사람에게, 그리고 내가 살고 있는 세상에 일어나는 일에 관해 우리는 다 혼란스러워 한다. 우리가 삶을 납득하려고 애를 쓰는 만큼, 세상에는 우리가 전혀 이해할 수 없는 일들이 많다. 이 모든 상황은 무엇을 의미하는가? 답은 이렇다. 여러분과 나는 이 모든 일을 다 알려고 애쓰는 것으로써는 내면의 평화와 안식을 절대 얻지 못하리라는 것이다. 평강은 이 모든 것을 다 아시며 자신의 영광과 우리의 유익을 위해 이 모든 것을 다스리시는 분의 지혜와 은혜에 의지하는 데서 찾을 수 있다.

우리 아이들이 아주 어렸을 때, 내가 어떤 일을 못하게 하면 아이들은 그 이유를 모르고 항변을 하곤 했다. 그럴 때 나는 아이 앞에 무릎을 꿇고 앉아 눈높이를 맞추고는 아이와 대화를 하곤 했다. 대화는 대개 다음과 같이 진행되었다.

"아빠가 너 사랑하는 거 알아?"

"네, 아빠가 나 사랑하는 거 알아요."

"아빠가 너한테 못되고 기분 나쁘게 행동해?"

"아니요, 아빠는 못되게 구는 거 싫어하잖아요."

"아빠가 무섭고 나쁜 아빠야?"

"아니요."

"그럼 아빠가 이제부터 하는 말 잘 들어. 너는 하고 싶은데 아빠가 왜 '안 된다'고 하는지 이유를 말해 주고 싶은데 그럴 수가 없어. 아빠가 설명해 줘도 너는 무슨 말인지 잘 모를 테니까. 그러니까 이렇게 한 번 해봐. 저기 복도 끝으로 가서 이렇게 혼잣말을 해봐. '아빠가 왜 안 된다고 하는지 이유는 잘 모르지만, 아빠가 나를 사랑한다는 건 알아, 난 아빠를 믿을 거야'라고. 아빠는 정말로 너를 사랑해."

"저도 아빠 사랑해요."

세상에는 우리가 이해하지 못할 일이 정말 많다. 세상에는 우리의 능력으로 이해할 수 없는 일이 정말 많다. 그래서 안식은 아버지를 신뢰하는 데서 찾을 수 있다. 아버지께서는 혼란스러워 하지 않으시며, 내 최상의 이익을 분명 염두에 두신다. 그렇다, 아버지께서는 나에게 힘든 일을 하라고 하실 것이고 내가 가는 길에 난관이 있게 하실 테지만, 아버지는 내 신뢰를 받기에 합당한 분이시고 아버지는 나를 귀히 사랑하신다. 오늘 나의 하늘 아버지께서 나에게 손을 내밀며 말씀하신다. "네가 마주하는 모든 일을 다 이해하지 못하리라는 것을 내가 안다. 하지만 기억해라, 내가 너를 사랑한다는 것을. 나를 신뢰하라, 그러면 다른 어떤 방법으로도 찾을 수 없는 평강을 누리게 될 것이다."

더 깊이 묵상하고 격려를 얻으려면 이사야 40장을 읽으라.

GOODTV 개역개정성경
이사야 40장 오디오클립으로
연결됩니다.

27

**일어나서 담대하게 삶을 마주하라.
하나님의 자녀로서 우리는 자기 힘과 지혜의 한계에 맡겨져 있지 않다.**

갈라디아서 2장 20절은 하나님의 자녀로서 내가 어떤 존재이고 나에게 무엇이 주어져 있는지 아주 잘 포착한다.

1. 구속과 관련된 역사적 사실 진술. "내가 그리스도와 함께 십자가에 못 박혔나니." 바울이 여기서 하고 있는 말은 엄청나게 중요하다. 갈보리의 십자가에서 예수님께서는 대체적인 구원 가능성을 획득하신 것이 아니었다. 예수님께서는 구원을 가능하게 하려고 죽으시지 않았다. 그렇다, 예수님께서는 십자가에서 단호한 조처를 취하셨다. 예수님께서는 구체적으로 여러분과 나를 위해 효력 있게 죽으셨다. 예수님의 죽음은 마치 우리 자신이 죽은 것처럼 우리에게 효력 있는 죽음이었다. 우리의 대표로서 죽으셨기 때문에 예수님의 죽음은 우리를 향한 하나님의 진노를 누그러뜨렸고, 그래서 우리는 그 진노를 이제 더는 마주하지 않는다.

2. 구속과 관련된 현재의 사실 진술. "이제는 내가 사는 것이 아니요 오직 내 안에 그리스도께서 사시는 것이라." 이는 의미를 파악하기

어려운 혁명적 주장이지만, 중요하게 따져보아야 할 주장이기도 하다. 여러분과 나는 그리스도께서 이제 우리 안에 사실 수 있도록 그리스도와 함께 죽었다. 바울은 이생에서의 육체적 삶에 관해 말하는 것이 아니라, 영적인 삶을 말하고 있다. 지금 나의 영적 삶에 생기를 불어넣고, 동기를 부여하고, 추진력을 제공하는 힘은 내가 아니라 그리스도다! 은혜로써 그리스도께서는 나를 그리스도께서 거하시는 곳으로 만든다. 이는 어떤 상황이나 장소나 관계에서든 내가 절대 혼자가 아니라는 뜻이다. 그리스도께서 항상 나와 함께 계신다. 그리고 그리스도께서 항상 나와 함께 계시기 때문에, 나는 나 자신의 지혜와 힘과 의라는 한정된 자원에 맡겨지지 않는다(엡 3:20-21을 보라).

3. 삶을 구체화시키는 결론. "이제 내가 육체 가운데 사는 것은 나를 사랑하사 나를 위하여 자기 자신을 버리신 하나님의 아들을 믿는 믿음 안에서 사는 것이라." 나는 그리스도께서 나를 위해 죽으셨고 내 안에 사신다는 사실에 믿음을 두며, 그 기초 위에서 살아간다. 나는 평강과 소망과 담대함으로 살지만, 이는 내 안에서나 내 주변에서 진행되는 일을 내가 다 이해하기 때문이 아니다. 이는 내 죄가 사함 받았을 뿐만 아니라, 만왕의 왕이요 만주의 주님이시며 창조주이자 구주이신 분이 이제 내 안에 사는 까닭에 내 상상을 초월하는 자원으로 축복받았기 때문이다. 나는 많은 것을 알지 못하지만, 이 사실은 확신한다. 즉, 그리스도께서 나와 함께 계시고, 그리스도께서 내 안에 계시며, 그리스도께서 나를 위해 계시다는 것이다. 그분의 임재가 나를 풍성하게 하는데, 나는 가난하다고 하는 생각을

나 자신에게 허용할 수 없다. 그분께서 은혜로써 나에게 능력을 주시는데 나는 못한다는 말을 나 자신에게 할 수 없다. 최종 결론은 이것이다. 나는 알지 못하는 것들과 더불어 편안하다. 왜냐하면 그리스도께서 다 아시고, 그분이 영원히 나와 함께 하시기 때문이다.

더 깊이 묵상하고 격려를 얻으려면 하박국 3장 17-19절을 읽으라.

~

17 비록 무화과나무가 무성하지 못하며 포도나무에 열매가 없으며 감람나무에 소출이 없으며 밭에 먹을 것이 없으며 우리에 양이 없으며 외양간에 소가 없을지라도 18 나는 여호와로 말미암아 즐거워하며 나의 구원의 하나님으로 말미암아 기뻐하리로다 19 주 여호와는 나의 힘이시라 나의 발을 사슴과 같게 하사 나를 나의 높은 곳으로 다니게 하시리로다 이 노래는 지휘하는 사람을 위하여 내 수금에 맞춘 것이니라 / **하박국 3:17-19**

28

우리는 본디 사랑하며 살 존재들로 창조되었다.
따라서 나의 판단과 바람과 생각과 말과 행동은
다 어떤 사람이나 어떤 일에 대한 사랑의 표현이다.

요한의 충고는 명쾌하며 그가 이 글을 처음 기록했을 때와 다름없이 오늘날에도 중요하다.

> 이 세상이나 세상에 있는 것들을 사랑하지 말라 누구든지 세상을 사랑하면 아버지의 사랑이 그 안에 있지 아니하니 이는 세상에 있는 모든 것이 육신의 정욕과 안목의 정욕과 이생의 자랑이니 다 아버지께로부터 온 것이 아니요 세상으로부터 온 것이라 이 세상도, 그 정욕도 지나가되 오직 하나님의 뜻을 행하는 자는 영원히 거하느니라(요일 2:15-17)

나는 사랑하는 사람(lover)이다. 우리는 다 사랑하는 사람이다. 우리는 사랑한다. 사랑은 인간이 매일 매순간, 어느 곳에서든, 어떤 상황에서든 하는 일이다. 우리는 단 한 순간도 사랑을 안 할 수가 없다. 사랑은 우리 존재의 결을 구성한다. 하나님께서는 사랑이라는 방식으로 나라는 존재를 세심히 직조하셨다. 하나님께서는 왜 나를 매순간 사랑하는 존재로 지으셨을까? 내가 매순간 사랑을 한다는 것이 어째서 내 존재를 구성하는 본질적 부분일까? 하나님께서 나를 그런 능력을 지닌 존재로 창조하셨기에 나는 하나님과 더불어 깊은 사랑이 있는 관계, 마음을 좌우하고 행동 동기가 생겨나게 하며 예배를 시작하게 하고 기쁨을 불러일으키는 그런 관계를 맺고 사는 데 필요한 것을 가질 수 있다. 사랑할 수 있는 능력은 하나님을 위해 창조되었다. 사랑하고자 하는 욕구는 원래 나를 하나님께로 이끌어가기 위한 것이었다. 내 마음은 사랑을 갈망하게 되어 있고, 그 갈망은 본디 하나님 안에서 최종적으로, 완전히 성취되게 되어 있었다.

그런데 비극이 여기 있다. 죄는 우리가 어떤 식으로든 하나님의 사랑에 등을 돌리고 우리 마음의 가장 큰 사랑을 하나님 아닌 다른 어떤 사람이나 다른 어떤 것에 쏟게 만든다. 우리는 하나님 아닌 다른 것에 대한 사랑으로 우리 마음을 충족시키려 한다. 우리는 창조주보다 피조물을 더 사랑한다. 우리는 하나님 아닌 다른 사람들을 하나님보다 더 사랑한다. 우리는 자기 자신을 심히 사랑하는 나머지, 사랑 그 자체이신 분을 사랑할 만한 여력이 거의 없다. 우리는 사랑으로 우리 마음이 만족할 수 있기를 바라면서 이것도 사랑했다 저것도 사랑했다 하며 뛰어다닌다. 우리는 다 이 연인 저 연인을 전전하고 하나님 아닌 다른 것에 우리 마음의 충성을 바치면서 영적으로 문란하게 산다. 우리는 창조의 계획에 따라 원래 하나님께, 오직 하나님께만 속해야 할 것을 다른 것에 내주고 마는 영적 간음자들이다. 성경은 비극으로 끝날 것 같던 애정극, 그러나 그렇게 끝날 것 같던 바로 그 순간에 예수님께서 오신 이야기다.

알다시피, 하나님은 사랑 자체이신 분으로서, 사랑의 아들을 보내사 사랑의 궁극적 희생을 치르게 하시어 우리가 전에 없던 사랑으로 하나님을 사랑하는 사람들이 되게 하신다. 사랑으로 하나님께서는 우리가 지극히 사랑스럽지 않은 날에도 그치지 않는 사랑을 우리에게 쏟아 부으신다. 그리고 은혜로써 하나님께서는 우리 마음을 변화시키사 우리가 점차 피조물을 피조물에게 합당한 자리에 두며, 오직 하나님만을 향한 우리 마음의 궁극적 사랑을 유지할 수 있게 하신다. 이제, 우리를 구원하는 그 사랑의 선물을 기뻐하라!

더 깊이 묵상하고 격려를 얻으려면 신명기 6-8장을 읽으라.

GOODTV 개역개정성경
신명기 6-8장 오디오클립으로
연결됩니다.

29

**망가진 이 현재 세상에서의 삶은
내 안에 갈망, 준비, 소망이 있게 하려고 하나님께서 계획하셨다.**

우리 삶에 대해 위와 같은 식으로 생각한다는 것은 우리에게 자연스럽지 않지만, 이 상한 세상에서 우리 모두가 직면하는 난관은 하나님의 계획에 방해가 되지 않는다. 그렇다, 우리가 만나는 갖가지 난관은 하나님의 계획의 일부다. 이 타락한 세상이 나의 현주소인 이유는 하나님께서 구속계획을 어설프게 세우셨기 때문이 아니다. 내가 지금 사는 곳에 살고 내가 지금 마주하는 일을 마주하는 이유는 하나님께서 바로 그것을 원하시기 때문이다. "이미"와 "아직" 사이에서 우리 모두가 직면하는 역경은 하나님의 구속 사역이 실패했다는 신호가 아니라 오히려 그 구속 사역의 아주 중요한 도구다.

우리가 바로 지금 바로 이곳에서 모두 겪는 일들은 가치가 명료해지고 마음이 보호되는 거대하고 점진적인 한 과정이다. 하나님께서는 이 현재 세상의 부서지고 망가진 상태를 활용해 나에게 소중한 가치가 무엇인지를 밝히 보여 주신다. 왜 이런 과정이 필요한가? 참으로 중요한 것, 즉 하나님께서 말씀하시는 것이 중요함을 기억하려고 내가 이생에서 몸부림치기 때문이다. 여러분과 나는 어떤 일에 대해 실제보다 훨씬 더 큰 중요성을 부여하며, 우리가 그렇게 할 때 이 일은 우리에게 마음으로 충성할 것을 요구하기 시작한다. 그래서 하나님께서는 우리로 하여금 이 물질 세상의 일들이 점차 낡아가고 망가지는 것을 경험하게 하신다. 우리가 살아가면서 만나는 사람들은 우리를 실망시킨다. 우리가 맺는 관계는 불쾌하며, 고통스러워진다. 우리 몸은 세월이 갈수록 약해진다. 꽃은 시들어 죽고 음식은 상한다. 이 모든 일이 일어나는 것은, 이런 일들이 아름답고 즐겁기는 하나 우리 모두가 갈망하는 것, 즉 생명을 주지는 못한다는 사실을 우리에게 가르치기 위해서다.

　탄식하고 있는 이 세상에서, 하나님께서는 우리 마음을 보호하신다. 하나님께서는 우리 자신에게서 우리를 보호하신다. 우리 마음은 아주 변덕스러울 수 있다. 하루는 하나님을 경배할 수 있으나, 그 다음 날이면 하나님께 등을 돌리고 다른 어떤 것에게 우리 마음의 경배를 바친다. 그래서 사랑으로 하나님께서는 피조물의 단편들이 우리 손에서 소멸되게 하시고, 그리하여 우리가 오직 하나님께서만 주실 수 있는 것을 이 땅에 요구하는 태도에서 점점 벗어나게 하신다. 하나님께서는 상실(喪失)을 통해 우리를 보호하사 우리 마음이 추구하는 것을 결코 주지 못할 것들에 충성을 바치지 못하게 하신다. 이 모든 일의 의도는 하나님께 대한 우리의 사랑과 경배가 깊어지게 하려는 것이다. 이 모든 일은 우리가 하나님 안에서 누리는 기쁨을 촉진하려고 정교하게 계획되었다. 그리고 이렇게 하시면서, 하나님께서는 우리가 이 현재의 수고에서 해방되어 하나님을 경배하는 일에 우리의 존재 전부를 언제까지나 영원히 바치는 순간을 위해 우리를 준비시키고 계신다.

　주님께서는 내가 하나님의 자녀임에도 여전히 길을 잃고 엇나가기 일쑤라는 사실을 잘 알고 계시며, 그래서 온유하고 오래 참는 은혜로써 하나님께서는 하나님만이 가장 깊고 가장 경건한 내 마음의 충성을 받기에 합당하다는 사실을 가르쳐 주는 세상에 내가 계속 살게 하신다.

더 깊이 묵상하고 격려를 얻으려면 베드로전서 1장 3-12절을 읽으라.

~

³ 우리 주 예수 그리스도의 아버지 하나님을 찬송하리로다 그의 많으신 긍휼대로 예수 그리스도를 죽은 자 가운데서 부활하게 하심으로 말미암아 우리를 거듭나게 하사 산 소망이 있게 하시며 ⁴ 썩지 않고 더럽지 않고 쇠하지 아니하는 유업을 잇게 하시나니 곧 너희를 위하여 하늘에 간직하신 것이라 ⁵ 너희는 말세에 나타내기로 예비하신 구원을 얻기 위하여 믿음으로 말미암아 하나님의 능력으로 보호하심을 받았느니라 ⁶ 그러므로 너희가 이제 여러 가지 시험으로 말미암아 잠깐 근심하게 되지 않을 수 없으나 오히려 크게 기뻐하는도다 ⁷ 너희 믿음의 확실함은 불로 연단하여도 없어질 금보다 더 귀하여 예수 그리스도께서 나타나실 때에 칭찬과 영광과 존귀를 얻게 할 것이니라 ⁸ 예수를 너희가 보지 못하였으나 사랑하는도다 이제도 보지 못하나 믿고 말할 수 없는 영광스러운 즐거움으로 기뻐하니 ⁹ 믿음의 결국 곧 영혼의 구원을 받음이라 ¹⁰ 이 구원에 대하여는 너희에게 임할 은혜를 예언하던 선지자들이 연구하고 부지런히 살펴서 ¹¹ 자기 속에 계신 그리스도의 영이 그 받으실 고난과 후에 받으실 영광을 미리 증언하여 누구를 또는 어떠한 때를 지시하시는지 상고하니라 ¹² 이 섬긴 바가 자기를 위한 것이 아니요 너희를 위한 것임이 계시로 알게 되었으니 이것은 하늘로부터 보내신 성령을 힘입어 복음을 전하는 자들로 이제 너희에게 알린 것이요 천사들도 살펴 보기를 원하는 것이니라 / 벧전 1:3-12

30

**하나님의 자녀라 해도, 죄에 굴복하고 있거나
구원하는 은혜의 역사에 길을 내주고 있거나 둘 중 하나다.
마음은 절대 중립이 아니다.**

여러분의 삶과 내 삶에 하나님의 구속의 은혜가 임한 아름다운 결과 중 하나는, 돌 같던 마음이 사라지고 말랑말랑한 살로 된 마음이 그 자리에 대신 들어섰다는 것이다. 이 표현이 그리고 있는 광경을 생각해 보라. 돌을 손에 들고는 있는 힘을 다해 꽉 쥐면 어떤 일이 생기겠는가? 글쎄, 내 팔 크기를 본다면 이 질문에 금방 답할 수 있을 것이다. 있는 힘을 다해 돌을 꽉 쥘 수는 있을 테지만, 일어나기는 무슨 일이 일어나겠는가. 돌은 꽉 쥐어서 늘릴 수 있는 물질이 아니다. 돌은 고정된 모양으로 존재한다. 회심 전의 내 마음이 바로 그런 부류였다. 내 마음은 변화에 저항했다. 하지만 이제는 그렇지 않다. 은혜가 나에게 살로 된 마음을 주었다. 변화시키는 은혜로써 모양이 잡힐 수 있는 마음을.

자, 이는 내가 하나님 보시기에 옳지 않은 것을 바라거나 생각하거나 말하거나 행함으로써 죄를 지으면, 양심이 나를 괴롭힌다는 의미다. 지금 우리는 죄를 깨우치시는 성령의 역사에 관해 말하고 있다. 양심이 나를 괴롭힐 때 나에게는 오직 두 가지 선택이 있다. 내가 저지른 일이 죄임을 기꺼이 고백하고 나를 의롭다 하시는 그리스도의 자비 아래서 다시 한 번 내 자리를 찾든지, 아니면 하나님의 말씀을 내 양심으로 받아들이기에 옳지 않은 것으로 만드는 모종의 자기 합리화 체계를 만들든지 둘 중 하나다. 우리는 다 이 행동에 아주 능하다. 우리는 내 행동을 정당화해 주는 어떤 것 혹은 어떤 사람을 가리키기를 잘 한다. 우리는 본질적으로 나의 의로움을 옹호하는 자기 속죄 체계를 아주 잘 만들어낸다.

이와 관련된 치명적 문제는, 내가 의롭다고 나 자신을 설득할 때 나는 사나 죽으나 내 유일한 소망인 은혜를 더는 구하지 않게 된다는 것이다. "만일 우리가 죄가 없다고 말하면 스스로 속이고 또 진리가 우리 속에 있지 아니할 것이요 만일 우리가 우리 죄를 자백하면 그는 미쁘시고 의로우사 우리 죄를 사하시며 우리를 모든 불의에서 깨끗하게 하실 것이요"(요일 1:8-9).

사실 우리 중 은혜 졸업생은 아무도 없고, 이는 이 묵상집을 집필하고 있는 나도 마찬가지다. 용서하고, 건져내고, 변화시키고, 구원하는 은혜가 우리에게는 날마다 절박하게 필요하다. 내 죄를 겸손히 인정하기를 거부한다면, 이는 나에게 늘 임재하사 그 죄를 나에게 알려 주시는 구속주께 저항하는 것이다. 예수님께서 내 죄를 나에게 알려 주심은 나를 수치스럽게 하거나 나를 징벌하기 위해서가 아니라 내 마음에서 은혜의 역사를 거둬들이지 않으실 만큼 나를 사랑하시기 때문이며, 예수님께서 죽으시면서까지 내게 주고자 하신 모든 것을 다 이룰 때까지 그 역사는 멈추지 않을 것이다. 여기에 중립의 여지는 거의 없다. 오늘 우리는 은혜에 저항하든지 아니면 겸손히 은혜로 달려가든지 둘 중 하나다. 부디 두 번째가 우리의 선택이 되기를.

더 깊이 묵상하고 격려를 얻으려면 갈라디아서 6장 1-10절을 읽으라.

¹ 형제들아 사람이 만일 무슨 범죄한 일이 드러나거든 신령한 너희는 온유한 심령으로 그러한 자를 바로잡고 너 자신을 살펴보아 너도 시험을 받을까 두려워하라 ² 너희가 짐을 서로 지라 그리하여 그리스도의 법을 성취하라 ³ 만일 누가 아무 것도 되지 못하고 된 줄로 생각하면 스스로 속임이라 ⁴ 각각 자기의 일을 살피라 그리하면 자랑할 것이 자기에게는 있어도 남에게는 있지 아니하리니 ⁵ 각각 자기의 짐을 질 것이라 ⁶ 가르침을 받는 자는 말씀을 가르치는 자와 모든 좋은 것을 함께 하라 ⁷ 스스로 속이지 말라 하나님은 업신여김을 받지 아니하시나니 사람이 무엇으로 심든지 그대로 거두리라 ⁸ 자기의 육체를 위하여 심는 자는 육체로부터 썩어질 것을 거두고 성령을 위하여 심는 자는 성령으로부터 영생을 거두리라 ⁹ 우리가 선을 행하되 낙심하지 말지니 포기하지 아니하면 때가 이르매 거두리라 ¹⁰ 그러므로 우리는 기회 있는 대로 모든 이에게 착한 일을 하되 더욱 믿음의 가정들에게 할지니라 / 갈 6:1-10

31

**십자가는 명백한 패배의 순간이
은혜와 승리의 놀라운 순간이 된다는, 구속주의 손에 들린 증거다.**

성경적 세계관의 중심에는 이 근본적 인식이 자리 잡고 있다. 즉, 이 땅에서 일어난 가장 무시무시한 일은 이 땅에서 일어난 가장 놀라운 일이라는 것이다. 예수 그리스도의 십자가를 생각해 보라. 이보다 더 끔찍한 일이 일어날 수 있을까? 이보다 더 부당한 일이 있을 수 있을까? 이보다 더 고통스러운 손실이 있을 수 있을까? 이보다 더 심한 고난이 있을 수 있을까? 우리가 생각할 수 있는 모든 면에서 완벽한 삶을 산 유일한 분, 많은 이를 위해 자기 목숨을 내놓은 분, 태어날 때부터 죽을 때까지 기꺼이 자기 소명에 충실했던 분이 세상에서 가장 악랄한 방식으로 잔인하게, 공개적으로 살해당했다. 인자가 죽다니 어떻게 그런 일이 있을 수 있었을까? 인간이 메시야를 사로잡아 고문하다니 어떻게 그런 일이 있을 수 있었을까? 이는 선하고 참되고 아름다운 모든 일의 종말 아니었을까? 이런 일이 일어날 수 있었다면, 세상에 과연 소망이 있는가?

자, 대답은 '있다'이다. 소망이 있다! 십자가는 이야기의 결말이 아니었다. 하나님의 의롭고 지혜로운 계획상, 이 음울하고 비참한 순간은 죄가 이 세상에 저지른 온갖 음울하고 비참한 일을 다 해결할 순간이 되도록 정해져 있었다. 이 죽음의 순간은, 동시에 생명의 순간이기도 했다.

이 절망의 순간은 영원한 소망이 주어지는 순간이었다. 이 끔찍한 불법의 순간은, 그와 동시에 놀라운 은혜의 순간이기도 했다. 이 극한 고난의 순간은 언젠가 고난이 영원히 끝날 것을 보증했다. 이 슬픔의 순간은 마음과 삶의 영원한 기쁨으로 우리를 반갑게 맞아들였다. 그리스도께서 잡혀서 죽으신 일은 우리에게 생명과 자유를 획득해 주었다. 이 세상에서 일어날 수 있었던 최악의 일은 이 세상에서 일어날 수 있었던 최고의 일이기도 했다. 오직 하나님만이 그런 일을 하실 수 있다.

최악의 일이 최고의 일이 되도록 계획하신 바로 그 하나님이 내 아버지시다. 하나님께서는 내 삶의 모든 순간을 다스리시며, 구속 역사에서 행하신 바로 그 일을 강력한 은혜로써 나를 위해 행하실 수 있다. 하나님께서는 내 삶에 일어난 불행한 일들을 구속의 도구로 만드신다. 내 실패를 은혜의 도구로 삼으신다. 하나님께서는 타락한 세상의 "죽음"을 이용해, 내가 생명을 향해 손을 내밀도록 동기를 부여하신다. 내 삶에서 가장 힘든 일이 하나님의 지혜롭고 자애로운 손에서는 가장 감미로운 은혜의 도구가 된다.

그러므로 삶을 납득하고자 할 때는 조심스러워야 한다. 불행으로 보이는 일이 사실은 은혜일 수 있다. 끝으로 보이는 일이 시작일 수 있다. 절망으로 보이는 일이 나에게 실제적이고 지속적인 소망을 주시려는 하나님의 도구일 수 있다. 내 아버지는 심히 안 좋아 보이는 일을 취하여 무언가 매우 좋은 일로 바꾸는 일에 전념하신다.

더 깊이 묵상하고 격려를 얻으려면 사도행전 2장 14-36절을 읽으라.

~

14 베드로가 열한 사도와 함께 서서 소리를 높여 이르되 유대인들과 예루살렘에 사는 모든 사람들아 이 일을 너희로 알게 할 것이니 내 말에 귀를 기울이라 15 때가 제 삼 시

니 너희 생각과 같이 이 사람들이 취한 것이 아니라 16 이는 곧 선지자 요엘을 통하여 말씀하신 것이니 일렀으되 17 하나님이 말씀하시기를 말세에 내가 내 영을 모든 육체에 부어 주리니 너희의 자녀들은 예언할 것이요 너희의 젊은이들은 환상을 보고 너희의 늙은이들은 꿈을 꾸리라 18 그 때에 내가 내 영을 내 남종과 여종들에게 부어 주리니 그들이 예언할 것이요 19 또 내가 위로 하늘에서는 기사를 아래로 땅에서는 징조를 베풀리니 곧 피와 불과 연기로다 20 주의 크고 영화로운 날이 이르기 전에 해가 변하여 어두워지고 달이 변하여 피가 되리라 21 누구든지 주의 이름을 부르는 자는 구원을 받으리라 하였느니라 22 이스라엘 사람들아 이 말을 들으라 너희도 아는 바와 같이 하나님께서 나사렛 예수로 큰 권능과 기사와 표적을 너희 가운데서 베푸사 너희 앞에서 그를 증언하셨느니라 23 그가 하나님께서 정하신 뜻과 미리 아신 대로 내준 바 되었거늘 너희가 법 없는 자들의 손을 빌려 못 박아 죽였으나 24 하나님께서 그를 사망의 고통에서 풀어 살리셨으니 이는 그가 사망에 매여 있을 수 없었음이라 25 다윗이 그를 가리켜 이르되 내가 항상 내 앞에 계신 주를 뵈었음이여 나로 요동하지 않게 하기 위하여 그가 내 우편에 계시도다 26 그러므로 내 마음이 기뻐하였고 내 혀도 즐거워하였으며 육체도 희망에 거하리니 27 이는 내 영혼을 음부에 버리지 아니하시며 주의 거룩한 자로 썩음을 당하지 않게 하실 것임이로다 28 주께서 생명의 길을 내게 보이셨으니 주 앞에서 내게 기쁨이 충만하게 하시리로다 하였으므로 29 형제들아 내가 조상 다윗에 대하여 담대히 말할 수 있노니 다윗이 죽어 장사되어 그 묘가 오늘까지 우리 중에 있도다 30 그는 선지자라 하나님이 이미 맹세하사 그 자손 중에서 한 사람을 그 위에 앉게 하리라 하심을 알고 31 미리 본 고로 그리스도의 부활을 말하되 그가 음부에 버림이 되지 않고 그의 육신이 썩음을 당하지 아니하시리라 하더니 32 이 예수를 하나님이 살리신지라 우리가 다 이 일에 증인이로다 33 하나님이 오른손으로 예수를 높이시매 그가 약속하신 성령을 아버지께 받아서 너희가 보고 듣는 이것을 부어 주셨느니라 34 다윗은 하늘에 올라가지 못하였으나 친히 말하여 이르되 주께서 내 주에게 말씀하시기를 35 내가 네 원수로 네 발등상이 되게 하기까지 너는 내 우편에 앉아 있으라 하셨도다 하였으니 36 그런즉 이스라엘 온 집은 확실히 알지니 너희가 십자가에 못 박은 이 예수를 하나님이 주와 그리스도가 되게 하셨느니라 하니라 / 행 2:14-36

Part 4

아침마다
새로운 하나님의
도우심을 구하다

NEW MORNING
MERCIES
A DAILY
GOSPEL
DEVOTIONAL

1

다른 신자들과 함께 예배를 드리면
주 예수 그리스도의 부활이라는 시점에서
삶의 모든 면을 보는 데 도움이 된다.

부활은 그저 가장 중요한 기적만은 아니다. 이는 메시아의 삶에서 가장 놀라운 사건만도 아니다. 이는 내가 믿고 따르는 신학적 개요의 본질적 항목만도 아니다. 이는 교회가 가장 중요하게 여겨 축하하는 절기의 근거만도 아니다. 이는 단지 미래에 대한 소망만도 아니다. 그렇다, 부활은 이 모든 것이기도 하고 그 이상이기도 하다. 부활은 원래 삶의 모든 측면을 들여다보는 창문이다. 고린도후서 4장 14-15절은(본문은 13-15절이지만 개역개정성경에서는 14-15절) 이 진리를 아주 잘 포착하고 있다. "주 예수님을 다시 살리신 이가 예수님과 함께 우리도 다시 살리사 너희와 함께 그 앞에 서게 하실 줄을 아노라 이는 모든 것이 너희를 위함이니 많은 사람의 감사로 말미암아 은혜가 더하여 넘쳐서 하나님께 영광을 돌리게 하려 함이라."

그런데 부활이라는 창문을 통해 삶을 들여다본다는 것은 무슨 뜻일까? 바로 여기, 바로 지금의 내 삶을 평가할 때, 부활과 관련해 나는 무엇을 기억해야 할까? 나는 이것을 아래와 같이 다섯 가지로 정리하겠다.

1. 예수님의 부활은 나의 부활도 보증한다. 삶은 늘 똑같은 일이 계속

반복되는 순환 고리가 아니다. 그렇다, 하나님의 다스림 아래서 이 세상은 하나의 결말을 향해 행진해 가고 있다. 내 삶은 영광스러운 종말 쪽으로 진행되고 있다. 하나님께서 나를 이 망가진 세상에서 들어 올리실 순간이, 그리고 더는 죄와 고난이 없을 순간이 있을 것이다.

2. 부활은 예수님이 지금 무엇을 하고 계신지를 내게 말해 준다. 예수님이 지금 통치하신다. 고린도전서 15장은 마지막 원수가 예수님의 발 아래 있게 될 때까지 예수님이 계속 다스리실 것이라고 말한다. 알다시피, 우리가 사는 세상은 통제를 벗어나 있지 않고, 지금도 여전히 죄를 물리치는 일을 하고 계신 분의 세심한 지배 아래 있다.

3. 부활은 예수님의 부활과 나의 부활 사이에 내게 필요한 모든 은혜를 약속한다. 나의 결말이 이미 보장되었다면, 그 결말을 향해 가는 동안 내게 필요한 모든 은혜 또한 보장되었다. 그게 아니라면 나는 그 결말을 내게 정해진 결말로 삼지 않을 것이다. 장래의 은혜는 언제나 현재의 은혜에 대한 약속과 함께 온다.

4. 예수님의 부활은 내 앞에 어떤 일이 닥치든 옳은 일을 하겠다는 동기를 부여해 준다. 부활은 하나님이 이기실 것이라고 말해 준다. 하나님의 진리가 다스릴 것이다. 하나님의 계획이 성취될 것이다. 죄는 패배할 것이다. 의가 악을 이길 것이다. 이는 내가 하나님의 이름으로 행하는 일은, 어떤 대가를 치르든 모두 그만한 가치가 있는 일이라는 뜻이다.

5. 부활은 내게 언제나 감사의 이유가 있다고 말해 준다. 내 힘으로 무엇을 획득했든 그것과 전혀 상관없이, 나는 가장 흥미진진한 이야기 가운데로 맞아들여져서 기쁨과 평강의 미래를 영원히 허락받았다. 오늘 어떤 일이 일어나든, 이 창문을 통해 삶을 들여다보라.

더 깊이 묵상하고 격려를 얻으려면 고린도전서 15장 1-11절을 읽으라.

~

[1] 형제들아 내가 너희에게 전한 복음을 너희에게 알게 하노니 이는 너희가 받은 것이요 또 그 가운데 선 것이라 [2] 너희가 만일 내가 전한 그 말을 굳게 지키고 헛되이 믿지 아니하였으면 그로 말미암아 구원을 받으리라 [3] 내가 받은 것을 먼저 너희에게 전하였노니 이는 성경대로 그리스도께서 우리 죄를 위하여 죽으시고 [4] 장사 지낸 바 되셨다가 성경대로 사흘 만에 다시 살아나사 [5] 게바에게 보이시고 후에 열두 제자에게와 [6] 그 후에 오백여 형제에게 일시에 보이셨나니 그 중에 지금까지 대다수는 살아 있고 어떤 사람은 잠들었으며 [7] 그 후에 야고보에게 보이셨으며 그 후에 모든 사도에게와 [8] 맨 나중에 만삭되지 못하여 난 자 같은 내게도 보이셨느니라 [9] 나는 사도 중에 가장 작은 자라 나는 하나님의 교회를 박해하였으므로 사도라 칭함 받기를 감당하지 못할 자니라 [10] 그러나 내가 나 된 것은 하나님의 은혜로 된 것이니 내게 주신 그의 은혜가 헛되지 아니하여 내가 모든 사도보다 더 많이 수고하였으나 내가 한 것이 아니요 오직 나와 함께 하신 하나님의 은혜로라 [11] 그러므로 나나 그들이나 이같이 전파하매 너희도 이같이 믿었느니라 / 고전 15:1-11

2

**기도란 다른 영광에 중독되기를 포기하고 진정 영광스러운 단 하나의 영광,
즉 하나님의 영광을 기뻐하는 것이다.**

　슬프게도 많은 사람에게 기도는 하나님께 물질을 구하는 일에 지나지 않는 하나의 의무로 의미가 축소되어 왔다. 기도는 우리의 개인적 소원 목록에 서명해 달라고 하나님께 요구하는 영적 장소가 되었다. 많은 경우 기도는 하나님께 무언가를 요청하고 나서 하나님께서 실제로 그 요구에 응해 주시는지 확인하려고 기다리는 반복적 순환 과정이 되고 말았다. 하나님께서 요청을 들어 주시면 하나님의 성실하심과 사랑을 찬양하고, 만약 들어 주시지 않으면 하나님께서 우리에게 신경을 쓰시기는 하는지 의심할 뿐만 아니라 심지어 정말 하나님이 거기 계시는지 의심하고 싶어진다. 이렇게 해서 기도는 흔히 내게 필요하다고 여겨지는 것을 삼위일체 백화점에 가서 쇼핑하는 일 정도가 되고 만다. 게다가 그것을 공짜로 얻을 수 있기를 바라면서 말이다.

　하지만 주께서 가르치신 기도를 잠시 생각해 보라. 이 기도는 지금까지 우리가 묘사한 그런 기도와는 전혀 안 닮아 보인다. 이 기도는 예배와 순복의 기도다. 이 기도는 내 마음에서 여전히 벌어지고 있는 자아의 나라와 하나님 나라의 싸움을 깊이 있게 인식하고 있다. 이 기도는 내가 하나님의 영광에 심히 눈멀 수 있다는 사실, 그런 만큼 창조 세상의 하찮은

영광에 사로잡히게 된다는 사실을 직시한다. 이 기도는 뭔가를 요구하는 말보다는 순복하고 찬양하는 말이 더 많다. 그리고 요구라고 해도 자기 영광을 바라는 맥락에서가 아니라 복종과 경배의 맥락에서 하는 요구다.

이 기도는 어떻게 시작하는가? 내 삶의 가장 놀라운 현실을 일깨워 줌으로써 시작한다. 은혜를 찬양하는 말로 시작한다. "하늘에 계신 우리 아버지여…"(마 6:9상). 여러분과 나는 이 현실을 찬양하기를 중단해서는 안 된다. 하나님, 창조주, 왕, 구주, 주님께서 자신의 권세와 은혜를 발휘하사 우리 같은 사람들이 하나님의 자녀가 될 수 있게 하셨다. 그 다음은 무엇인가? "이름이 거룩히 여김을 받으시오며"(9하). 여기서 나는 모든 실천 의무 중 가장 중요한 의무에 나 자신을 내던진다. 이는 세상이 창조된 이유다. 여러분과 내가 창조된 것은 이를 위해서다. 하나님이 자신에게 합당한 영광을 얻을 수 있도록 하려고 만물이 존재하게 되었다. 이 부분에서 나는 방황하는 내 마음을 사로잡을 수도 있는 다른 모든 영광을 놓아 보낸다. 이 부분에서 나는 내가 행하는 모든 일에 대한 행동 동기를 부여받는다. 이 부분에서 나는 불충한 내 마음을 위한 구원의 은혜를 부르짖는다.

이어서 이 모범적 기도는 핵심에 도달한다. 이어지는 말들에는 위로와 부르심이 담겨 있다. "나라가 임하시오며 뜻이 하늘에서 이루어진 것 같이 땅에서도 이루어지이다"(10절). 위로는, 아버지께서 구속하시는 사랑으로 우리에게 자신의 나라를 은혜로이 주기로 하셨다는 점이다. 하나님께서는 자신의 다스림으로 우리에게 복을 주시며, 그 다스림은 언제나 지혜롭고, 자애롭고, 성실하고, 참되고, 선하며, 그런 다스림을 베푸는 중에 하나님께서는 우리를 한 개인의 보잘 것 없는 나라에서 구해 내신다. 여기서 우리에게 요청되는 것은, 각자의 난쟁이 나라를 꼭 쥐고 있는 우리의 손아귀를 풀고 영광과 은혜의 하나님 나라에 우리 자신을 바치라는 것이다. 예배로, 그리고 이런 부르심에 대한 찬양으로 우리 마음을 보호받을 때에라야 우리는 뒤에 이어지는 기도를 제대로 할 수 있다.

더 깊이 묵상하고 격려를 얻으려면 마태복음 6장 5-15절을 읽으라.

~

⁵ 또 너희는 기도할 때에 외식하는 자와 같이 하지 말라 그들은 사람에게 보이려고 회당과 큰 거리 어귀에 서서 기도하기를 좋아하느니라 내가 진실로 너희에게 이르노니 그들은 자기 상을 이미 받았느니라 ⁶ 너는 기도할 때에 네 골방에 들어가 문을 닫고 은밀한 중에 계신 네 아버지께 기도하라 은밀한 중에 보시는 네 아버지께서 갚으시리라 ⁷ 또 기도할 때에 이방인과 같이 중언부언하지 말라 그들은 말을 많이 하여야 들으실 줄 생각하느니라 ⁸ 그러므로 그들을 본받지 말라 구하기 전에 너희에게 있어야 할 것을 하나님 너희 아버지께서 아시느니라 ⁹ 그러므로 너희는 이렇게 기도하라 하늘에 계신 우리 아버지여 이름이 거룩히 여김을 받으시오며 ¹⁰ 나라가 임하시오며 뜻이 하늘에서 이루어진 것 같이 땅에서도 이루어지이다 ¹¹ 오늘 우리에게 일용할 양식을 주시옵고 ¹² 우리가 우리에게 죄 지은 자를 사하여 준 것 같이 우리 죄를 사하여 주시옵고 ¹³ 우리를 시험에 들게 하지 마시옵고 다만 악에서 구하시옵소서 (나라와 권세와 영광이 아버지께 영원히 있사옵나이다 아멘) ¹⁴ 너희가 사람의 잘못을 용서하면 너희 하늘 아버지께서도 너희 잘못을 용서하시려니와 ¹⁵ 너희가 사람의 잘못을 용서하지 아니하면 너희 아버지께서도 너희 잘못을 용서하지 아니하시리라 / 마 6:5-15

3

순종한다고 해서 자유를 잃는 것은 절대 아니다.
순종은 참 자유가 내 삶에 들어와 내 마음을 해방시켰다는 증거다.

나는 해방되었고
자유로워졌고
새 생명
새 소망
새 동기
그리고 마음과 생각의
새 평강을 받았도다
아니, 나는 타인의
권위에서
자유롭지 않다.
나는 자유로이
나름의 길을 가거나
나름의 규칙을 정하거나
내가 택한 일을 하지 못한다.
아니다, 내게는
최고의 자유가 주어졌다

나는 하나님의 다스림에서
자유로워진 것이 아니라
나 자신에 묶여 있는 속박에서
자유로워졌다.
하나님을 따르고
순종하고
섬기고
순복하는 일을 위해
나는 창조되었으니,
이곳이야말로
참 자유를 찾아야 할 곳.
반역은 생명을 주지 못한다.
자기가 자기 자신을 다스리는 것으로는 절대 자유에 이를 수 없다
그래서 은혜가 역사하사
나를 내게서 구해 내셔서
하나님을 섬기는 참 자유를 알 수 있게 하신다.

더 깊이 묵상하고 격려를 얻으려면 시편 116편을 읽으라.

~

1 여호와께서 내 음성과 내 간구를 들으시므로 내가 그를 사랑하는도다 2 그의 귀를 내게 기울이셨으므로 내가 평생에 기도하리로다 3 사망의 줄이 나를 두르고 스올의 고통이 내게 이르므로 내가 환난과 슬픔을 만났을 때에 4 내가 여호와의 이름으로 기도하기를 여호와여 주께 구하오니 내 영혼을 건지소서 하였도다 5 여호와는 은혜로우시며 의로우시며 우리 하나님은 긍휼이 많으시도다 6 여호와께서는 순진한 자를 지키시나

니 내가 어려울 때에 나를 구원하셨도다 7 내 영혼아 네 평안함으로 돌아갈지어다 여호와께서 너를 후대하심이로다 8 주께서 내 영혼을 사망에서, 내 눈을 눈물에서, 내 발을 넘어짐에서 건지셨나이다 9 내가 생명이 있는 땅에서 여호와 앞에 행하리로다 10 내가 크게 고통을 당하였다고 말할 때에도 나는 믿었도다 11 내가 놀라서 이르기를 모든 사람이 거짓말쟁이라 하였도다 12 내게 주신 모든 은혜를 내가 여호와께 무엇으로 보답할까 13 내가 구원의 잔을 들고 여호와의 이름을 부르며 14 여호와의 모든 백성 앞에서 나는 나의 서원을 여호와께 갚으리로다 15 그의 경건한 자들의 죽음은 여호와께서 보시기에 귀중한 것이로다 16 여호와여 나는 진실로 주의 종이요 주의 여종의 아들 곧 주의 종이라 주께서 나의 결박을 푸셨나이다 17 내가 주께 감사제를 드리고 여호와의 이름을 부르리이다 18 내가 여호와께 서원한 것을 그의 모든 백성이 보는 앞에서 내가 지키리로다 19 예루살렘아, 네 한가운데에서 곧 여호와의 성전 뜰에서 지키리로다 할렐루야 / 시 116:1-19

4

**인간은 하나님을 경외하며 살아야 할 존재로 창조되었기에,
익숙함 때문에 하나님께 싫증을 내면 심각한 위험에 처한다.**

익숙함은 아름다운 것이다. 아름다운 음악 작품에 익숙해진다는 것은 멋진 일이다. 이는 그 음악을 듣고 또 들을 수 있는 복을 받았다는 의미다. 장미꽃에 익숙해지는 것은 축복이다. 이는 장미 덩굴이 가까이에 있어서 날마다 꽃과 눈 맞춤할 수 있는 특권을 누린다는 뜻이기 때문이다. 그러나 복 중의 복은 하나님의 길, 성품, 임재, 그리고 약속에 익숙해지는 것이다. 이는 그 은혜가 하나님과 나 사이 틈을 이어주고, 나를 하나님과의 친밀한 교제로 이끌어간다는 뜻이다. 또한 이는 성령님이 하나님의 일을 향해 내 눈과 마음과 생각을 열어 주고, 그리하여 한때 내게 미련하게 보였던 일이 이제 내게 소망과 위로와 기쁨을 안겨 준다는 뜻이기도 하다.

그렇다, 익숙함은 놀라운 일이다. 하지만 익숙함은 아주 위험한 것일 수도 있다. 익숙함이라는 겁나는 힘은 이렇게 설명될 수 있다. 즉, 내가 어떤 것에 점점 더 가까워지고 그리하여 그것에 점점 더 익숙해질수록 나는 전과 달리 그것을 있는 대로 보고 가치를 판단할 수 없게 된다. 집을 처음 샀을 때, 뒷마당에 위풍당당하게 서 있는 200년 묵은 나무의 장대하고 위엄 있는 모습에 아마 할 말을 잃었을 것이다. 하지만 세월이 흐

르면서 어떤 일이 일어났다. 나는 사실 이제 그 나무를 쳐다보지 않는다. 나무를 보고 할 말을 잃을 만큼 경이로워 하지도 않는다. 내가 나무 이야기를 하는 경우는, 해마다 나무에서 떨어지는 낙엽 더미를 갈퀴로 긁어모아 치워야 한다고 불평할 때뿐이다. 익숙함은 이렇게 위험한 일일 수 있다.

자, 이는 수직적 관계에도 연관시킬 수 있다. 모든 인간은 저마다 소망, 꿈, 선택, 말, 행동, 욕망, 행동 동기를 갖는 존재로 하나님께서 창조하셨다. 그리고 이런 것들을 구체화시키는 것은 바로 하나님께 대한 경외감, 입이 떡 벌어지게 만들고 마음을 좌우하며 삶을 형성시키는 경외감이다. 하나님의 존재와 위엄과 영광이라는 놀라운 현실이 원래 인간의 의식 중심에 자리 잡고 있어야 했다. 우리는 본디 하나님 인식을 갖고 살아야 할 존재들이며, 그 인식 때문에 우리는 하나님을 지향하는 방식으로 살게 되어 있었다. 하나님을 경외하는 태도가 본디 우리가 행하는 모든 일의 주요 행동 동기여야 했다. 그러나 우리가 하나님과 친밀한 관계를 맺게 되고 하나님의 비밀한 일들을 가까이 접하며 살 수 있는 복을 받게 됨에 따라 우리에게 어떤 일이 일어난다. 익숙함 때문에 우리는 하나님께 대한 경외심을 잃는다. 한때 놀라움에 입이 벌어졌던 일을 봐도 이제 더는 그 정도로 놀랍지 않다. 예배하고픈 마음을 불러일으켰던 일을 봐도 이제 더는 그런 마음이 생기지 않는다. 소망과 담대함으로 행동하게 만들었던 일을 봐도 이제 더는 그렇게 행동하지 않는다. 죄에 대해서는 아니라 말하고 의에 대해서는 옳다 말하게 만들었던 일이 이제 더는 우리를 그렇게 만들지 않는다. 하나님께 대한 경외를 잃은 사람이 많으며 게다가 우리가 그 사실을 알지조차 못한다는 것이 나는 두렵다.

내 삶에는 내가 경외심 결핍이라는 증거가 있지는 않은가? 다시 한 번

볼 수 있는 눈, 다시 한 번 경외심으로 터져나가는 가슴을 달라고 부르짖으라. 그리고 그 부르짖음을 들으시고 응답하시리라는 확신을 주는 은혜에 감사하라.

더 깊이 묵상하고 격려를 얻으려면 이사야 6장을 읽으라.

~

¹ 웃시야 왕이 죽던 해에 내가 본즉 주께서 높이 들린 보좌에 앉으셨는데 그의 옷자락은 성전에 가득하였고 ² 스랍들이 모시고 섰는데 각기 여섯 날개가 있어 그 둘로는 자기의 얼굴을 가리었고 그 둘로는 자기의 발을 가리었고 그 둘로는 날며 ³ 서로 불러 이르되 거룩하다 거룩하다 거룩하다 만군의 여호와여 그의 영광이 온 땅에 충만하도다 하더라 ⁴ 이같이 화답하는 자의 소리로 말미암아 문지방의 터가 요동하며 성전에 연기가 충만한지라 ⁵ 그 때에 내가 말하되 화로다 나여 망하게 되었도다 나는 입술이 부정한 사람이요 나는 입술이 부정한 백성 중에 거주하면서 만군의 여호와이신 왕을 뵈었음이로다 하였더라 ⁶ 그 때에 그 스랍 중의 하나가 부젓가락으로 제단에서 집은 바 핀 숯을 손에 가지고 내게로 날아와서 ⁷ 그것을 내 입술에 대며 이르되 보라 이것이 네 입에 닿았으니 네 악이 제하여졌고 네 죄가 사하여졌느니라 하더라 ⁸ 내가 또 주의 목소리를 들으니 주께서 이르시되 내가 누구를 보내며 누가 우리를 위하여 갈꼬 하시니 그 때에 내가 이르되 내가 여기 있나이다 나를 보내소서 하였더니 ⁹ 여호와께서 이르시되 가서 이 백성에게 이르기를 너희가 듣기는 들어도 깨닫지 못할 것이요 보기는 보아도 알지 못하리라 하여 ¹⁰ 이 백성의 마음을 둔하게 하며 그들의 귀가 막히고 그들의 눈이 감기게 하라 염려하건대 그들이 눈으로 보고 귀로 듣고 마음으로 깨닫고 다시 돌아와 고침을 받을까 하노라 하시기로 ¹¹ 내가 이르되 주여 어느 때까지니이까 하였더니 주께서 대답하시되 성읍들은 황폐하여 주민이 없으며 가옥들에는 사람이 없고 이 토지는 황폐하게 되며 ¹² 여호와께서 사람들을 멀리 옮기셔서 이 땅 가운데에 황폐한 곳이 많을 때까지니라 ¹³ 그 중에 십분의 일이 아직 남아 있을지라도 이것도 황폐하게 될 것이나 밤나무와 상수리나무가 베임을 당하여도 그 그루터기는 남아 있는 것 같이 거룩한 씨가 이 땅의 그루터기니라 하시더라 / 사 6:1-13

5

**기뻐하라, 나를 구속하신 주님은
내 사랑과 경배를 받기에 합당하시다.**

 음식은 하나님의 선물이므로 즐거이 먹어야 하지만, 먹기를 사랑하면 결국 비만해지고 건강을 잃게 된다. 하나님께서 주시는 돈에 감사해야 하지만, 돈을 사랑하면 일중독이 되거나 빚을 지게 될 것이다. 하나님께서 내 삶에 허락하시는 즐거운 일과 위로가 되는 일을 즐기기는 하되, 만약 이런 것들을 사랑하면 곧 중독이 되고 말 것이다.
 여기, 우리가 살아갈 때 알고 고려해야 할 영적 현실이 있다. 선물을 주시는 분이 아니라 선물을 사랑하면 우리 마음은 절대 충족되지 못할 테지만, 선물을 주시는 분을 사랑하면 우리 마음이 자족할 것이고 선물에 과도한 가치를 부여하지 않으면서 즐겁게 누릴 수 있을 것이다.
 이 현실의 저변에는 좀 더 깊이 있는 영적 현실이 자리 잡고 있다. 첫째는 내가 사랑하며 살 존재로 창조되었다는 사실을 알 필요가 있다는 것이다. 나는 단지 사랑만 받는 것이 아니라, 사랑하는 사람이다. 모든 인간의 삶은 사랑할 무언가를 찾으려는 탐색, 그리고 사랑받기를 추구하는 과정이다. 이는 내가 늘 무언가에 애정을 주고 있다는 뜻이다. 내가 마음으로 사랑하는 대상이 내게 무엇을 명령하든 그것이 내 삶의 방향을 구체화하기도 한다. 하지만 이것이 끝이 아니다. 나는 예배하며 살 존재로 창조되었다. 의도적이고 형식적인 종교 활동의 순간에만 이따금 예배하는 것이 아니다. 나는 예배자다. 우리는 자기의 정체성, 소망, 꿈, 내면의 평강을 결부시킬 수 있는 무언가를 늘 찾아다닌다. 무엇이든 내 마음의 예배를 좌우하는 것이 내 선택, 말, 감정, 행동도 좌우한다.

그런데 나는 죄인이기 때문에, 원래 하나님께만 드려야 하는 사랑과 예배를 하나님이 아닌 어떤 피조물에게 주고 싶다는 강한 유혹을 받는다(롬 1:22-25를 보라). 원래 창조주께 드리는 것으로 정해져 있는 내 마음의 애정과 순복과 섬김을 어떤 피조물에게 돌린다. 방식은 다르지만 우리는 다 이런 행동을 한다. 그러므로 선한 재물에 대한 욕구는 잘못이 아니지만, 그 욕구가 내 마음을 지배해서는 안 된다. 위안과 안락함에 대한 갈망 자체는 불경건하지 않지만, 이 갈망이 내 마음을 지배해서는 안 된다. 타인의 사랑에 대한 욕망이 잘못은 아니지만, 이 욕망이 내 마음을 지배해서는 안 된다. 아무리 선한 것이라 해도 그 선한 것에 대한 욕구가 내 마음을 지배하면 악한 것이 되고 만다. 창조주 사랑과 창조주 예배가 피조물 사랑과 피조물 경배로 대체되면 절대 선한 결과가 빚어지지 않는다.

그래서 은혜가 어떤 역할을 하는가? 은혜는 창조 세상에 예속된 상태를 점차 타파하고 내 마음의 가장 깊은 애정이 하나님을 향하게 함으로써 나를 내게서 구해내려고 애쓴다. 하나님만이 나의 예배를 받기에 합당하시다. 하나님만이 내 마음을 만족시키고 평강을 안겨 주실 수 있다. 나를 내게서 구해내는 이 일은 우리 중 누구에게서도 아직 완료되지 않았다. 그렇다, 은혜로써 우리는 세상을 과거보다는 덜 사랑하고 하나님을 전보다 더 사랑하지만, 우리 마음은 여전히 여기저기로 나뉘고 우리의 충성심은 모든 면에서 여전히 혼란 중에 있다. 하지만 초조해할 필요는 없다. 은혜가 이길 것이고 은혜가 우리의 예배와 우리의 사랑에 최종적 안정을 안겨 줄 것이기 때문이다.

더 깊이 묵상하고 격려를 얻으려면 요한일서 2장 1–17절을 읽으라.

~

¹ 나의 자녀들아 내가 이것을 너희에게 씀은 너희로 죄를 범하지 않게 하려 함이라 만일 누가 죄를 범하여도 아버지 앞에서 우리에게 대언자가 있으니 곧 의로우신 예수 그리스도시라 ² 그는 우리 죄를 위한 화목제물이니 우리만 위할 뿐 아니요 온 세상의 죄를 위하심이라 ³ 우리가 그의 계명을 지키면 이로써 우리가 그를 아는 줄로 알 것이요 ⁴ 그를 아노라 하고 그의 계명을 지키지 아니하는 자는 거짓말하는 자요 진리가 그 속에 있지 아니하되 ⁵ 누구든지 그의 말씀을 지키는 자는 하나님의 사랑이 참으로 그 속에서 온전하게 되었나니 이로써 우리가 그의 안에 있는 줄을 아노라 ⁶ 그의 안에 산다고 하는 자는 그가 행하시는 대로 자기도 행할지니라 ⁷ 사랑하는 자들아 내가 새 계명을 너희에게 쓰는 것이 아니라 너희가 처음부터 가진 옛 계명이니 이 옛 계명은 너희가 들은 바 말씀이거니와 ⁸ 다시 내가 너희에게 새 계명을 쓰노니 그에게와 너희에게도 참된 것이라 이는 어둠이 지나가고 참빛이 벌써 비침이니라 ⁹ 빛 가운데 있다 하면서 그 형제를 미워하는 자는 지금까지 어둠에 있는 자요 ¹⁰ 그의 형제를 사랑하는 자는 빛 가운데 거하여 자기 속에 거리낌이 없으나 ¹¹ 그의 형제를 미워하는 자는 어둠에 있고 또 어둠에 행하며 갈 곳을 알지 못하나니 이는 그 어둠이 그의 눈을 멀게 하였음이라 ¹² 자녀들아 내가 너희에게 쓰는 것은 너희 죄가 그의 이름으로 말미암아 사함을 받았음이요 ¹³ 아비들아 내가 너희에게 쓰는 것은 너희가 태초부터 계신 이를 알았음이요 청년들아 내가 너희에게 쓰는 것은 너희가 악한 자를 이기었음이라 ¹⁴ 아이들아 내가 너희에게 쓴 것은 너희가 아버지를 알았음이요 아비들아 내가 너희에게 쓴 것은 너희가 태초부터 계신 이를 알았음이요 청년들아 내가 너희에게 쓴 것은 너희가 강하고 하나님의 말씀이 너희 안에 거하시며 너희가 흉악한 자를 이기었음이라 ¹⁵ 이 세상이나 세상에 있는 것들을 사랑하지 말라 누구든지 세상을 사랑하면 아버지의 사랑이 그 안에 있지 아니하니 ¹⁶ 이는 세상에 있는 모든 것이 육신의 정욕과 안목의 정욕과 이생의 자랑이니 다 아버지께로부터 온 것이 아니요 세상으로부터 온 것이라 ¹⁷ 이 세상도, 그 정욕도 지나가되 오직 하나님의 뜻을 행하는 자는 영원히 거하느니라 / **요일 2:1–17**

6

**우리가 날마다 치러야 할 영적 전쟁 앞에서 낙심하지 말라.
전능자 주님께서 나와 함께 하시며 나를 위해 싸우신다.**

"이미"와 "아직" 사이에서, 삶은 전쟁이다. 이 삶은 우리를 지치게 하고 좌절시키며 낙심시킬 수 있다. 인생이 조금 수월하면 좋겠다는 생각이 드는 순간이 누구에게나 다 있다. 우리는 아이 키우기가 왜 늘 그렇게 영적 전투여야 할까 하는 생각을 한다. 결혼 생활이 전쟁에서 해방될 수 있기를 우리는 다 바란다. 직장이나 교회에서 아무 갈등이 없다면, 우리는 다 좋아할 것이다.

하지만 매일 아침 우리는 전쟁으로 갈가리 찢긴 세상에서 눈을 뜬다. 이는 죄로 망가져 왔고 지금도 계속 원수의 공격을 받고 있는 세상의 서글픈 유산이다.

바울이 에베소 교회에 보내는 편지를 마무리하는 방식은 흥미롭고도 교훈적이다. 바울은 예수 그리스도의 복음의 진리를 제시하고 우리의 일상적 삶을 위해 그 진리에 담긴 의미를 상세히 설명한 뒤, 영적 전투에 관한 이야기로 편지를 끝맺는다.

> 끝으로 너희가 주 안에서와 그 힘의 능력으로 강건하여지고 마귀의 간계를 능히 대적하기 위하여 하나님의 전신 갑주를 입으라 우리의 씨름

은 혈과 육을 상대하는 것이 아니요 통치자들과 권세들과 이 어둠의 세
상 주관자들과 하늘에 있는 악의 영들을 상대함이라 그러므로 하나님
의 전신 갑주를 취하라 이는 악한 날에 너희가 능히 대적하고 모든 일
을 행한 후에 서기 위함이라 그런즉 서서 진리로 너희 허리 띠를 띠고
의의 호심경을 붙이고 평안의 복음이 준비한 것으로 신을 신고 모든 것
위에 믿음의 방패를 가지고 이로써 능히 악한 자의 모든 불화살을 소멸
하고 구원의 투구와 성령님의 검 곧 하나님의 말씀을 가지라 모든 기도
와 간구를 하되 항상 성령 안에서 기도하고 이를 위하여 깨어 구하기를
항상 힘쓰며 여러 성도를 위하여 구하라 또 나를 위하여 구할 것은 내
게 말씀을 주사 나로 입을 열어 복음의 비밀을 담대히 알리게 하옵소서
할 것이니 이 일을 위하여 내가 쇠사슬에 매인 사신이 된 것은 나로 이
일에 당연히 할 말을 담대히 하게 하려 하심이라(엡 6:10-20).

바울 서신의 이 마지막 부분에 이르면, 그가 편지의 주제를 완전히 바
꾸고 있는 것 아닌가 하는 생각이 든다. 바울은 이제 더는 일상의 기독교
에 관해 말하지 않는 것처럼 보인다. 하지만 바울은 바로 그 이야기를 하
고 있다.

바울은 에베소 신자들에게 이렇게 말하고 있다. "너희가 알거니와 결
혼, 자녀 양육, 의사소통, 분노, 교회 등에 관해 내가 지금까지 말한 것
은 다 하나의 큰 영적 전투다." 현실의 차원에서 실질적이고 일상적인
기독교는 전쟁 상태라는 사실을 바울은 우리에게 일깨우고 있다. 그 전
장(戰場)에는 실제로 옳고 그름이 있다. 실제로 적이 있다. 우리를 미혹하
고 기만하는 유혹이 있다. 우리는 사실 영적으로 취약하다. 하지만 바울
은 여기서 이야기를 끝내지 않는다. 그는 우리가 은혜로써 그 싸움을 위

해 적절히 무장했음을 일깨워 준다. 문제는, 예수 그리스도의 십자가가 내게 마련해 준 그 전투 장비를 우리가 제대로 활용할 것이냐는 것이다.

더 깊이 묵상하고 격려를 얻으려면 베드로전서 5장 6-11절을 읽으라.

~

6 그러므로 하나님의 능하신 손 아래에서 겸손하라 때가 되면 너희를 높이시리라 7 너희 염려를 다 주께 맡기라 이는 그가 너희를 돌보심이라 8 근신하라 깨어라 너희 대적 마귀가 우는 사자 같이 두루 다니며 삼킬 자를 찾나니 9 너희는 믿음을 굳건하게 하여 그를 대적하라 이는 세상에 있는 너희 형제들도 동일한 고난을 당하는 줄을 앎이라 10 모든 은혜의 하나님 곧 그리스도 안에서 너희를 부르사 자기의 영원한 영광에 들어가게 하신 이가 잠깐 고난을 당한 너희를 친히 온전하게 하시며 굳건하게 하시며 강하게 하시며 터를 견고하게 하시리라 11 권능이 세세무궁하도록 그에게 있을지어다 아멘 / **벧전 5:6-11**

7

**공동 예배의 의도는
어떤 죽은 사람의 십자가와 어떤 산 사람의 빈 무덤이 한가운데 있는
삶의 정경을 마주하도록 하려는 것이다.**

내가 글을 쓰거나 강연할 때 거듭 반복하는 두 가지 주제가 있다. 여기서도 그 주제를 되풀이해 말하고자 한다.

1. 하나님의 형상으로 창조된 인간은 경험한 사실에 근거해 살지 않고 그 사실에 대한 해석에 근거해서 산다. 내가 알든 모르든, 나를 창조하실 때 하나님께서는 내가 의미를 만들어내는 존재가 되게 하셨다. 나는 이성을 가진 인간이며(그 사실을 항상 입증하지는 못하더라도), 삶이 납득되었으면 하는 소원을 늘 품고 있다. 그래서 나는 쉼 없이 생각하고 쉼 없이 해석한다. 나는 사실 주변에서 일어나는 일에 부응하지 않는다. 나는 주변에서 일어나는 일에 대한 나의 인식에 부응한다. 이는 내가 늘 모종의 해석의 거름망을 가지고 다니면서 내 삶에서 일어나는 일들을 이해하는 데 도움을 받는다는 뜻이다. 사람은 누구나 무언가를 믿는다. 사람은 누구나 어떤 특정한 일이 참이라고 가정한다. 사람은 누구나 설명과 이해에 도움이 되는 지혜의 어떤 '체계'를 자기 삶에 적용한다.
2. 내 인생에서 나 자신보다 더 영향력 있는 사람은 없다. 왜냐하면 나

만큼 나 자신에게 말을 많이 하는 사람은 없기 때문이다. 우리는 쉴 새 없이 자기 자신에게 말을 한다. 하나님에 관해, 타인에 관해, 자기 자신에 관해, 의미와 목적에 관해, 정체성에 관해 우리는 자기 자신과 끊임없이 대화한다. 자기 자신, 하나님, 그리고 삶에 관해 내가 나 자신에게 하는 말이 중요한 이유는, 그 말에 따라 하나님께서 내 접시에 놓아 주신 것들을 대하는 내 태도가 형성되고 구체화되기 때문이다. 알다시피 나는 나 자신에게 모종의 세계관을, 그리고 마음 내킬 때는 모종의 '복음'을 항상 설교하고 있다. 문제는, 순간순간의 그 비밀한 대화 때 내가 나 자신에게 무슨 말을 하느냐는 것이다.

바울은 주 예수 그리스도의 "죽은 사람의 십자가, 산 사람의 빈 무덤" 복음이 세상을 지극히 어리석은 것으로 보며, 사실 이 복음이야말로 가장 지혜로운 지혜라고 아주 힘주어 주장한다. 이 복음은 인생을 납득할 수 있는 유일한 길이다. 이 복음은 삶을 정확히 들여다 볼 수 있는 유일한 렌즈다. 이 복음은 사람이라면 누구나 묻는 근본적 질문에 최종적이고도 신뢰할 만한 답변을 주는 유일한 지혜다. 그리고 이 지혜의 메시지의 중심에는 일련의 개념이 아니라 한 인물이 자리 잡고 있으며, 이 사람은 자신의 삶과 죽음으로 내게 답변을 줄 뿐만 아니라 내가 창조될 때 하나님께서 의도하셨던 사람으로 살며, 내가 부름 받은 일을 하는 데 필요한 모든 은혜까지 베푸신다.

더 깊이 묵상하고 격려를 얻으려면 고린도전서 1장 18-25절을 읽으라.

~

18 십자가의 도가 멸망하는 자들에게는 미련한 것이요 구원을 받는 우리에게는 하나님의 능력이라 19 기록된 바 내가 지혜 있는 자들의 지혜를 멸하고 총명한 자들의 총명을 폐하리라 하였으니 20 지혜 있는 자가 어디 있느냐 선비가 어디 있느냐 이 세대에 변론가가 어디 있느냐 하나님께서 이 세상의 지혜를 미련하게 하신 것이 아니냐 21 하나님의 지혜에 있어서는 이 세상이 자기 지혜로 하나님을 알지 못하므로 하나님께서 전도의 미련한 것으로 믿는 자들을 구원하시기를 기뻐하셨도다 22 유대인은 표적을 구하고 헬라인은 지혜를 찾으나 23 우리는 십자가에 못 박힌 그리스도를 전하니 유대인에게는 거리끼는 것이요 이방인에게는 미련한 것이로되 24 오직 부르심을 받은 자들에게는 유대인이나 헬라인이나 그리스도는 하나님의 능력이요 하나님의 지혜니라 25 하나님의 어리석음이 사람보다 지혜롭고 하나님의 약하심이 사람보다 강하니라 / **고전 1:18-25**

8

하나님께서는 음식이라는 심상을 이용해 보편적인 영적 굶주림을 가리키신다.
삶이란 우리가 무엇으로 우리를 충족시키려 하느냐에 관한 문제다.

"오호라 너희 모든 목마른 자들아 물로 나아오라
돈 없는 자도 오라 너희는 와서 사 먹되 돈 없이,
값 없이 와서 포도주와 젖을 사라
너희가 어찌하여 양식이 아닌 것을 위하여 은을 달아 주며
배부르게 하지 못할 것을 위하여 수고하느냐
내게 듣고 들을지어다 그리하면 너희가 좋은 것을 먹을 것이며
너희 자신들이 기름진 것으로 즐거움을 얻으리라
너희는 귀를 기울이고 내게로 나아와 들으라
그리하면 너희의 영혼이 살리라
내가 너희를 위하여 영원한 언약을 맺으리니
곧 다윗에게 허락한 확실한 은혜이니라
보라 내가 그를 만민에게 증인으로 세웠고
만민의 인도자와 명령자로 삼았나니
보라 네가 알지 못하는 나라를 네가 부를 것이며
너를 알지 못하는 나라가 네게로 달려올 것은
여호와 네 하나님 곧 이스라엘의 거룩하신 이로 말미암음이니라

이는 그가 너를 영화롭게 하였느니라
너희는 여호와를 만날 만한 때에 찾으라 가까이 계실 때에 그를 부르라
악인은 그의 길을, 불의한 자는 그의 생각을 버리고
여호와께로 돌아오라 그리하면 그가 긍휼히 여기시리라
우리 하나님께로 돌아오라 그가 너그럽게 용서하시리라 (사 55:1-7)

이는 우리를 초청하는 은혜의 아름다운 말씀이다. 이 말씀은 우리가 다 알아들을 수 있는 언어로 전달된다. 우리는 배고픔이 어떤 것인지 다 잘 알고 있으며, 배부른 느낌을 주지 못하는 식사를 한다는 게 어떤 것인지 잘 알고 있다. 성경이 이런 강력한 음식 은유를 쓰는 이유는, 우리가 익히 알고 있는 육체적 배고픔보다 더 깊은 배고픔이 내 안에 있다는 사실을 성경 기자들이 내게 열심히 경고하고자 하기 때문이다. 그렇다, 내 몸의 배고픔은 채워져야 한다. 그러나 내 영적 배고픔은 더더욱 채워져야 한다. 이는 우리 모두에게 해당되는 사실이며, 그렇기 때문에 이 땅에 존재한 모든 사람은 자기 영혼의 배고픔을 어떤 식으로든 채우려고 노력해 왔다. 우리가 알아야 할 중요한 사실은, 내가 음식을 먹을 수 있는 잔치 상은 두 가지뿐이라는 것이다. 값만 비싸고 충족감은 주지 못하는 물질 세계의 잔치 상 아니면 풍성한 자비와 은혜로 우리 영혼을 만족시키는 주님의 잔치 상이 그 두 가지다. 오늘 하나님께서는 내게 이렇게 물으신다. "빵이 아닌 것에 왜 돈을 쓰며 만족감을 주지 못할 것을 위해 왜 수고하느냐?" 깊이 생각해 볼 만한 가치가 있는 질문이다.

더 깊이 묵상하고 격려를 얻으려면 요한복음 6장을 읽으라.

GOODTV 개역개정성경
요한복음 6장 오디오클립으로
연결됩니다.

9

오늘, 낙심하지 말라. 그렇다, 나는 내 연약함과 실패를 알고 있다.
하지만 각각의 그 약점과 실패를 용서하고 변화시키는 은혜가 있다.

아래 말씀을 읽다 보면, 옳은 말로 여겨지지 않는다. 뭔가 뒤죽박죽이고 안팎이 뒤집힌 세상에 들어선 것 같은 느낌이 든다. 하지만 바울은 진지하게 말하고 있으며, 전적으로 옳은 말을 하고 있다.

여러 계시를 받은 것이 지극히 크므로 너무 자만하지 않게 하시려고 내 육체에 가시 곧 사탄의 사자를 주셨으니 이는 나를 쳐서 너무 자만하지 않게 하려 하심이라 이것이 내게서 떠나가게 하기 위하여 내가 세 번 주께 간구하였더니 내게 이르시기를 내 은혜가 네게 족하도다 이는 내 능력이 약한 데서 온전하여짐이라 하신지라 그러므로 도리어 크게 기뻐함으로 나의 여러 약한 것들에 대하여 자랑하리니 이는 그리스도의 능력이 내게 머물게 하려 함이라 그러므로 내가 그리스도를 위하여 약한 것들과 능욕과 궁핍과 박해와 곤고를 기뻐하노니 이는 내가 약한 그 때에 강함이라(고후 12:7-10).

안전벨트를 단단히 매라. 이제 출발이다. 하나님께서 나를 연약하게 하심은 나 자신에게서 나를 보호하기 위해서일 뿐만 아니라 하나님만이 주실 수 있는 능력을 귀히 여기도록 하기 위해서다. 그러므로, 하나님께서 내 인생길에 허락하신 연약함은 바람직한 삶을 가로막는 장애물이 아니다. 이 연약함은 우리를 사랑하시는 하나님의 계획을 방해하지 않는다. 우리의 연약함은 하나님께서 우리에게 세심히 신경 쓰지 않으신다는 신호가 아니다. 하나님의 약속이 실패했다는 지표도 아니다. 연약함은 우리가 소중히 견지하는 신학에 빈 틈이 있음을 드러내지도 않는다. 연약함은 하나님께서 우리의 모든 필요를 채우시리라고 말하는 성경이 자체 모순임을 가리키지도 않는다. 그렇다, 우리의 연약함은 하나님의 뜨겁고 놀라운 은혜의 도구다. 연약함은 우리 모두를 유혹하는 자기 신뢰의 교만에서 나를 보호한다. 연약함은 내가 할 수 없는 일인데도 할 수 있다고 생각하지 못하도록 나를 지켜 준다. 연약함은 내가 빈궁하며 그래서 나보다 훨씬 크신 분을 의지하며 살 존재로 창조되었다는 사실을 일깨워 준다. 연약함은 우리 모두가 어떤 식으로든 저항하는 일을 하게 만든다. 바로 하나님께 달려가 하나님께서만 주실 수 있는 도움을 구하는 일이다.

그러므로 연약함은 내가 두려워해야 할 큰 위험이 아니다. 내가 정말로 두려워해야 할 것은 내게 능력이 있다는 망상이다. 스스로 강하다고 말하는 순간, 나를 내게서 구해내 변화시키고 능력 있게 하는 하나님의 은혜에 더는 감격하지 않게 된다. 바울은 정말로 자신의 연약함을 기뻐했다. 그렇게 할 때 하나님의 능력이 자신에게 임했기 때문이다. 바울은 두려워하고 낙심하고 시기하는 삶을 살지 않았다. 바울이 자족한 이유는, 연약함이야말로 진짜 능력, 하나님께서만 부어 주실 수 있고 실제로 기꺼이 부어 주시는 능력으로 가는 길임을 알았기 때문이다.

더 깊이 묵상하고 격려를 얻으려면 에베소서 6장 10-20절을 읽으라.

~

¹⁰ 끝으로 너희가 주 안에서와 그 힘의 능력으로 강건하여지고 ¹¹ 마귀의 간계를 능히 대적하기 위하여 하나님의 전신 갑주를 입으라 ¹² 우리의 씨름은 혈과 육을 상대하는 것이 아니요 통치자들과 권세들과 이 어둠의 세상 주관자들과 하늘에 있는 악의 영들을 상대함이라 ¹³ 그러므로 하나님의 전신 갑주를 취하라 이는 악한 날에 너희가 능히 대적하고 모든 일을 행한 후에 서기 위함이라 ¹⁴ 그런즉 서서 진리로 너희 허리 띠를 띠고 의의 호심경을 붙이고 ¹⁵ 평안의 복음이 준비한 것으로 신을 신고 ¹⁶ 모든 것 위에 믿음의 방패를 가지고 이로써 능히 악한 자의 모든 불화살을 소멸하고 ¹⁷ 구원의 투구와 성령의 검 곧 하나님의 말씀을 가지라 ¹⁸ 모든 기도와 간구를 하되 항상 성령 안에서 기도하고 이를 위하여 깨어 구하기를 항상 힘쓰며 여러 성도를 위하여 구하라 ¹⁹ 또 나를 위하여 구할 것은 내게 말씀을 주사 나로 입을 열어 복음의 비밀을 담대히 알리게 하옵소서 할 것이니 ²⁰ 이 일을 위하여 내가 쇠사슬에 매인 사신이 된 것은 나로 이 일에 당연히 할 말을 담대히 하게 하려 하심이라 / 엡 6:10-20

10

그리스도를 믿는 믿음이란 단순히 복음의 진리를 알기만 하지 않고
그 진리를 삶으로 살아내는 것을 말하기도 한다.

믿음은 단순히 두뇌 활동이 아님을 아는 것이 지극히 중요하다. 믿음은 삶을 투자하는 것이다. 믿음은 단순히 머리로 생각하는 어떤 일이 아니다. 믿음은 살아내는 일이다. 히브리서 11장의 다음 말씀을 들어 보라.

믿음은 바라는 것들의 실상이요 보이지 않는 것들의 증거니 선진들이 이로써 증거를 얻었느니라 믿음으로 모든 세계가 하나님의 말씀으로 지어진 줄을 우리가 아나니 보이는 것은 나타난 것으로 말미암아 된 것이 아니니라 믿음으로 아벨은 가인보다 더 나은 제사를 하나님께 드림으로 의로운 자라 하시는 증거를 얻었으니 하나님이 그 예물에 대하여 증언하심이라 그가 죽었으나 그 믿음으로써 지금도 말하느니라 믿음으로 에녹은 죽음을 보지 않고 옮겨졌으니 하나님이 그를 옮기심으로 다시 보이지 아니하였느니라 그는 옮겨지기 전에 하나님을 기쁘시게 하는 자라 하는 증거를 받았느니라 믿음이 없이는 하나님을 기쁘시게 하지 못하나니 하나님께 나아가는 자는 반드시 그가 계신 것과 또한 그가 자기를 찾는 자들에게 상 주시는 이심을 믿어야 할지니라 믿음으로 노아는 아직 보이지 않는 일에 경고하심을 받아 경외함으로 방주를 준

비하여 그 집을 구원하였으니 이로 말미암아 세상을 정죄하고 믿음을 따르는 의의 상속자가 되었느니라(1-7절).

믿음이란 무엇인가? 6절 말씀이 아주 도움이 된다. 성경적 믿음은 바로 이 점을 기초로 한다. 즉, 하나님이 존재하심을 믿어야 한다. 이 사실이 바로 분수령이요, 큰 분기점이다. 세상에는 오직 두 부류의 사람밖에 없다. 인간이 두루 고찰하고 동의할 수 있는 가장 중요한 사실은 하나님의 실재(實在)라고 믿는 사람이 한 부류이고, 별 생각 없이 혹은 철학적 이유로 하나님의 실재를 부인하는 사람이 또 한 부류다. 하지만 하나님의 실재에 대한 지적 헌신이 믿음의 전부는 아니다. 믿음이란 하나님의 실재를 믿는 것처럼, 혹은 히브리서 기자가 말하다시피 "그가 자기를 찾는 자들에게 상 주시는 이심을" 믿는 것처럼 산다는 뜻이다.

믿음이란 하나님의 실재에 대한 심층적 확신으로, 이 확신은 삶의 방식을 근본적으로 바꾸어 놓는다. 그런데 바로 그 점이 문제다. 믿음은 우리에게 자연스럽지 않다. 성경적 믿음은 반직관적이고 반문화적이다. 그래서 심지어 우리가 그토록 절실히 필요로 하는 은혜의 하나님이 실재하심을 믿는 믿음을 갖기 위해서도 하나님의 은혜가 필요하다. 그리고 오늘 또 한 번 그 은혜를 구할 수 있는 은혜가 내게 주어져 있다.

더 깊이 묵상하고 격려를 얻으려면 야고보서 2장 14-26절을 읽으라.

~

14 내 형제들아 만일 사람이 믿음이 있노라 하고 행함이 없으면 무슨 유익이 있으리요 그 믿음이 능히 자기를 구원하겠느냐 15 만일 형제나 자매가 헐벗고 일용할 양식이 없는데 16 너희 중에 누구든지 그에게 이르되 평안히 가라, 덥게 하라, 배부르게 하라 하며 그 몸에 쓸 것을 주지 아니하면 무슨 유익이 있으리요 17 이와 같이 행함이 없는 믿

음은 그 자체가 죽은 것이라 ¹⁸ 어떤 사람은 말하기를 너는 믿음이 있고 나는 행함이 있으니 행함이 없는 네 믿음을 내게 보이라 나는 행함으로 내 믿음을 네게 보이리라 하리라 ¹⁹ 네가 하나님은 한 분이신 줄을 믿느냐 잘하는도다 귀신들도 믿고 떠느니라 ²⁰ 아아 허탄한 사람아 행함이 없는 믿음이 헛것인 줄을 알고자 하느냐 ²¹ 우리 조상 아브라함이 그 아들 이삭을 제단에 바칠 때에 행함으로 의롭다 하심을 받은 것이 아니냐 ²² 네가 보거니와 믿음이 그의 행함과 함께 일하고 행함으로 믿음이 온전하게 되었느니라 ²³ 이에 성경에 이른 바 아브라함이 하나님을 믿으니 이것을 의로 여기셨다는 말씀이 이루어졌고 그는 하나님의 벗이라 칭함을 받았나니 ²⁴ 이로 보건대 사람이 행함으로 의롭다 하심을 받고 믿음으로만은 아니니라 ²⁵ 또 이와 같이 기생 라합이 사자들을 접대하여 다른 길로 나가게 할 때에 행함으로 의롭다 하심을 받은 것이 아니냐 ²⁶ 영혼 없는 몸이 죽은 것 같이 행함이 없는 믿음은 죽은 것이니라 / 약 2:14-26

11

**하나님께서는 자신이 창조하신 세상의 모든 측면이
다시 새롭게 될 때까지 구속 사역을 쉬지 않으실 것이다.**

이 찬송은 1719년 위대한 찬송가 작가 아이작 와츠(Isaac Watts)가 썼다. 와츠는 『다윗의 시편』(Psalm of David Imitated in the Language of the New Testament and Applied to the Christian State and Worship)에 실릴 여러 곡 중 하나로 이 찬송을 썼으며, 성탄절 찬송으로 불리게 할 작정은 절대 아니었다. 하지만 이 곡 "기쁘다 구주 오셨네"(Joy to the World)는 지금까지 나온 성탄절 찬송 중 가장 사랑 받는 곡으로 손꼽히게 되었다. 그 중에서도 3절은 그 힘 있는 가사와 더불어 특별히 더 힘이 되며 의미가 깊다.

> 죄와 슬픔은 이제 그만
> 땅에도 이제는 가시가 무성하지 않으리
> 그분이 오셔서 복이 넘쳐흐르게 하시네
> 저주가 있는 곳이라면
> 저주가 있는 곳이라면
> 저주가 있는 곳이라면, 있는 곳이라면.

예수님의 사명은 무엇이었는가? 피 묻은 십자가와 빈 무덤은 무엇을 약속하는가? 다스리시는 왕 그리스도의 궁극적 목적은 무엇인가? 구속 사역의 범위는 어디까지인가? 하나님은 도대체 무슨 일에 힘쓰고 계신가? 이 장대한 구속 스토리의 마지막 장은 어떤 광경일까? 이 장엄한 옛 찬송가 가사는 바로 그 장면을 정확하고 힘 있게 포착한다. 예수님은 실제로 자신의 "복이 넘쳐흐르게 하시"려고 오셨다. 이는 맞는 말이기는 하지만 이것으로 충분하지는 않다. "저주가 있는 곳이라면"을 덧붙여야 한다. 알다시피, 예수님은 단순히 육체가 없는 영혼들을 구출하려 오신 것이 아니다. 그렇다, 예수님은 우리 영혼을 영원한 저주에서 구원하시며, 이에 대해 우리는 영원히 감사해야 한다. 또한 예수님은 죄의 결과가 미친 곳이라면 거기가 어디든 끝까지 자신의 강력한 회복의 은혜를 폭발시키신다. 예수님은 죄가 망가뜨린 것을 마지막 하나까지 회복시키려고 오셨다. 예수님은 이 모든 것을 바로잡으려고 오셨다! 죄의 파괴 효과가 포괄적인 만큼 예수님의 구속 사명도 철저하다.

나는 요한계시록 21장 5절 말씀을 좋아하는데, 여러분도 마땅히 그래야 할 것이다. "보라 내가 만물을 새롭게 하노라." 이 망가진 세상의 무익함과 좌절감에 지쳤는가? 죄와 고통과 죽음 때문에 기진맥진한가? 자기 안팎에 있는 고통의 무게에 짓눌려 있는가? 때때로, 누가 알기는 하는지, 누가 이해하기는 하는지, 누가 신경 쓰기는 하는지 모르겠다는 생각이 드는가? 그렇다면 이 위대한 찬송과 성경 마지막 책의 이 힘이 되는 구절은 바로 그런 나를 위한 것이다. 내 구속주께서 아신다. 내 구속주께서 이해하신다. 내 구속주께서 마음 써 주신다. 그분의 은혜가 지금까지 우리에게 부어져 왔으며, 그 은혜의 역사는 죄가 망가뜨린 모든 것이 충분하고도 완전히 다시 새롭게 될 때까지 끝나지 않을 것이다. 힘을 내라, 내 구속주께서 일하고 계신다!

더 깊이 묵상하고 격려를 얻으려면 시편 98편을 읽으라.

~

¹ 새 노래로 여호와께 찬송하라 그는 기이한 일을 행하사 그의 오른손과 거룩한 팔로 자기를 위하여 구원을 베푸셨음이로다 ² 여호와께서 그의 구원을 알게 하시며 그의 공의를 뭇 나라의 목전에서 명백히 나타내셨도다 ³ 그가 이스라엘의 집에 베푸신 인자와 성실을 기억하셨으므로 땅 끝까지 이르는 모든 것이 우리 하나님의 구원을 보았도다 ⁴ 온 땅이여 여호와께 즐거이 소리칠지어다 소리 내어 즐겁게 노래하며 찬송할지어다 ⁵ 수금으로 여호와를 노래하라 수금과 음성으로 노래할지어다 ⁶ 나팔과 호각 소리로 왕이신 여호와 앞에 즐겁게 소리칠지어다 ⁷ 바다와 거기 충만한 것과 세계와 그 중에 거주하는 자는 다 외칠지어다 ⁸ 여호와 앞에서 큰 물은 박수할지어다 산악이 함께 즐겁게 노래할지어다 ⁹ 그가 땅을 심판하러 임하실 것임이로다 그가 의로 세계를 판단하시며 공평으로 그의 백성을 심판하시리로다 / **시 98:1-9**

12

하나님이 내 아버지시고, 성자가 나의 구주이시고,
성령님이 내게 내주하시는 보혜사시라면,
내 앞에 어떤 일이 닥치든 소망이 있다.

나는 나를 어떤 존재로 생각하는가? 여러분과 나는 늘 자기 자신에게 모종의 정체성을 부여한다. 그리고 여러분과 내가 하는 행동은 우리가 스스로에게 부여하는 정체성에 따라 구체화된다.

그러므로 하나님께서 나를 용서하시기만 한 것이 아니라(그것도 놀라운 일이지만) 나에게 아주 새로운 정체성을 주셨다는 사실을 인정하는 것이 중요하다. 내가 하나님의 자녀라면, 이제 나는 만왕의 왕이요 만주의 주이신 분의 아들이나 딸이다. 나는 구주의 가족이며, 그분은 나의 친구이자 형제시다. 나는 성령님이 지금 거하시는 성전이다. 맞다, 정말로 그렇다. 내게는 근본적으로 새로운 정체성이 주어졌다.

안타깝게도 문제는, 늘 정체성 기억상실증 상태로 사는, 아니 항상 그렇지는 않더라도 걸핏하면 정체성 기억상실 상태가 되는 사람들이 많다는 것이다. 우리는 자기가 어떤 존재인지 망각하며, 그럴 때마다 우리는 의심과 두려움과 소심함에 무릎 꿇기 시작한다. 정체성 기억상실증 때문에, 사실상 부요하면서도 가난하다고 여기게 된다. 정체성 기억상실증 때문에, 지혜 자체이신 분과 실제로 인격적 관계를 맺고 있으면서도 스스로 어리석다고 여기게 된다. 정체성 기억상실증 때문에, 사실상 능력으로 복을 받았으면서도 나는 못 한다고 여기게 된다. 정체성 기억상실증 때문에, 성령님이 내 안에 계시므로 사실 나 혼자일 수 없음에도 혼자라고 느끼게 된다. 하늘 아버지의 자녀로서 영원한 사랑이라는 은혜를 입었으면서도 사랑받지 못한다고 여긴다. 구주께서 나를 대신해 하나님의 모든 기준을 충족시켰는데도 내가 그 기준에 미치지 못한다고 여긴다. 정체성 기억상실증은 우리 모두가 살고 있는 바로 여기, 바로 지금 우리의 기독교 신앙에서 생명을 빨아들인다.

내가 그리스도 안에서 어떤 존재인지 망각할 때 내게 남는 것은 무엇인가? 그리스도 없는 기독교만 남게 된다. 그리고 그리스도 없는 기독교는 사변적인 신학과 갖가지 규례로 이뤄진 체계에 지나지 않게 된다. 알다시피, 내게 필요한 것이 무의미한 신학과 인간적인 규례뿐이라면 예수님이 오시지 않아도 되었을 것이다. 하나님께서는 성경책을 내 앞에 툭 떨어뜨려 놓고 그냥 가버리셔도 되었을 것이다. 하지만 하나님은 그렇게 가버리지 않으셨다. 아버지와 구주와 보혜사로서 내 삶 속으로 밀고 들어오셨다. 은혜로써 하나님께서는 나를 자신의 가족으로 만드셨다. 은혜로써 하나님께서는 나를 자신의 거처로 삼으셨다. 하나님께서 이 모든 일을 하심은 내가 하나님의 사함을 받도록 하기 위해서였을 뿐만 아니라 생명과 경건을 위해 내게 필요한 모든 것을 소유할 수 있도록 하기 위해서였다.

그러므로 하나님의 자녀라면, 하나님이 어떤 분이시며 하나님께서 택하신 자녀로서 내가 어떤 존재가 되었는지 기억함으로써, 나의 문을 두드리는 두려움을 물리치라. 그리고 단순히 하나님의 은혜를 찬양하기만 하지 말고 그 은혜가 오늘, 그리고 또 내일 내 삶의 방식을 개조하게 하라.

더 깊이 묵상하고 격려를 얻으려면 요한일서 3장 1-10절을 읽으라.

~

¹ 보라 아버지께서 어떠한 사랑을 우리에게 베푸사 하나님의 자녀라 일컬음을 받게 하셨는가, 우리가 그러하도다 그러므로 세상이 우리를 알지 못함은 그를 알지 못함이라 ² 사랑하는 자들아 우리가 지금은 하나님의 자녀라 장래에 어떻게 될지는 아직 나타나지 아니하였으나 그가 나타나시면 우리가 그와 같을 줄을 아는 것은 그의 참모습 그대로 볼 것이기 때문이니 ³ 주를 향하여 이 소망을 가진 자마다 그의 깨끗하심과 같이 자기를 깨끗하게 하느니라 ⁴ 죄를 짓는 자마다 불법을 행하나니 죄는 불법이라 ⁵ 그가 우리 죄를 없애려고 나타나신 것을 너희가 아나니 그에게는 죄가 없느니라 ⁶ 그 안에 거하는 자마다 범죄하지 아니하나니 범죄하는 자마다 그를 보지도 못하였고 그를 알지도 못하였느니라 ⁷ 자녀들아 아무도 너희를 미혹하지 못하게 하라 의를 행하는 자는 그의 의로우심과 같이 의롭고 ⁸ 죄를 짓는 자는 마귀에게 속하나니 마귀는 처음부터 범죄함이라 하나님의 아들이 나타나신 것은 마귀의 일을 멸하려 하심이라 ⁹ 하나님께로부터 난 자마다 죄를 짓지 아니하나니 이는 하나님의 씨가 그의 속에 거함이요 그도 범죄하지 못하는 것은 하나님께로부터 났음이라 ¹⁰ 이러므로 하나님의 자녀들과 마귀의 자녀들이 드러나나니 무릇 의를 행하지 아니하는 자나 또는 그 형제를 사랑하지 아니하는 자는 하나님께 속하지 아니하니라 / **요일 3:1-10**

13

하나님의 이야기는 시작이 있지만 절대 끝나지 않는 스토리다.
내가 하나님의 자녀일진대, 하나님의 이야기는
나의 전기(傳記)이기도 하다. 놀라운 일이다!

여러분도 아마 나처럼 재미있는 이야기를 좋아할 것이다. 텔레비전 드라마든, 흥행가도를 달리는 영화든, 혹은 밀리언셀러 소설이든, 우리는 재미있는 이야기 앞에 줄을 서는 경향이 있다. 어쩌면 지금 식당에 앉아서, 혹은 캠프파이어에 둘러앉아서 친구들이 저마다 이야기 한 자락씩 풀어내고 있는지도 모르겠다. 바로 앞 친구의 이야기보다는 다음 친구의 이야기가 더 재미있는 것 같다. 마치 무슨 경쟁 같은 분위기가 느껴지기 시작한다. 사람들은 서로 조금이라도 더 재미있는 이야기를 하려고 기를 쓰는 것 같다. 그래서 나도 머릿속에 기억하고 있는 이야기 목록을 들춰가며 혹시 오늘 좌중을 평정할 만한 이야기가 없는지 확인하기 시작한다. 그게 아니면, 누군가에게서 정말 환상적인 이야기를 듣고는 다른 누군가에게 그 이야기를 들려주고 싶어 엉덩이를 들썩거리고 있는지도 모르겠다. 그렇다, 우리는 다 재미있는 이야기를 좋아한다.

아주 재미있는 이야기들 대다수가 재미있는 이유는, 무수한 인물·관계·상황·장소 등을 통해 믿을 수 없는 결말로 우리를 이끌어가기 때문이다. 어떤 사람이 자기가 방금 본 영화나 방금 읽은 책 이야기를 할 때는 흔히 이렇게 말한다. "결말이 어땠는지 아마 믿어지지 않을 걸!"

하지만 지금까지 구상되고 집필되어 실생활에서 행동에 옮겨진 이야기 중 최고의 이야기가 최고인 이유는 언제까지나 종료되지 않는다는 바로 그 이유 때문이다.

우리가 알고 이해하고 또 우리의 마음을 쏟아야 할 한 가지 이야기가 있다. 그 이야기는 우리에게 소망을 주고 격려를 주고 삶을 변화시킨다. 그 이유는 다른 어떤 이야기도 줄 수 없는 놀라운 일 두 가지를 제시하기 때문이다. 첫째, 이 이야기는 이야기 안에 내 자리를, 이야기가 기록되기 훨씬 전에 계획된 한 자리를 내게 마련해 준다. 게다가 이 이야기는 인간의 두뇌로 납득하기 어렵고 인간의 상상력으로 상상하기 힘든 어떤 것을 내게 제시한다. 이 이야기는 언제까지나 끝나지 않는 생명을 내게 제시한다.

우리는 다 죽음에 익숙해서 슬프게도 죽음을 인생의 통상적인 한 부분으로 생각한다. 사물도 소멸하고 사람들도 죽는 것이 대부분 이야기의 결말이다. 하지만 이 이야기의 결말은 그렇지 않다.

하나님의 놀라운 구속 이야기는 나를 위해 성경책에 기록된 이야기로서, 이야기가 다른 이야기와 근본적으로 다른 이유는, 이야기 속에서 죽음이 영원히 사라지기 때문이다. 맞다, 그렇게 읽었다면 성경을 옳게 읽은 것이다. 하나님의 이야기(그리고 내가 하나님의 자녀라면 바로 나의 이야기)의 주인공은 이 땅에 와서 죄와 죽음을 물리치며, 이렇게 하는 덕분에 그 인물은 다른 어떤 이야기의 다른 어떤 인물도 줄 수 없는 것을 우리에게 준다. 지금 이곳에서의 실제 생명과 다가올 세상에서의 영생을.

하나님의 자녀로서 내가 무엇을 성취하거나 획득하거나 혹은 받을 자격이 있든, 이와 전혀 상관없이 나는 은혜로써, 오직 은혜로써만 최고의 이야기 속으로 반갑게 맞아들여진다. 그리고 감사하게도 바로 나의 이야기이기도 한, 이 이야기에는 절대 끝나지 않는 결말이 있다.

더 깊이 묵상하고 격려를 얻으려면 요한복음 5장 19-24절을 읽으라.

~

¹⁹ 그러므로 예수께서 그들에게 이르시되 내가 진실로 진실로 너희에게 이르노니 아들이 아버지께서 하시는 일을 보지 않고는 아무 것도 스스로 할 수 없나니 아버지께서 행하시는 그것을 아들도 그와 같이 행하느니라 ²⁰ 아버지께서 아들을 사랑하사 자기가 행하시는 것을 다 아들에게 보이시고 또 그보다 더 큰 일을 보이사 너희로 놀랍게 여기게 하시리라 ²¹ 아버지께서 죽은 자들을 일으켜 살리심 같이 아들도 자기가 원하는 자들을 살리느니라 ²² 아버지께서 아무도 심판하지 아니하시고 심판을 다 아들에게 맡기셨으니 ²³ 이는 모든 사람으로 아버지를 공경하는 것 같이 아들을 공경하게 하려 하심이라 아들을 공경하지 아니하는 자는 그를 보내신 아버지도 공경하지 아니하느니라 ²⁴ 내가 진실로 진실로 너희에게 이르노니 내 말을 듣고 또 나 보내신 이를 믿는 자는 영생을 얻었고 심판에 이르지 아니하나니 사망에서 생명으로 옮겼느니라 / 요 5:19-24

14

나는 하나님의 돌보심 가운데 안식할 수 있다.
하나님께서 나를 위해 자기 아들을 값없이 내놓으셨는데,
그런 나를 이제 잊으시겠는가?

이는 반박할 수 없고 위로가 되는 구속의 논리이며, 바울은 로마서 8장 31-39절에서 이 논리를 힘 있게 포착했다.

그런즉 이 일에 대하여 우리가 무슨 말 하리요 만일 하나님이 우리를 위하시면 누가 우리를 대적하리요 자기 아들을 아끼지 아니하시고 우리 모든 사람을 위하여 내주신 이가 어찌 그 아들과 함께 모든 것을 우리에게 주시지 아니하겠느냐 누가 능히 하나님께서 택하신 자들을 고발하리요 의롭다 하신 이는 하나님이시니 누가 정죄하리요 죽으실 뿐 아니라 다시 살아나신 이는 그리스도 예수시니 그는 하나님 우편에 계신 자요 우리를 위하여 간구하시는 자시니라 누가 우리를 그리스도의 사랑에서 끊으리요 환난이나 곤고나 박해나 기근이나 적신이나 위험이나 칼이랴 기록된 바 우리가 종일 주를 위하여 죽임을 당하게 되며 도살 당할 양 같이 여김을 받았나이다 함과 같으니라

그러나 이 모든 일에 우리를 사랑하시는 이로 말미암아 우리가 넉넉히 이기느니라 내가 확신하노니 사망이나 생명이나 천사들이나 권세자들

이나 현재 일이나 장래 일이나 능력이나 높음이나 깊음이나 다른 어떤 피조물이라도 우리를 우리 주 그리스도 예수 안에 있는 하나님의 사랑에서 끊을 수 없으리라.

그래서, 살아가다가 어느 순간에든 하나님께서 내게 구원을 제공해 주시기까지 했으면서 도중에 나를 잃어버리신다는 생각을 자기 자신에게 허용한다면 이는 구속의 논리에 도전하는 것이다. 하나님께서 자연과 역사를 통제하셔서 예수님이 적시에 이 땅에 와서 나를 위해 살고, 죽고, 다시 살 수 있게 하셨다면, 하나님께서 은혜로써 일하셔서 내가 진리를 접하게 하시고 믿을 수 있는 마음을 내게 주셨다면, 또한 하나님께서 이제도 일하사 우주에서 일어나는 모든 일들을 최종적이고 영광스러운 결말을 향해 이끌고 가신다면, 그런 하나님께서 나의 회심과 최종적 부활 사이에 내가 필요로 하는 모든 것을 다 마련해 주시지 못하리라 생각한다는 것이 말이 되는가?

바울은 하나님께서 자기 아들을 선물로 주시고 희생 제물로 삼으신 것이 내가 마침내 이 망가진 세상에서 자유로워져서 영원 세상에서 하나님과 함께 영원히 살게 될 때까지 내가 필요로 하는 모든 좋은 것들을 은혜로써 다 베풀어 주실 것을 보장한다고 주장한다. 하나님의 임재나 하나님의 보살핌에 의문을 갖지 않아도 된다. 하나님께서 나를 혼자 버려두시지 않을까 두려워하지 않아도 된다. 내가 도움을 필요로 하는 순간에 하나님께서 나를 위해 그 자리에 있어 주실까 의심하지 않아도 된다. 이런 두려움에 무릎 꿇는다면, 이는 복음과 관련해 앞뒤가 맞지 않는 불합리한 행동을 하는 것이다. 하나님께서 내게 예수님을 주셨을진대 예수님과 더불어 내게 필요한 모든 것도 함께 주실 것이다.

더 깊이 묵상하고 격려를 얻으려면 빌립보서 4장 10-20절을 읽으라.

~

10 내가 주 안에서 크게 기뻐함은 너희가 나를 생각하던 것이 이제 다시 싹이 남이니 너희가 또한 이를 위하여 생각은 하였으나 기회가 없었느니라 11 내가 궁핍하므로 말하는 것이 아니니라 어떠한 형편에든지 나는 자족하기를 배웠노니 12 나는 비천에 처할 줄도 알고 풍부에 처할 줄도 알아 모든 일 곧 배부름과 배고픔과 풍부와 궁핍에도 처할 줄 아는 일체의 비결을 배웠노라 13 내게 능력 주시는 자 안에서 내가 모든 것을 할 수 있느니라 14 그러나 너희가 내 괴로움에 함께 참여하였으니 잘하였도다 15 빌립보 사람들아 너희도 알거니와 복음의 시초에 내가 마게도냐를 떠날 때에 주고 받는 내 일에 참여한 교회가 너희 외에 아무도 없었느니라 16 데살로니가에 있을 때에도 너희가 한 번뿐 아니라 두 번이나 나의 쓸 것을 보내었도다 17 내가 선물을 구함이 아니요 오직 너희에게 유익하도록 풍성한 열매를 구함이라 18 내게는 모든 것이 있고 또 풍부한지라 에바브로디도 편에 너희가 준 것을 받으므로 내가 풍족하니 이는 받으실 만한 향기로운 제물이요 하나님을 기쁘시게 한 것이라 19 나의 하나님이 그리스도 예수 안에서 영광 가운데 그 풍성한 대로 너희 모든 쓸 것을 채우시리라 20 하나님 곧 우리 아버지께 세세 무궁하도록 영광을 돌릴지어다 아멘 / 빌 4:10-20

15

내게 영적 도움이 너무도 많이 필요하기에,
성경은 그리스도의 몸인 교회가
날마다 내 삶에 간섭할 필요가 있다고 가르친다.

정말로 그러하다. 하나님과 동행하는 삶은 공동체의 일이다. 고립되고, 분리되고, 단독적이고, 오직 예수님과 나만 생각하는 개인주의적인 신앙이 현대 교회의 특징이지만, 이는 신약성경에서 말하고 있는 신앙이 아니다. 많은 사람이 사실 서로를 모른 채 살아가며, 내가 안다고 생각하는 사람들 중에도 사실은 잘 알지 못하는 이가 많다.

우리는 한 다리만 건너면 다 연결되어 있는 무한한 관계망 속에서 살아가고 있다. 그런 관계 속에서 우리의 대화는 날씨나 음식, 정치, 근래 개봉한 가장 볼 만한 영화, 혹은 내 아이가 오늘 아침에 보여 준 귀여운 행동 이상으로 깊이 들어가는 경우가 거의 없다. 우리가 교제라고 일컫는 것이 사실은 겸손하게 자기를 드러내며 서로를 섬김으로써 그 교제를 정말 가치 있게 만들어 주는 수준까지는 미치지 못하는 경우가 대부분이다. 우리가 교제라고 일컫는 것 대부분은 길거리 주점에서 우연히 이뤄지는 만남과 별반 다르지 않다. 그런 만남은 그저 "술집에서의 대화"라고 해야 한다. 그리고 교회 가기를 두려워하는 사람에게는 예배 후 식사 때도 교제가 거의 없을 터이니 걱정하지 말라고 말해야 한다.

히브리서 3장 12-13절은 하나님께서 여러분과 내 안에서 행하셨고 지금도 계속 행하고 계신 일에는 공동체가 필수불가결하다고 말하고 있다. "형제들아 너희는 삼가 혹 너희 중에 누가 믿지 아니하는 악한 마음을 품고 살아 계신 하나님에게서 떨어질까 조심할 것이요 오직 오늘이라 일컫는 동안에 매일 피차 권면하여 너희 중에 누구든지 죄의 유혹으로 완고하게 되지 않도록 하라."

그리스도의 몸인 교회가 왜 날마다 내 삶에 관여할 필요가 있는가? 대답은 아주 단순하며, 그만큼 우리를 겸손하게 만들기도 한다. 날마다 내게 교회의 섬김이 필요한 이유는, 내가 눈 먼 사람이기 때문이다. 나는 내가 앞을 잘 볼 수 있고 나 자신을 잘 안다고 생각하고 싶어 하지만, 그만큼 그 생각은 사실이 아니다. 죄가 나를 눈멀게 해 나 자신을 보지 못하게 하기 때문에, 내 안에 여전히 죄가 있는 한, 내가 나를 보는 시야에는 사각 지대가 있다. 설명은 이 정도로 하지만 이는 사실 심각한 문제다. 육체적으로 눈 먼 사람은 자기가 앞을 볼 수 없다는 사실을 알지만, 영적으로 눈 먼 사람은 자신이 눈멀었다는 사실을 알지 못한다. 이들은 사실상 앞을 보지 못하면서도 보고 있다고 생각한다.

여러분은 어떠한가? 내게 그리스도의 몸인 교회의 도움이 날마다 필요하다는 사실을 받아들이는가? 교회에서 나를 아는 사람이 누구인가? 누구를 나의 사적인 공간으로 청해서, 내가 보지 못하는 부분을 대신 봐 주는 역할을 맡길 것인가? 당장 떠오르는 이름이 있는가? 아는 사람이 내 죄나 약점이나 실패를 지적해 줄 때 이 지적에 감사하는가? 아니면 가슴이 답답해지고 귀가 빨개져서 조용히 자신을 변명할 준비를 하는가? 개인적 질문에 무응답으로 일관하기를 잘 하는가, 아니면 하나님께서 마련해 주신 그 날 그 날의 도움을 향해 달려가는가? 그 도움은 두려워하거나 부끄러워 멀리 해야 할 어떤 것이 아니다. 왜냐하면 그것은 죄를 사하시고, 구출하시고, 변화시키시며, 구원하시는 하나님의 은혜의 도구이기 때문이다.

더 깊이 묵상하고 격려를 얻으려면 고린도전서 12장을 읽으라.

~

1 형제들아 신령한 것에 대하여 나는 너희가 알지 못하기를 원하지 아니하노니 2 너희도 알거니와 너희가 이방인으로 있을 때에 말 못하는 우상에게로 끄는 그대로 끌려 갔느니라 3 그러므로 내가 너희에게 알리노니 하나님의 영으로 말하는 자는 누구든지 예수를 저주할 자라 하지 아니하고 또 성령으로 아니하고는 누구든지 예수를 주시라 할 수 없느니라 4 은사는 여러 가지나 성령은 같고 5 직분은 여러 가지나 주는 같으며 6 또 사역은 여러 가지나 모든 것을 모든 사람 가운데서 이루시는 하나님은 같으니 7 각 사람에게 성령을 나타내심은 유익하게 하려 하심이라 8 어떤 사람에게는 성령으로 말미암아 지혜의 말씀을, 어떤 사람에게는 같은 성령을 따라 지식의 말씀을, 9 다른 사람에게는 같은 성령으로 믿음을, 어떤 사람에게는 한 성령으로 병 고치는 은사를, 10 어떤 사람에게는 능력 행함을, 어떤 사람에게는 예언함을, 어떤 사람에게는 영들 분별함을, 다른 사람에게는 각종 방언 말함을, 어떤 사람에게는 방언들 통역함을 주시나니 11 이 모든 일은 같은 한 성령이 행하사 그의 뜻대로 각 사람에게 나누어 주시는 것이니라 12 몸은 하나인데 많은 지체가 있고 몸의 지체가 많으나 한 몸임과 같이 그리스도도 그러하니라 13 우리가 유대인이나 헬라인이나 종이나 자유인이나 다 한 성령으로 세례를 받아 한 몸이 되었고 또 다 한 성령을 마시게 하셨느니라 14 몸은 한 지체뿐만 아니요 여럿이니 15 만일 발이 이르되 나는 손이 아니니 몸에 붙지 아니하였다 할지라도 이로써 몸에 붙지 아니한 것이 아니요 16 또 귀가 이르되 나는 눈이 아니니 몸에 붙지 아니하였다 할지라도 이로써 몸에 붙지 아니한 것이 아니니 17 만일 온 몸이 눈이면 듣는 곳은 어디며 온 몸이 듣는 곳이면 냄새 맡는 곳은 어디냐 18 그러나 이제 하나님이 그 원하시는 대로 지체를 각각 몸에 두셨으니 19 만일 다 한 지체뿐이면 몸은 어디냐 20 이제 지체는 많으나 몸은 하나라 21 눈이 손더러 내가 너를 쓸 데가 없다 하거나 또한 머리가 발더러 내가 너를 쓸 데가 없다 하지 못하리라 22 그뿐 아니라 더 약하게 보이는 몸의 지체가 도리어 요긴하고 23 우리가 몸의 덜 귀히 여기는 그것들을 더욱 귀한 것들로 입혀 주며 우리의 아름답지 못한 지체는 더욱 아름다운 것을 얻느니라 그런즉 24 우

리의 아름다운 지체는 그럴 필요가 없느니라 오직 하나님이 몸을 고르게 하여 부족한 지체에게 귀중함을 더하사 25 몸 가운데서 분쟁이 없고 오직 여러 지체가 서로 같이 돌보게 하셨느니라 26 만일 한 지체가 고통을 받으면 모든 지체가 함께 고통을 받고 한 지체가 영광을 얻으면 모든 지체가 함께 즐거워하느니라 27 너희는 그리스도의 몸이요 지체의 각 부분이라 28 하나님이 교회 중에 몇을 세우셨으니 첫째는 사도요 둘째는 선지자요 셋째는 교사요 그 다음은 능력을 행하는 자요 그 다음은 병 고치는 은사와 서로 돕는 것과 다스리는 것과 각종 방언을 말하는 것이라 29 다 사도이겠느냐 다 선지자이겠느냐 다 교사이겠느냐 다 능력을 행하는 자이겠느냐 30 다 병 고치는 은사를 가진 자이겠느냐 다 방언을 말하는 자이겠느냐 다 통역하는 자이겠느냐 31 너희는 더욱 큰 은사를 사모하라 내가 또한 가장 좋은 길을 너희에게 보이리라 / **고전 12:1-31**

16

이 말씀보다 더 위로가 되는 것이 어디 있겠는가?
"내가 온 것은 양으로 생명을 얻게 하고 더 풍성히 얻게 하려는 것이라"(요 10:10)

사람은 누구나 어딘가에서 생명을 추구한다. 하나님께서는 우리 각 사람에게 이렇게 생명을 추구하는 마음을 주셨다. 우리를 하나님께로 이끌고 가는 것이 바로 그 마음이다. 그 마음이 우리에게 있음은 우리가 하나님을 위해 창조되었기 때문이다. 그러나 슬프게도 평생 생명을 추구하면서도 대다수 사람은 하나님을 등한시한다. 하나님께 대한 기억상실증에 걸린 사람들은 생명을 발견할 수 없는 곳에서 생명을 찾으며, 생명을 발견할 수 없는 곳에서 생명을 찾기 때문에 늘 빈손으로 돌아온다.

생명은 오직 두 군데서만 찾을 수 있음을 깨닫는 것이 중요하다. 생명은 전적으로 수직적 차원에서 발견하든지 아니면 수평적 차원에서 구매하든지 둘 중 하나다. 로마서 1장 25절에서 바울은 "그들이 하나님의 진리를 거짓 것으로 바꾸어 피조물을 조물주보다 더 경배하고 섬김이라 주는 곧 영원히 찬송할 이시로다 아멘"이라고 기록하고 있는데, 이 말씀의 요지가 바로 이것이다.

무엇이 거짓인가? 에덴동산에서 처음 입에 오른 것, 즉 생명이, 마음을 충족시키는 생명이 창조주 아닌 다른 어디에서 발견될 수 있다고 하는 그릇된 약속이 바로 거짓이다. 이는 거짓말 중의 거짓말, 세상에서 가장 잔혹한 거짓말이다. 이 거짓말을 믿으면, 빈 손으로 낙심하게 될 뿐만 아니라 내 삶이 멸망으로 가는 길에 들어서게 될 것이다.

물질 세상, 창조된 세상은 우리 마음을 끌어당기고 우리 마음을 흥겹게 하는 즐거운 일들로 가득하지만, 물질 세상의 그 무엇도 내 마음이 갈망하는 생명을 주지 못한다는 사실을 아는 것이 중요하다. 물질 세상이 주는 즐거움은 원래 내 마음에 영원한 기쁨을 줄 수 있는 유일한 분을 가리키기 위해 세심하게 만들어졌다. 하나님만이 가장 깊은 기쁨과 만족을 내 마음에 주실 수 있다. 하나님만이 아침에 일어날 이유와 삶의 목적을 주실 수 있다. 하나님만이 내 주변에서 무슨 일이 벌어지든 내 마음에 소망을 불어 넣어 주실 수 있다. 그리하여 놀라운 은혜 가운데서 하나님께서는 내 모든 소망과 꿈을 하나님께 내어 드리는 것을 환영하신다. 사랑 가운데 하나님께서는 자신을 따르라고 손짓하신다.

오늘 또 한 번, 하나님은 내게 생명을 약속하신다. 바로 이 생명을 내게 주시기 위해 하나님께서는 이 땅에 오셔서 살고 죽으시고 부활하셨다. 그 빈 무덤은 하나님께서 죽음을 정복하셨음을 뜻할 뿐만 아니라, 하나님께서 자신의 손에 생명을, 우리가 알든 모르든 모든 인간이 원래 갈망하게 되어 있는 그런 종류의 생명을 손에 쥐고 계심을 우리에게 말해 주기도 한다. 나 스스로의 힘으로는 그 생명을 발견하거나 획득할 수 없다. 이 생명은 다른 어떤 분의 공로에 의해서만 내 것일 수 있다.

오늘, 그리스도 안에서 이미 내게 주어진 것을 수평적 차원에서 초조하게 찾아 헤맬 수 있지 않을까? 목마름을 가라앉히는 생수가 이미 내게 주어졌는데 빈 우물에서 물을 길어 마시려 애쓸 텐가?

더 깊이 묵상하고 격려를 얻으려면 요한복음 4장 1-26절을 읽으라.

¹ 예수께서 제자를 삼고 세례를 베푸시는 것이 요한보다 많다 하는 말을 바리새인들이 들은 줄을 주께서 아신지라 ² (예수께서 친히)세례를 베푸신 것이 아니요 제자들이 베푼 것이라) ³ 유대를 떠나사 다시 갈릴리로 가실새 ⁴ 사마리아를 통과하여야 하겠는지라 ⁵ 사마리아에 있는 수가라 하는 동네에 이르시니 야곱이 그 아들 요셉에게 준 땅이 가깝고 ⁶ 거기 또 야곱의 우물이 있더라 예수께서 길 가시다가 피곤하여 우물 곁에 그대로 앉으시니 때가 여섯 시쯤 되었더라 ⁷ 사마리아 여자 한 사람이 물을 길으러 왔으매 예수께서 물을 좀 달라 하시니 ⁸ 이는 제자들이 먹을 것을 사러 그 동네에 들어갔음이러라 ⁹ 사마리아 여자가 이르되 당신은 유대인으로서 어찌하여 사마리아 여자인 나에게 물을 달라 하나이까 하니 이는 유대인이 사마리아인과 상종하지 아니함이러라 ¹⁰ 예수께서 대답하여 이르시되 네가 만일 하나님의 선물과 또 네게 물 좀 달라 하는 이가 누구인 줄 알았더라면 네가 그에게 구하였을 것이요 그가 생수를 네게 주었으리라 ¹¹ 여자가 이르되 주여 물 길을 그릇도 없고 이 우물은 깊은데 어디서 당신이 그 생수를 얻겠사옵나이까 ¹² 우리 조상 야곱이 이 우물을 우리에게 주셨고 또 여기서 자기와 자기 아들들과 짐승이 다 마셨는데 당신이 야곱보다 더 크니이까 ¹³ 예수께서 대답하여 이르시되 이 물을 마시는 자마다 다시 목마르려니와 ¹⁴ 내가 주는 물을 마시는 자는 영원히 목마르지 아니하리니 내가 주는 물은 그 속에서 영생하도록 솟아나는 샘물이 되리라 ¹⁵ 여자가 이르되 주여 그런 물을 내게 주사 목마르지도 않고 또 여기 물 길으러 오지도 않게 하옵소서 ¹⁶ 이르시되 가서 네 남편을 불러 오라 ¹⁷ 여자가 대답하여 이르되 나는 남편이 없나이다 예수께서 이르시되 네가 남편이 없다 하는 말이 옳도다 ¹⁸ 너에게 남편 다섯이 있었고 지금 있는 자도 네 남편이 아니니 네 말이 참되도다 ¹⁹ 여자가 이르되 주여 내가 보니 선지자로소이다 ²⁰ 우리 조상들은 이 산에서 예배하였는데 당신들의 말은 예배할 곳이 예루살렘에 있다 하더이다 ²¹ 예수께서 이르시되 여자여 내 말을 믿으라 이 산에서도 말고 예루살렘에서도 말고 너희가 아버지께 예배할 때가 이르리라 ²² 너희는 알지 못하는 것을 예배하고 우리는 아는 것을 예배하노니 이는 구원이 유대인에게서 남이라 ²³ 아버지께 참되게 예배하는 자들은 영과 진리로 예배할 때가 오나니 곧 이 때라 아버지께서는 자기에게 이렇게 예배하는 자들을 찾으시느니라 ²⁴ 하나님은 영이시니 예배하는 자가 영과 진리로 예배할지니라 ²⁵ 여자가 이르되 메시야 곧 그리스도라 하는 이가 오실 줄을 내가 아노니 그가 오시면 모든 것을 우리에게 알려 주시리이다 ²⁶ 예수께서 이르시되 네게 말하는 내가 그라 하시니라 / 요 4:1–26

17

믿음이란 하나님의 말씀을 믿는다는 뜻,
내가 하나님보다 똑똑하다는 생각을 허용하지 않는다는 뜻,
그리고 하나님께서 정해 주신 경계 안에서 산다는 뜻이다.

믿음은 하나님의 말씀을 온전히 믿어서 하나님께서 하시는 말씀을 기꺼이 행하며 하나님께서 정해 주신 경계 안에 기꺼이 머문다. 믿음은 하나님께 대한 내 마음의 반응 태도, 내 생활 방식을 완전히 바꿔 놓는 반응 태도다. 나는 믿음으로써 그저 생각만 하지 않는다. 나는 믿음으로 산다.

그래서, 살아 있는 실제적 믿음에 함축되어 있는 두 가지 의미를 직시하는 것이 중요하다. 첫째, 믿음은 한 마디로 우리에게 자연스럽지 않다. 우리는 하나님을 믿는 믿음을 가지고 태어나지 않는다. 우리는 하나님의 실재를 인정하고 하나님의 영광에 대해 하나님을 경배하고 하나님의 규례에 순복할 준비를 갖추고 어머니의 태에서 나오지 않는다. 우리는 눈에 보이는 것에 따라, 개인적 경험에 따라, 집단적 탐색 결과에 따라, 혹은 예로부터의 선한 직관에 따라 사는 경향이 있으며, 그래서 우리에게 믿음은 자연스럽지 않다. 내 힘으로 절대 풀지 못할 신비 앞에서 경이에 빠져드는 것은 당연하다. 10년이나 20년 후의 세상을 상상해 보는 것도 자연스럽다. 다른 누군가의 삶이 왜 나의 삶과 그렇게 많이 다른지 궁금히 여기는 것도 자연스럽다. 하나님이 정말로 존재하는지, 정

말 존재한다면 과연 내 기도를 들으시는지 의심하면서 이따금 허둥대는 것도 자연스럽다. 하지만 내 눈에 보이지도 않고 만질 수도 없고 음성을 들을 수도 없는 분의 손에 나의 전 존재를 맡긴다는 것은 자연스러운 일과는 거리가 멀다. 이것이 바로 믿음이 오로지 하나님께서 은혜로 주시는 선물인 이유다. 여러분과 나는 의심할 수 있는 세상 능력은 다 가졌고 자력으로 믿을 능력은 전혀 갖지 못했다. 그러므로, 믿음으로 산다 해도 자신이 뭔가 대단한 일이라도 한 양 자랑스럽게 자기 등을 두드리지는 말라. 그보다는, 하늘을 향해 눈을 들고 손을 들어, 믿고자 하는 마음과 믿을 수 있는 능력이라는 선물을 주신 하나님께 감사하라.

둘째, 기독교의 의례에 참여하는 것이 믿음 생활의 한 부분이기는 하지만 이것이 믿음 생활을 정의하지는 않는다. 교회가 정한 일정한 프로그램에 참여한다고 해서 내가 믿음의 사람이라는 뜻은 아니다. 주일에는 예배에 참석해 하나님의 지혜를 찬양하면서도 실생활에서는 사실 내가 하나님보다 똑똑하다고 생각하기 때문에 화요일에는 하나님의 율법을 범할 수 있다. 주일에는 하나님의 은혜에 감사하며 찬송을 해도 주중에는 그 은혜의 역사에 저항할 수 있다. 사실은 믿음으로 살지 않으면서도 자신을 속여 믿음으로 산다고 믿게 만들기가 아주 쉽다. 그러므로 히브리서 11장이라는 거울을 들여다보며 자신의 믿음을 점검하라. 그 거울에 무엇이 보일까 두려워하고 불안해 할 필요는 없다. 내 영적 싸움의 현실을 부인하거나 내가 별것도 아니면서 별것인 양 행동할 필요도 없다. 실상이 드러날 것을 두려워하지 않아도 된다. 내 믿음의 싸움은 주 예수님의 십자가의 은혜로써 충분히 다루어졌기 때문이다. 그분에게 달려가, 믿음이 있었다가 없었다가 하는 내 마음 상태를 고백하라. 그분은 나를 그냥 돌려보내지 않으실 것이다.

더 깊이 묵상하고 격려를 얻으려면 누가복음 7장 1-17절을 읽으라.

~

¹ 예수께서 모든 말씀을 백성에게 들려 주시기를 마치신 후에 가버나움으로 들어가시니라 ² 어떤 백부장의 사랑하는 종이 병들어 죽게 되었더니 ³ 예수의 소문을 듣고 유대인의 장로 몇 사람을 예수께 보내어 오셔서 그 종을 구해 주시기를 청한지라 ⁴ 이에 그들이 예수께 나아와 간절히 구하여 이르되 이 일을 하시는 것이 이 사람에게는 합당하니이다 ⁵ 그가 우리 민족을 사랑하고 또한 우리를 위하여 회당을 지었나이다 하니 ⁶ 예수께서 함께 가실새 이에 그 집이 멀지 아니하여 백부장이 벗들을 보내어 이르되 주여 수고하시지 마옵소서 내 집에 들어오심을 나는 감당하지 못하겠나이다 ⁷ 그러므로 내가 주께 나아가기도 감당하지 못할 줄을 알았나이다 말씀만 하사 내 하인을 낫게 하소서 ⁸ 나도 남의 수하에 든 사람이요 내 아래에도 병사가 있으니 이더러 가라 하면 가고 저더러 오라 하면 오고 내 종더러 이것을 하라 하면 하나이다 ⁹ 예수께서 들으시고 그를 놀랍게 여겨 돌이키사 따르는 무리에게 이르시되 내가 너희에게 이르노니 이스라엘 중에서도 이만한 믿음은 만나보지 못하였노라 하시더라 ¹⁰ 보내었던 사람들이 집으로 돌아가 보매 종이 이미 나아 있었더라 ¹¹ 그 후에 예수께서 나인이란 성으로 가실새 제자와 많은 무리가 동행하더니 ¹² 성문에 가까이 이르실 때에 사람들이 한 죽은 자를 메고 나오니 이는 한 어머니의 독자요 그의 어머니는 과부라 그 성의 많은 사람도 그와 함께 나오거늘 ¹³ 주께서 과부를 보시고 불쌍히 여기사 울지 말라 하시고 ¹⁴ 가까이 가서 그 관에 손을 대시니 멘 자들이 서는지라 예수께서 이르시되 청년아 내가 네게 말하노니 일어나라 하시매 ¹⁵ 죽었던 자가 일어나 앉고 말도 하거늘 예수께서 그를 어머니에게 주시니 ¹⁶ 모든 사람이 두려워하며 하나님께 영광을 돌려 이르되 큰 선지자가 우리 가운데 일어나셨다 하고 또 하나님께서 자기 백성을 돌보셨다 하더라 ¹⁷ 예수께 대한 이 소문이 온 유대와 사방에 두루 퍼지니라 / 눅 7:1-17

18

하나님의 부르심에 응답할 때는 두려워할 이유가 전혀 없다.
반면, 인생을 자기 자신의 손에 맡길 때는 두려워할 이유가 차고 넘친다.

성경에는 특정한 때에 특정한 목적을 위해 하나님께 부름 받았으나 그 부르심에 응답하기를 죽을 만큼 무서워했던 사람들의 이야기가 점점이 박혀 있다. 모세는 애굽으로 돌아가 바로와 담판을 짓고 이스라엘 자손을 인도해내는 일을 피하려고 사력을 다했다. 하나님께서 기적을 행하여 자신의 임재와 권능을 납득시키신 후에도 모세는 하나님의 부르심에 응답하기를 무서워했다(출 3-4장). 기드온 또한 이스라엘을 이끌고 미디안 족속에 맞서 결정적 승리를 거둘 사람으로 자신을 부르신 것은 하나님의 실수라 확신하면서 하나님과 논쟁을 벌였다(삿 6장). 하나님께서는 여호수아가 이스라엘을 이끌고 요단강을 건너 약속의 땅으로 들어갈 때도 두려워할 필요가 없다고 여호수아를 안심시키셔야 했다(수 1장). 이스라엘 백성이 여호와께 반역하면서 가나안으로 들어가기를 거부한 것은 아모리 족속에게 멸망당할까 두려웠기 때문이다(신 1장). 거인 전사 골리앗을 마주했을 때 이스라엘 군사들은 겁에 질려 장막 밖으로 나가지 못했다(삼상 17). 베드로는 예수님의 제자라고 자기 정체를 밝히기를 두려워했으며, 조마조마한 저주의 말로 자신의 주님을 부인했다(마 26장).

이들이 두려움에 빠진 그 모든 순간, 부르심을 거부한 그 모든 행위는 하나하나가 다 영적으로 불합리한 행동이었다. 두려움에 빠졌던 이 사람들은 저마다 당당한 역사의 일부가 되라는, 지구 전역에 걸친 하나님 나라의 일의 일부가 되라는 초청을 받았다. 이들을 부르신 분이 세상을 창조하셨고 자신의 뜻에 따라 세상을 지탱하고 계신다. 그분에게는 영적인 일과 물질적인 일 모두에 대한 권세가 있다. 그분은 자신의 부름을 따라야 할 모든 상황, 장소, 관계를 다스리신다. 그분은 지혜가 놀랍고 은혜가 풍성하며 사랑이 무한하시다. 그분은 구원하시고, 죄를 사하시고, 변화시키시며, 해방시키신다. 그분의 말씀은 언제나 최선이고, 그분의 요구는 언제나 선하다. 나를 부르실 때 그분은 나와 동행하신다. 내게 무언가를 하라고 하실 때 은혜로써 능력을 부어 주신다. 나를 인도하실 때, 늘 보호하신다. 자신의 모든 약속 배후에 권능과 성실함으로 서 계신다. 약속하신 것을 우리에게 주지 못한 적이 단 한 번도 없으시다. 만왕의 왕이신 분의 부름에 화답할 때 우리가 무릅써야 할 위험 같은 것은 전혀 없다.

엄청나게 위험한 것은 오히려 우리가 하나님을 빨리 망각하고 우리 자신의 목적과 계획에 대한 충성을 신속히 전개한다는 점이다. 우리는 실제 이상으로 자신이 지혜롭고 강하고 의롭다고 스스로를 설득하며, 그렇게 해서 위험 속으로 걸음을 내디딘다. 오직 은혜만이 우리를 일깨울 수 있다. 하나님을 믿는 믿음이야말로 우리가 안심할 수 있는 장소이고 자기를 신뢰하는 것은 위험천만한 지뢰밭이라고 말이다. 은혜, 오직 은혜만이 우리에게 능력을 주어 부름에 따르게 하고 안식할 수 있게 한다.

더 깊이 묵상하고 격려를 얻으려면 이사야 31장 1절을 읽으라.

~

[1] 도움을 구하러 애굽으로 내려가는 자들은 화 있을진저 그들은 말을 의지하며 병거의 많음과 마병의 심히 강함을 의지하고 이스라엘의 거룩하신 이를 앙모하지 아니하며 여호와를 구하지 아니하나니 / 사 31:1

19

후회 때문에 무력해지지 않는 것은 은혜다.
십자가는 내가 과거에 고착되지도 않고 과거에 대해
영원히 대가를 치르는 저주를 받지도 않는다고 가르친다.

그는 두 손에 고개를 파묻고 내 앞에 앉아 똑같은 말을 되풀이했다. "그냥 모든 걸 되돌릴 수 있으면 좋겠어요. 버튼 하나 누르고 모든 것을 다시 할 수 있으면 좋겠어요. 지금 아는 것을 그때도 알고 있었다면 얼마나 좋을까요. 다시 할 수 있다면 좋겠지만, 그럴 수가 없지요." 그는 이런 말을, 혹은 이와 비슷한 말을 아마 열 번은 했을 것이다. 그는 몹시 괴로워하며 후회했지만, 그러면서도 영적으로는 어느 때보다 좋은 상태에 있었다. 나는 실제로 그의 고통이 느껴졌고, 그가 고통스러워 한다는 것이 아주 반갑기도 했다. 왜냐하면 그가 지금 겪는 고통이 은혜의 고통임을 알기 때문이었다.

그는 빈틈없고, 추진력 강하고, 여간해서는 만족하지 않는 사람으로, 어떤 일이 있어도 계속 앞으로 나갈 뿐 절대 뒤돌아보지 않았다. 그는 자기 뒤로 그 어떤 파괴의 흔적이 길게 남든 신경 쓰지 않았다. 그는 성공가도를 달렸다. 그는 이 사실을 알고 있었고, 다른 모든 이들이 이를 알아주기를 바랐다. 그는 가족보다 자기 일을 더 사랑했고, 그 과정에서 일도 잃고 가족도 잃고 말았다. 모든 것이 다 사라졌다. 가족도, 직장도, 부(富)도. 그는 자기 혼자, 자기를 위해서 게임을 했고, 그러다가 크게 한

판 지고 말았다. 하지만 이제 그는 눈을 떴고, 눈앞의 현실에 가슴이 찢어졌다. 파산 상태에다, 모두 떠나고 혼자가 된 그는 교만했던 모든 순간을 회한으로 돌아보았다. 고통스러웠지만, 그것은 은혜였다. 하나님께서 그의 눈을 열어 보게 하셨고, 그래서 그는 다시 그 자리로 절대 돌아가지 않을 터였다.

후회하는 것도 은혜다. 은혜 덕분에 나는 죄를 직시하고, 죄를 시인하며, 책임을 전가하지 않는다. 하지만 드러난 죄를 용서하는 것 또한 은혜다. 은혜는 후회의 고통을 느끼지 않을 수 없게 하지만, 후회의 대가를 치르라고 요구하지는 않는다. 그 대가는 예수님이 이미 치르셨기 때문이다. 골로새서 2장 14절은 "우리에게 불리한 채무 증서"가 어떻게 예수님의 희생으로써 삭제되는지에 대해 말한다. 과거를 돌아볼 수는 있다. 하지만 이는 용서하는 은혜가 내 죄 짐을 들어 올려 준 상태에서 돌아보는 것이다. 과거를 돌아보고, 은혜가 나를 과거에서 벗어나게 해주었음을 찬양하는 것은 좋은 일이다. 과거의 죄를 애통해 하는 것은 좋은 일이다. 하지만 과거의 죄 때문에 무력해지는 것은 좋은 일이 아니다.

은혜는, 내 눈으로 분명히 확인한 과거와 미래에 대한 소망이 교차하는 지점에 존재한다. 그리고 그 은혜가 내 것으로 주어진다. 나 자신을 실제보다 더 의로운 사람으로 보이게 만들려고 내 과거를 다시 쓰지 않아도 된다. 예수님이 나를 위해 행하신 일 덕분에 나는 진실을 정면으로 응시할 수 있다. 인정할 필요가 있는 일을 인정하고 고백할 필요가 있는 일을 고백할 수 있으며, 그런 다음 과거보다 낫고 새로운 방식으로 살아나갈 수 있다. 나의 과거를 용서한 바로 그 은혜가 내게 힘을 주어 장차 새로운 방식으로 살아나갈 수 있게 한다.

그러므로 과거를 돌아보고 미래를 내다보라. 하나님의 은혜 덕분에 나는 두 가지를 다 하면서, 과거가 용서받은 것을 기뻐하고 새롭고 더 나은 미래를 위한 능력을 기쁘게 받아들일 수 있다. 오직 하나님의 은혜만이 과거와 화해하고 미래를 위한 소망을 품게 한다.

더 깊이 묵상하고 격려를 얻으려면 빌립보서 3장 12-21절을 읽으라.

~

12 내가 이미 얻었다 함도 아니요 온전히 이루었다 함도 아니라 오직 내가 그리스도 예수께 잡힌 바 된 그것을 잡으려고 달려가노라 13 형제들아 나는 아직 내가 잡은 줄로 여기지 아니하고 오직 한 일 즉 뒤에 있는 것은 잊어버리고 앞에 있는 것을 잡으려고 14 푯대를 향하여 그리스도 예수 안에서 하나님이 위에서 부르신 부름의 상을 위하여 달려가노라 15 그러므로 누구든지 우리 온전히 이룬 자들은 이렇게 생각할지니 만일 어떤 일에 너희가 달리 생각하면 하나님이 이것도 너희에게 나타내시리라 16 오직 우리가 어디까지 이르렀든지 그대로 행할 것이라 17 형제들아 너희는 함께 나를 본받으라 그리고 너희가 우리를 본받은 것처럼 그와 같이 행하는 자들을 눈여겨 보라 18 내가 여러 번 너희에게 말하였거니와 이제도 눈물을 흘리며 말하노니 여러 사람들이 그리스도의 십자가의 원수로 행하느니라 19 그들의 마침은 멸망이요 그들의 신은 배요 그 영광은 그들의 부끄러움에 있고 땅의 일을 생각하는 자라 20 그러나 우리의 시민권은 하늘에 있는지라 거기로부터 구원하는 자 곧 주 예수 그리스도를 기다리노니 21 그는 만물을 자기에게 복종하게 하실 수 있는 자의 역사로 우리의 낮은 몸을 자기 영광의 몸의 형체와 같이 변하게 하시리라 / 빌 3:12-21

20

**은혜는 내가 나를 위해 사는 것을 괜찮다 하지 않는다.
그렇다, 은혜는 나를 자유롭게 하여
나보다 크신 분을 위해 사는 기쁨을 경험하게 한다.**

우리가 보기에 자유인 것이 사실은 자유가 아니라는 것이 보편적 진실이다. 아담과 하와가 하나님께서 정해 주신 경계 밖으로 걸음을 내디뎠을 때, 이들은 자유로 들어간 것이 아니었다. 이들은 고생, 유혹, 고난, 죄, 속박으로 들어갔다. 하나님의 실재를 부인하고, 하나님의 자리를 욕망하고, 하나님께서 정하신 규칙을 무시하고, 혼자 힘으로 해내기로 결정하는 것이 자유로 가는 통로로 보일지 모르나, 사실은 절대 그렇지 않고, 그랬던 적도 없다.

여러분과 나는 원래 독립적으로 살아야 할 존재가 아니다. 우리는 원래 자기 힘으로 살게 되어 있지 않다. 우리는 자기 지혜에 의지해 살라고 창조되지 않았다. 우리에게는 자기 나름의 도덕법을 써내려갈 수 있는 능력이 주어지지 않았다. 우리는 살아가는 방법, 물질 세계의 청지기가 되는 법, 상호간에 적절히 관계 맺는 법에 대한 독립적 지식을 구비하고 있지 않다. 우리는 자기 힘만으로, 혹은 자기를 위해 살라고 창조되지 않았으며, 그렇게 살려고 하다가는 무엇이 되었든 절대 선한 결말에 이르지 못한다.

하나님께서 자신의 은혜로 우리에게 복 주시고 그 은혜로 우리를 변화시키기는 하지만, 그 결과 우리에게 독립적 삶을 살 수 있는 더 큰 능력이 생기지는 않는다. 오히려 그 반대다. 은혜는 우리가 거칠 것 없이 자기 자신을 위해 살게 하지 않는다. 하나님의 은혜의 목적은 나의 일개 작은 왕국이 더 잘 굴러가게 하려는 것이 아니다. 하나님의 은혜의 목적은 나 자신에게 종노릇하는 상태에서 나를 해방시켜서, 훨씬, 훨씬 더 좋은 나라를 위해 살 수 있게 하려는 것이다. "그가 모든 사람을 대신하여 죽으심은 살아 있는 자들로 하여금 다시는 그들 자신을 위하여 살지 않고 오직 그들을 대신하여 죽었다가 다시 살아나신 이를 위하여 살게 하려 함이라"(고후 5:15). 참 자유는 나 자신을 중심에 놓고 나 자신에 대한 충성심에 따라 내 선택과 내 행실이 결정되는 데서는 찾을 수 없다. 진짜 자유는 하나님의 은혜가 나를 해방시켜 나보다 무한히 크신 분을 위해 살게 할 때에만 발견된다.

이는 우리의 통상적 생각과 상충되지만, 순복이야말로 자유로 가는 통로다. 내가 나 자신에게 위험 요소임을 인정하고 하나님의 권위와 지혜와 은혜에 순복한다 해도 자유에 대한 내 소망은 털끝만큼도 훼손되지 않는다. 오히려 그 반대다. 내게 도움이 필요함을 겸손히 시인하고 하나님께 겸손히 순복하면 가장 자유로운 삶으로 가는 문이 내 앞에 열린다.

나는 예배하는 마음과 순종하는 자세로 하나님께 의존하는 삶을 살 존재로 창조되었으며, 은혜는 내게 그런 본분을 회복시켜 주면서 내 자유 또한 돌려준다. 기차가 늘 선로만 달려야 한다는 것이 답답하게 여겨질 수도 있지만, 만약 선로를 벗어나 풀밭 위를 달리려고 하면 기차의 모든 움직임이 멈추고 만다. 마찬가지로 은혜는 우리를 거듭 선로 위로 다시 올려놓아 주고 앞으로 움직여 나갈 수 있는 자유를 준다. 앞으로 나가려면 다른 길은 있을 수 없다.

더 깊이 묵상하고 격려를 얻으려면 로마서 6장 1-14절을 읽으라.

~

¹ 그런즉 우리가 무슨 말을 하리요 은혜를 더하게 하려고 죄에 거하겠느냐 ² 그럴 수 없느니라 죄에 대하여 죽은 우리가 어찌 그 가운데 더 살리요 ³ 무릇 그리스도 예수와 합하여 세례를 받은 우리는 그의 죽으심과 합하여 세례를 받은 줄을 알지 못하느냐 ⁴ 그러므로 우리가 그의 죽으심과 합하여 세례를 받음으로 그와 함께 장사되었나니 이는 아버지의 영광으로 말미암아 그리스도를 죽은 자 가운데서 살리심과 같이 우리로 또한 새 생명 가운데서 행하게 하려 함이라 ⁵ 만일 우리가 그의 죽으심과 같은 모양으로 연합한 자가 되었으면 또한 그의 부활과 같은 모양으로 연합한 자도 되리라 ⁶ 우리가 알거니와 우리의 옛 사람이 예수와 함께 십자가에 못 박힌 것은 죄의 몸이 죽어 다시는 우리가 죄에게 종 노릇 하지 아니하려 함이니 ⁷ 이는 죽은 자가 죄에서 벗어나 의롭다 하심을 얻었음이라 ⁸ 만일 우리가 그리스도와 함께 죽었으면 또한 그와 함께 살 줄을 믿노니 ⁹ 이는 그리스도께서 죽은 자 가운데서 살아나셨으매 다시 죽지 아니하시고 사망이 다시 그를 주장하지 못할 줄을 앎이로라 ¹⁰ 그가 죽으심은 죄에 대하여 단번에 죽으심이요 그가 살아 계심은 하나님께 대하여 살아 계심이니 ¹¹ 이와 같이 너희도 너희 자신을 죄에 대하여는 죽은 자요 그리스도 예수 안에서 하나님께 대하여는 살아 있는 자로 여길지어다 ¹² 그러므로 너희는 죄가 너희 죽을 몸을 지배하지 못하게 하여 몸의 사욕에 순종하지 말고 ¹³ 또한 너희 지체를 불의의 무기로 죄에게 내주지 말고 오직 너희 자신을 죽은 자 가운데서 다시 살아난 자 같이 하나님께 드리며 너희 지체를 의의 무기로 하나님께 드리라 ¹⁴ 죄가 너희를 주장하지 못하리니 이는 너희가 법 아래에 있지 아니하고 은혜 아래에 있음이라 / 롬 6:1-14

21

하나님의 관심을 받으려고 순종하는 것이 아니라, 세상이 시작된 이후
내가 하나님의 관심의 대상이 되어 왔기 때문에 순종하는 것이다.

순종은 절대 무언가를 얻으리라는 희망으로 하는 것이 아니라, 이미 받은 것을 인식하고서 하는 것이다. 에베소서 1장의 아래 구절을 꼼꼼히 읽어 보라.

찬송하리로다 하나님 곧 우리 주 예수 그리스도의 아버지께서 그리스도 안에서 하늘에 속한 모든 신령한 복을 우리에게 주시되 곧 창세 전에 그리스도 안에서 우리를 택하사 우리로 사랑 안에서 그 앞에 거룩하고 흠이 없게 하시려고 그 기쁘신 뜻대로 우리를 예정하사 예수 그리스도로 말미암아 자기의 아들들이 되게 하셨으니 이는 그가 사랑하시는 자 안에서 우리에게 거저 주시는 바 그의 은혜의 영광을 찬송하게 하려는 것이라 우리는 그리스도 안에서 그의 은혜의 풍성함을 따라 그의 피로 말미암아 속량 곧 죄 사함을 받았느니라 이는 그가 모든 지혜와 총명을 우리에게 넘치게 하사 그 뜻의 비밀을 우리에게 알리신 것이요 그의 기뻐하심을 따라 그리스도 안에서 때가 찬 경륜을 위하여 예정하신 것이니 하늘에 있는 것이나 땅에 있는 것이 다 그리스도 안에서 통일되게 하려 하심이라

모든 일을 그의 뜻의 결정대로 일하시는 이의 계획을 따라 우리가 예정을 입어 그 안에서 기업이 되었으니 이는 우리가 그리스도 안에서 전부터 바라던 그의 영광의 찬송이 되게 하려 하심이라 그 안에서 너희도 진리의 말씀 곧 너희의 구원의 복음을 듣고 그 안에서 또한 믿어 약속의 성령으로 인치심을 받았으니 이는 우리 기업의 보증이 되사 그 얻으신 것을 속량하시고 그의 영광을 찬송하게 하려 하심이라(3-14절).

그러므로 여기 우리를 겸손케 하고 우리에게 위로를 주는 복음의 진리가 있다. 나의 순종이 그 어떤 일의 기점이 되지는 않는다. 여러분의 순종과 나의 순종이 있게 되는 것은 하나님께서 우리의 죄 사함과 변화라는 결과를 낳는 구속의 과정을 시작하셨기 때문이다. 우리는 하나님의 은총을 얻으려고 순종하지 않는다. 우리가 순종하는 것은 하나님의 은총이 우리에게 임해 우리 마음을 변화시켜서, 순종하려는 뜻과 순종할 수 있는 능력을 주기 때문이다. 해방과 죄 용서라는 하나님의 사역은 내가 처음 믿기 직전에 시작되지 않았다. 내가 태어나기 직전에 시작되지도 않았다. 이 일은 세상이 태어나기 전에 시작되었다. 하나님께서 내게 은혜를 베푸시고 내 이야기를 쓰시되 시간이 흘러 어느 시점이 되면 내가 예수 그리스도의 복음의 진리를 듣고 믿게 되는 그런 식으로 쓰셨다. 나를 위한 하나님의 사랑은 절대 내 성품의 결과가 아니다. 이 사랑은 오히려 하나님의 성품에 대한 명백한 증명이다. 하나님께서는 여러분과 내가 결코 받을 자격이 없는 것을 허락하셨다. 우리가 누리는 새 생명은 하나님의 선택, 하나님의 선물이다.

이는 내가 천 년 동안 하나님께 순종한다 해도 처음 믿었을 때보다 하나님의 은총을 더 많이 받지는 못하리라는 뜻이다. 그렇다, 그것이 참으로 은혜다!

더 깊이 묵상하고 격려를 얻으려면 로마서 9장 1-18절을 읽으라.

~

¹⁻² 내가 그리스도 안에서 참말을 하고 거짓말을 아니하노라 나에게 큰 근심이 있는 것과 마음에 그치지 않는 고통이 있는 것을 내 양심이 성령 안에서 나와 더불어 증언하노니 ³ 나의 형제 곧 골육의 친척을 위하여 내 자신이 저주를 받아 그리스도에게서 끊어질지라도 원하는 바로라 ⁴ 그들은 이스라엘 사람이라 그들에게는 양자 됨과 영광과 언약들과 율법을 세우신 것과 예배와 약속들이 있고 ⁵ 조상들도 그들의 것이요 육신으로 하면 그리스도가 그들에게서 나셨으니 그는 만물 위에 계셔서 세세에 찬양을 받으실 하나님이시니라 아멘 ⁶ 그러나 하나님의 말씀이 폐하여진 것 같지 않도다 이스라엘에게서 난 그들이 다 이스라엘이 아니요 ⁷ 또한 아브라함의 씨가 다 그의 자녀가 아니라 오직 이삭으로부터 난 자라야 네 씨라 불리리라 하셨으니 ⁸ 곧 육신의 자녀가 하나님의 자녀가 아니요 오직 약속의 자녀가 씨로 여기심을 받느니라 ⁹ 약속의 말씀은 이것이니 명년 이 때에 내가 이르리니 사라에게 아들이 있으리라 하심이라 ¹⁰ 그뿐 아니라 또한 리브가가 우리 조상 이삭 한 사람으로 말미암아 임신하였는데 ¹¹ 그 자식들이 아직 나지도 아니하고 무슨 선이나 악을 행하지 아니한 때에 택하심을 따라 되는 하나님의 뜻이 행위로 말미암지 않고 오직 부르시는 이로 말미암아 서게 하려 하사 ¹² 리브가에게 이르시되 큰 자가 어린 자를 섬기리라 하셨나니 ¹³ 기록된 바 내가 야곱은 사랑하고 에서는 미워하였다 하심과 같으니라 ¹⁴ 그런즉 우리가 무슨 말을 하리요 하나님께 불의가 있느냐 그럴 수 없느니라 ¹⁵ 모세에게 이르시되 내가 긍휼히 여길 자를 긍휼히 여기고 불쌍히 여길 자를 불쌍히 여기리라 하셨으니 ¹⁶ 그런즉 원하는 자로 말미암음도 아니요 달음박질하는 자로 말미암음도 아니요 오직 긍휼히 여기시는 하나님으로 말미암음이니라 ¹⁷ 성경이 바로에게 이르시되 내가 이 일을 위하여 너를 세웠으니 곧 너로 말미암아 내 능력을 보이고 내 이름이 온 땅에 전파되게 하려 함이라 하셨으니 ¹⁸ 그런즉 하나님께서 하고자 하시는 자를 긍휼히 여기시고 하고자 하시는 자를 완악하게 하시느니라 / 롬 9:1-18

22

만약 하나님께서 내 인생의 모든 날들이 안락하기를 뜻하신다면 실제 그렇게 될 것이다.
그러나 은혜로써 하나님께서는 내 인생의 날들을
나를 정련시키는 하나님의 도구로 삼을 생각이시다.

우리들 중에는 하나님의 선함, 신실함, 사랑 문제와 씨름하는 이가 많은데, 이는 하나님이 자신의 어떤 약속에 어떤 식으로든 불성실하셨기 때문이 아니라 단순히 우리의 생각이 하나님의 의제(議題)에 올라 있지 않기 때문이라고 나는 깊이 확신한다. 하나님께서 우리에게 주셔야 할 선한 것에 대한 우리의 생각, 우리의 의제는, 안락하고 유쾌하고 예측 가능한 삶이다. 많은 사람에게 인정받고, 고난이라고는 없는 삶 말이다. 하지만 다음 구절에서 하나님의 의제가 어떻게 드러나고 있는지 생각해 보라.

내 형제들아 너희가 여러 가지 시험을 당하거든 온전히 기쁘게 여기라 이는 너희 믿음의 시련이 인내를 만들어 내는 줄 너희가 앎이라 인내를 온전히 이루라 이는 너희로 온전하고 구비하여 조금도 부족함이 없게 하려 함이라(약 1:2-4).

그러므로 너희가 이제 여러 가지 시험으로 말미암아 잠깐 근심하게 되지 않을 수 없으나 오히려 크게 기뻐하는도다 너희 믿음의 확실함은 불로 연단하여도 없어질 금보다 더 귀하여 예수 그리스도께서 나타나실 때에 칭찬과 영광과 존귀를 얻게 할 것이니라(벧전 1:6-7).

그러므로 우리가 믿음으로 의롭다 하심을 받았으니 우리 주 예수 그리스도로 말미암아 하나님과 화평을 누리자 또한 그로 말미암아 우리가 믿음으로 서 있는 이 은혜에 들어감을 얻었으며 하나님의 영광을 바라고 즐거워하느니라 다만 이뿐 아니라 우리가 환난 중에도 즐거워하나니 이는 환난은 인내를, 인내는 연단을, 연단은 소망을 이루는 줄 앎이로다 소망이 우리를 부끄럽게 하지 아니함은 우리에게 주신 성령으로 말미암아 하나님의 사랑이 우리 마음에 부은 바 됨이니(롬 5:1-5).

그러나 무엇이든지 내게 유익하던 것을 내가 그리스도를 위하여 다 해로 여길뿐더러 또한 모든 것을 해로 여김은 내 주 그리스도 예수님을 아는 지식이 가장 고상하기 때문이라 내가 그를 위하여 모든 것을 잃어버리고 배설물로 여김은 그리스도를 얻고 그 안에서 발견되려 함이니 내가 가진 의는 율법에서 난 것이 아니요 오직 그리스도를 믿음으로 말미암은 것이니 곧 믿음으로 하나님께로부터 난 의라(빌 3:7-9).

이 모든 구절을 관통하는 메시지는 한결 같다. 하나님께서는 내가 개인적으로 정의하는 행복을 내게 전해 주려고 일하시지 않으신다는 것이다. 내가 정의하는 행복이라는 의제에만 매달린다면 하나님께 실망할 것이고 하나님께서 과연 나를 사랑하시는지 의문을 품게 될 것이다. 하나님께서는 무언가 더 좋은 것을 추구하신다. 바로 나의 거룩함, 즉 내 안에서 하나님의 구속 사역을 최종 완성하시는 것이다. 내가 만나는 여러가지 난관들은 하나님의 계획을 가로막지 않으며, 이 난관은 하나님의 계획이 실패했음을 보여 주는 것도 아니고, 하나님께서 내게 등을 돌리셨다는 신호도 아니다. 그렇다, 그 힘든 순간들은 오히려 하나님의 구속적 사랑의 열심을 보여 주는 확실한 신호다.

더 깊이 묵상하고 격려를 얻으려면 베드로전서 4장 12-19절을 읽으라.

~

12 사랑하는 자들아 너희를 연단하려고 오는 불 시험을 이상한 일 당하는 것 같이 이상히 여기지 말고 13 오히려 너희가 그리스도의 고난에 참여하는 것으로 즐거워하라 이는 그의 영광을 나타내실 때에 너희로 즐거워하고 기뻐하게 하려 함이라 14 너희가 그리스도의 이름으로 치욕을 당하면 복 있는 자로다 영광의 영 곧 하나님의 영이 너희 위에 계심이라 15 너희 중에 누구든지 살인이나 도둑질이나 악행이나 남의 일을 간섭하는 자로 고난을 받지 말려니와 16 만일 그리스도인으로 고난을 받으면 부끄러워하지 말고 도리어 그 이름으로 하나님께 영광을 돌리라 17 하나님의 집에서 심판을 시작할 때가 되었나니 만일 우리에게 먼저 하면 하나님의 복음을 순종하지 아니하는 자들의 그 마지막은 어떠하며 18 또 의인이 겨우 구원을 받으면 경건하지 아니한 자와 죄인은 어디에 서리요 19 그러므로 하나님의 뜻대로 고난을 받는 자들은 또한 선을 행하는 가운데에 그 영혼을 미쁘신 창조주께 의탁할지어다 / **벧전 4:12-19**

23

**하나님의 자녀로서 내가 하나님의 돌보심 아래 있지 않은 순간은 단 한 순간도 없고,
내가 하나님의 사랑의 대상이 아닌 적 또한 단 한 번도 없다.**

중요한 질문은, 하나님께서 나를 돌보시는가가 아니다. 성경은 하나님께서 나를 돌보신다고 거듭 거듭 선언한다. 성경은 하나님의 시선이 의인에게 머물고 하나님의 귀는 의인의 기도를 향해 열려 있다고 우리에게 말한다(시 34:15). 성경은 우리가 어디를 가든 하나님께서 우리와 함께 계신다고 말한다(창 28:15). 우리가 하나님께 우리 염려를 맡기는 것을 성경이 환영하는 이유는 하나님께서 우리를 돌보시기 때문이다(벧전 5:7). 성경은 하나님께서 절대 우리를 떠나시거나 우리를 버리시지 않는다고 말한다(히 13:5). 성경의 메시지는 분명하며 일관성 있다. 하나님께서 자기 백성을 돌보신다는 것이다. 내가 하나님의 자녀라면, 절대 하나님의 계속적 돌보심의 반경 밖에 있지 않다. 성경은 하나님의 사랑이 흔들리지 않는다는 말을 할 때도 마찬가지고 명쾌하고 일관성 있다. 하나님의 사랑은 영원하다. 시편 136편의 후렴구 "그 인자하심이 영원함이로다"라는 한 구절 한 구절에서부터, 로마서 8장에서 바울이 그 무엇도 우리를 "우리 주 그리스도 예수 안에 있는 하나님의 사랑"에서(39절) 끊을 수 없다고 선언하는 말에 이르기까지, 성경의 메시지는 논쟁의 여지가 없다. 하나님께서는 우리에게 쏟아 부으신 사랑을 절대 그만두지 않으시

리라는 것이다.

그러므로 하나님의 자녀라면, 하나님의 사랑에 관해 걱정하면서 자신의 영적 시간과 에너지를 허비하지 말라. 삶의 자잘한 순간들을 하나하나 꺼내서 펼쳐보면서 하나님께서 나를 사랑하시는지 아닌지를 가리키는 일들을 확인하려 한다면 이는 시간을 잘 쓰는 행동이 아니다.

이러이러한 증거로 볼 때, 하나님께서 누구를 가장 애틋하게 보살피시는지 알 수 있지 않을까 생각하면서 자기 삶을 다른 사람의 삶과 비교하는 것은 지혜롭지 않다. 살다보면 그렇게 하고 싶은 유혹이 든다. 특히 삶이 힘들 때, 예측할 수 없고 힘든 일이 내 집 문을 두드릴 때 더욱 그렇다. 하지만 하나님의 사랑에 의문을 품어 보았자 절대 좋을 것이 없다.

하나님의 사랑에 의문이 생기려고 하는 순간에는 하나님의 말씀으로 달려가 평강과 확신을 얻을 필요가 있다. 자잘한 순간들을 콕 집어내서 삶의 신비들을 들여다보려고 해서는 개인적 평안을 확고히 할 수 없다. 우리에게 성경이 있는 이유는, 도대체 하나님은 무엇을 하고 계신지 이해하기 어려운 그런 순간에 내게 평강을 주기 위해서다.

꼭 해야 할 말이 또 있다. '하나님께서 과연 나를 돌보시는가'가 중요한 질문이 아니라면, 진짜 중요한 질문, 우리 모두에게 더욱 실제적인 질문은 '하나님의 돌보심이 임할 때 내가 그것을 알아차릴 수 있는가?'가 아닐까? 하나님의 돌보심을 우리가 어떻게 정의하고 어떻게 기대하는가가 어쩌면 우리의 진짜 문제일 수 있다. 알다시피, 하나님의 돌보심은 다양한 꾸러미 형태로 우리에게 임한다. 하나님의 돌보심이 언제나 시원한 음료수와 푹신한 베개의 모습으로 우리를 찾아오지는 않는다. 하나님의 돌보심이 언제나 힘든 사정이 경감되고 골치 아픈 일에서 벗어나게 되는 것을 말하지는 않는다. 우리 삶에는 하나님의 돌보심에 관해 의문을 품게 만든 그 일이 바로 하나님의 돌보심인 순간들이 많다. 하나님께서는, 골치 아픈 일이 우리 마음을 드러내기도 하고 하나님의 영광을 보여 주기도 한다는 것을 알고 계시다. 골치 아프고 힘든 일은 대개 우리에게 무엇이 필요한지 가장 잘 아시는 분의 손에 들린 돌봄의 도구다. 하나님은 우리를 돌보신다. 그러므로 하나님의 돌보심을 너무 편협하게 정의해서는 안 된다는 점을 명심하라.

더 깊이 묵상하고 격려를 얻으려면 시편 8편을 읽으라.

~

¹여호와 우리 주여 주의 이름이 온 땅에 어찌 그리 아름다운지요 주의 영광이 하늘을 덮었나이다 ²주의 대적으로 말미암아 어린 아이들과 젖먹이들의 입으로 권능을 세우심이여 이는 원수들과 보복자들을 잠잠하게 하려 하심이니이다 ³주의 손가락으로 만드신 주의 하늘과 주께서 베풀어 두신 달과 별들을 내가 보오니 ⁴사람이 무엇이기에 주께서 그를 생각하시며 인자가 무엇이기에 주께서 그를 돌보시나이까 ⁵그를 하나님보다 조금 못하게 하시고 영화와 존귀로 관을 씌우셨나이다 ⁶주의 손으로 만드신 것을 다스리게 하시고 만물을 그의 발 아래 두셨으니 ⁷곧 모든 소와 양과 들짐승이며 ⁸공중의 새와 바다의 물고기와 바닷길에 다니는 것이니이다 ⁹여호와 우리 주여 주의 이름이 온 땅에 어찌 그리 아름다운지요 / 시 8:1–9

24

하나님께서 내 이야기를 쓰시므로,
그분은 내가 지금 어떤 상황을 마주하고 있는지, 그리고 하나님의 길을 살아내려면
어떤 은혜를 필요로 하는지 정확히 알고 계신다.

인정하라. 내 삶은 내 계획대로 진행되지 않는다는 것을. 지난달에도 내 계획대로 되지 않았고, 오늘도 내 계획대로 되지 않을 것이다. 이렇게 되는 이유는 한 마디로 내가 내 이야기의 저자가 아니기 때문이다. 굳이 미스테리 소설을 읽을 필요가 없다. 내 삶이 내게는 미스테리다. 다음 번 모퉁이를 돌면 어떤 일이 기다리고 있을지 아무런 단서도 우리에게는 없다. 지금부터 10년 후 우리가 어디에서 무엇을 하고 있을지는 말할 것도 없고 말이다. 하지만 우리 삶에 관해 확실히 아는 것이 별로 없고 인생길을 가는 동안 끊임없이 놀랄 일을 겪지만, 그럼에도 겁먹을 필요는 없다. 맞다, 우리 삶은 우리가 제어할 수 없지만, 그렇다고 해서 우리 삶이 그 무엇의 통제도 받지 않는다는 뜻은 아니다. 그렇다, 우리 삶은 이 모든 이야기의 위대한 저자가 될 만한 지혜와 권세를 지닌 분의 세심한 관리 아래 있다.

하나님께서 내 이야기의 시시콜콜한 부분까지 다 지으시기에, 내 모든 상황과 장소와 관계를 속속들이 써 나가시기에, 하나님은 내가 지금 어떤 일을 마주하고 있는지, 그리고 하나님께서 계획하신 방식대로 그 일에 직면하려면 어떤 은혜가 필요한지 정확히 알고 계신다. 그래서 우리

는 이렇게 말할 수 있다. 하나님의 주권적 통제는 내가 하나님께서 약속하신 모든 것을 다 갖게 될 것을 보증한다. 하나님의 주권적 통제란, 지금 내 앞에 닥친 모든 일이 다 하나님께서 나를 위해 계획하신 일이기 때문에 내게 무엇이 필요한지 하나님께서 다 아신다는 뜻이다. 이것이 끝이 아니다. 하나님의 주권이 나의 보증인 이유는, 하나님은 자신이 약속하신 것을 자신이 다스리시는 범위 안에서만 우리에게 전해 주실 수 있기 때문이다. 하나님은 항상 만물을 다스리시기 때문에(이 모든 것을 포괄하는 이야기를 쓰셨으므로), 여러분과 내가 하나님께서 약속하신 것을 받되 그것이 필요한 때에 필요한 장소에서 받게 될 것을 장담하실 수 있다.

바울은 이 사실을 이렇게 표현한다. "인류의 모든 족속을 한 혈통으로 만드사 온 땅에 살게 하시고 그들의 연대를 정하시며 거주의 경계를 한정하셨으니 이는 사람으로 혹 하나님을 더듬어 찾아 발견하게 하려 하심이로되 그는 우리 각 사람에게서 멀리 계시지 아니하도다"(행 17:26-27). 바울은 하나님을 "저기 멀리 있는 주권자"로 생각하지 않는다. 하나님은 우리 삶의 세세한 부분에까지 관여하시기에 우리 가까이 계신다고 바울은 우리에게 일깨워 준다. 하나님은 언제라도 우리가 손을 내밀면 닿을 수 있을 만큼 가까이 계신다. 이는 여러분과 내게 은혜가 필요할 때마다 늘 가까이에서 그 은혜를 받을 수 있으리라는 뜻이다. 그러므로 오늘 손을 내밀라. 내 이야기를 쓰시는 분이 가까이 계시며, 그분의 손에는 은혜가 들려 있다.

더 깊이 묵상하고 격려를 얻으려면 베드로전서 1장 13-25절을 읽으라.

~

13 그러므로 너희 마음의 허리를 동이고 근신하여 예수 그리스도께서 나타나실 때에 너희에게 가져다 주실 은혜를 온전히 바랄지어다 14 너희가 순종하는 자식처럼 전에

알지 못할 때에 따르던 너희 사욕을 본받지 말고 ¹⁵ 오직 너희를 부르신 거룩한 이처럼 너희도 모든 행실에 거룩한 자가 되라 ¹⁶ 기록되었으되 내가 거룩하니 너희도 거룩할지어다 하셨느니라 ¹⁷ 외모로 보시지 않고 각 사람의 행위대로 심판하시는 이를 너희가 아버지라 부른즉 너희가 나그네로 있을 때를 두려움으로 지내라 ¹⁸ 너희가 알거니와 너희 조상이 물려 준 헛된 행실에서 대속함을 받은 것은 은이나 금 같이 없어질 것으로 된 것이 아니요 ¹⁹ 오직 흠 없고 점 없는 어린 양 같은 그리스도의 보배로운 피로 된 것이니라 ²⁰ 그는 창세 전부터 미리 알린 바 되신 이나 이 말세에 너희를 위하여 나타내신 바 되었으니 ²¹ 너희는 그를 죽은 자 가운데서 살리시고 영광을 주신 하나님을 그리스도로 말미암아 믿는 자니 너희 믿음과 소망이 하나님께 있게 하셨느니라 ²² 너희가 진리를 순종함으로 너희 영혼을 깨끗하게 하여 거짓이 없이 형제를 사랑하기에 이르렀으니 마음으로 뜨겁게 서로 사랑하라 ²³ 너희가 거듭난 것은 썩어질 씨로 된 것이 아니요 썩지 아니할 씨로 된 것이니 살아 있고 항상 있는 하나님의 말씀으로 되었느니라 ²⁴ 그러므로 모든 육체는 풀과 같고 그 모든 영광은 풀의 꽃과 같으니 풀은 마르고 꽃은 떨어지되 ²⁵ 오직 주의 말씀은 세세토록 있도다 하였으니 너희에게 전한 복음이 곧 이 말씀이니라 / **벧전 1:13-25**

25

오늘 나 자신과 대화하는 혼자만의 시간이 있을 텐데,
그 시간에 나는 불평거리들을 나열하거나 아니면
받은 복을 세어 보거나 둘 중 하나일 것이다.

나와 함께 잠시 생각해 보자. 복 받는 삶을 살고 있는가, 아니면 불평하는 삶을 살고 있는가? 투덜거리기는 쉽다. 결점을 들춰내기도 쉽다. 욕구불만에 빠지기도 쉽다. 내가 원하는 수준에 미치지 못하는 일들을 찾아내기도 쉽다. 짜증내며 조급해하기도 쉽다. 힘든 일 앞에서 앓는 소리를 내며 신음하기도 쉽다. 불만을 느끼기도 쉽다.

이런 일들이 쉬운 이유는 무엇인가? 그렇다, 이런 일들이 쉬운 이유는, 죄가 여전히 우리를 그렇게 만들기 때문이다. 죄의 중심에는 사실 이기심이 자리 잡고 있기 때문에 우리는 여전히 자기의 욕구, 자기의 필요, 자기의 기분이라는 좁은 한계로 우리의 세상을 축소시키는 경향이 있다. 그러고 나서는 원하는 것을 실제로 얼마나 가질 수 있느냐에 따라 자기 삶의 가치를 판단하곤 한다. 일상의 차원에서, 우리는 하나님을 망각하고 자기중심주의적 생활 방식으로 살고픈 마음이 들기도 한다. 그러나 나 자신을 세상의 중심에 두면, 엄청나게 많은 불평거리가 생길 것이다.

사람과 사물이 하나님께서 원래 계획하신 방식대로 돌아가지 않는 타락한 세상에 우리가 살고 있는 것도 사실이다. 이 세상은 사실 끔찍하게 망가져 있다. 이 세상에서의 삶은 사실 힘들다. 우리는 크고 작은 온갖 난관을 만난다. 사람들은 내게 실망한다. 이들은 내 삶을 힘들게 만든다. 장애물이 내 길에 등장한다. 어떤 면에서, 내가 사는 세상의 타락상이 날마다 내 집 안으로 들어온다. 이 타락한 세상에서 겪는 삶의 역경이 죄의 자기중심성과 결합하면 재앙이, 아니, 적어도 만족이 없는 비참한 삶이 빚어지기 마련이다.

성경은 불평과 불만을 사소한 일로 보지 않는다. 신명기 1장에서 모세는 이스라엘 백성이 자신들의 삶에 관해 어떻게 "원망"(불평)했는지, 그리고 그 원망 속에 얼마나 하나님의 선함과 지혜에 대한 의구심이 담겨 있었는지 상세히 이야기한다. 이렇게 불평하는 행동으로 이 백성이 자신에게 반역했다는 것이 하나님의 판단이었다. 이들은 하나님께서 명하시고 할 수 있게 하신 일을 할 마음이 없다는 것을 드러내 보였다. 내 마음의 기쁨이나 불만은 기꺼이 하나님을 신뢰하고 하나님의 뜻을 행하고자 하는지의 여부를 구체적으로 보여 준다.

불평은 하나님의 은혜를 망각한다. 불평은 하나님의 임재를 무시한다. 불평은 하나님의 약속의 아름다움을 보지 못한다. 불평하느라 우리는 창조 세계에 나타난 하나님의 찬란함을 못 보고 지나간다. 불평은 하나님의 선함, 성실함, 사랑에 의문을 품는다. 불평은 하나님이 거기 계시는지, 내게 관심이 있으신지 의심케 한다.

하나님을 믿고, 세상에 존재하는 만물에 대한 하나님의 다스림을 믿는다면, 내 모든 불평이 결국은 하나님께 대한 불평이라는 사실을 인정해야 한다. 그렇다, 불평하기는 참으로 쉽다. 우리 각 사람에게 날마다 복이 임한다는 사실을 망각하기도 참으로 쉽다. 걸핏하면 불평하는 태도는, 예수님께서 아무 불평 없이 기꺼이 죽으심으로 우리에게 주고자 하신 그 죄 사함과 구원의 은혜가 우리에게 필요하다는 또 하나의 증거다. 더 깊이 묵상하고 격려를 얻으려면 신명기 1장을 읽으라.

GOODTV 개역개정성경
신명기 1장 오디오클립으로
연결됩니다.

26

이제 방어적 태도를 버리고 가까이 하기 쉬운 사람이 되고자 기꺼이, 겸손히 애쓰고 있다면, 나를 변화시키는 은혜가 찾아온 것임을 알라.

　이 일은 에덴동산에서 시작되었고, 그 이후 쭉 우리는 이 일에 전념해 왔다. 우리는 다 누군가를 향해 비난의 손가락질을 하며, 책임져야 할 쪽은 내가 아니라고 스스로를 설득하느라 애쓴다. 아담은 하와를 가리켰고, 하와는 뱀을 가리켰다. 두 사람 중 누구도 책임을 지려 하지 않았다. 그렇다, 사실이 그러하다. 그 이후 손가락질은 한 세대에서 다음 세대로 계속 이어져 왔다.
　알다시피, 내가 무언가를 잘못했을 때, 자기 내면을 살피며 잘못의 원인을 찾는 것은 우리에게 자연스럽지 않다. 죄는 충격스러울 만큼 우리 모두를 자기 의에 사로잡히게 만든다. 죄는 우리가 자기변명에 몰두하게 만든다. 어떻게든, 어떤 식으로든, 우리는 자신의 최대 문제점이 자기 내부가 아니라 자기 외부에 존재한다는 망상을 믿는다. 마음속으로 우리는 누구라 할 것 없이 다 아주 능동적인 변호사들로서, 누가 나를 가리키며 네 잘못이라고 한 마디라도 할라치면 곧 분연히 일어나 자기를 변호한다. 내 행동이 나 자신보다는 내 주변의 흠결 많은 사람들과 역기능적인 일들에 대해 더 많은 것을 말해주지 않느냐는 논리를, 우리는 아주 능숙하게 제시한다. 우리의 죄를 깨우치시는 성령님의 성실한 사역 때문에 양심에 찔림이 생길 때, 우리는 나 아닌 다른 것에서 원인을 찾음으로써 교묘하게 책임을 피해가고픈 유혹을 받는다. 우리는 자기 죄보다 남의 죄에 훨씬 더 신경을 쓰는 경향이 있다. 하지만 요한은 이렇게 말한다. "만일 우리가 죄가 없다고 말하면 스스로 속이고 또 진리가 우리 속에 있지 아니할 것이요"(요일 1:8).

책임을 받아들인다는 것이 우리로서는 자연스럽지 않은 일이기 때문에, 겸손하고 자발적이고 상한 마음, 자기를 돌아보며 도움을 구하는 마음이 생겨나려면, 우리를 이런 상태에서 건져내어 변화시키는 은혜가 있어야 한다.

오직 신적 은혜만이 사람의 마음을 부드럽게 할 수 있다. 오직 은혜만이 내 눈을 열어 내가 보아야 할 것을 볼 수 있도록 도울 수 있다. 오직 은혜만이 내 변명을 없애고 고백으로 인도할 수 있다. 오직 은혜만이 타인을 가리키는 손가락질을 멈추고 구속주께 달려가 죄를 사하시고 나를 이 상태에서 구해 내시는 능력을 구하게 할 수 있다. 오직 은혜만이 나 자신의 의를 버리고 그분의 의 안에서 소망과 안식을 찾게 만들 수 있다. 오직 은혜만이 타인의 죄보다는 나 자신의 죄를 더 슬퍼하게 만들 수 있다. 오직 은혜만이 나로 하여금 은혜의 필요성을 인정하게 만들 수 있다. 오직 은혜만이 우리가 자기 행위에 대한 신뢰를 버리고, 우리가 완전히 받아들일 수 있는 예수 그리스도의 의에 신뢰를 두게 만들 수 있다. 오직 은혜만이 우리가 소망을 찾을 수 있는 유일한 곳, 즉 하나님, 오직 하나님 안에만 소망을 두게 만들 수 있다. 자기를 변호하려고 하는 그 순간 하나하나가 우리에게 은혜가 여전히 얼마나 많이 필요한지를 입증한다.

더 깊이 묵상하고 격려를 얻으려면 요한일서 1장 5-10절을 읽으라.

⁵ 우리가 그에게서 듣고 너희에게 전하는 소식은 이것이니 곧 하나님은 빛이시라 그에게는 어둠이 조금도 없으시다는 것이니라 ⁶ 만일 우리가 하나님과 사귐이 있다 하고 어둠에 행하면 거짓말을 하고 진리를 행하지 아니함이거니와 ⁷ 그가 빛 가운데 계신 것 같이 우리도 빛 가운데 행하면 우리가 서로 사귐이 있고 그 아들 예수의 피가 우리를 모든 죄에서 깨끗하게 하실 것이요 ⁸ 만일 우리가 죄가 없다고 말하면 스스로 속이고 또 진리가 우리 속에 있지 아니할 것이요 ⁹ 만일 우리가 우리 죄를 자백하면 그는 미쁘시고 의로우사 우리 죄를 사하시며 우리를 모든 불의에서 깨끗하게 하실 것이요 ¹⁰ 만일 우리가 범죄하지 아니하였다 하면 하나님을 거짓말하는 이로 만드는 것이니 또한 그의 말씀이 우리 속에 있지 아니하니라 / **요일 1:5-10**

27

**나의 소망은 하나님을 사랑할 수 있는 내 능력에 있지 않고,
나를 위한 그분의 꾸준하고 흔들림 없는 사랑에 있다.**

우리에게 은혜가 절실히 필요하다는 사실을 가장 설득력 있게 주장하는 것으로, 두 가지 계명 즉, 하나님을 사랑해야 하고 이웃을 사랑해야 한다는(마 22:34-40) 계명만한 것은 없다. 사랑하라는 요구는 우리 마음이 정말 얼마나 어둡고 부패했는지를 폭로한다. 이 부분에서 솔직해지도록 하자. 우리는 별것 아닌 일에도 쉽게 다른 사람에게 짜증을 낸다. 별것 아닌 일에도 조급해 한다. 누가 조금만 끼어들거나 나와 다른 생각을 말하거나 방해를 하면 우리는 벌컥 화를 낸다. 우리는 쉽게 다른 사람을 무시한다. 너무도 쉽게 편견을 품거나 비판을 한다. 너무 아무렇지도 않게 인종차별주의자나 외국인혐오자가 된다. 타인을 볼 때 불쌍히 여기는 시선과 자비로운 마음으로 보지 못하고 갖가지 형태로 타인을 멸시한다. 어리석다, 게으르다, 혹은 무능력하다고 섣불리 남을 판단한다. 내가 알기로 이런 문제로 씨름하는 사람이 나만은 아닐 것이다. 생각건대 우리 마음을 하나님의 말씀이라는 거울에 비춰 보면, 사랑이라는 것이 우리에게 얼마나 부자연스러운지 깨닫고 충격을 받을 것이다.

수평적 차원의 사랑이 우리에게 이렇게 힘들다면, 수직적 차원의 사랑은 한층 더 어렵다. 수평적 차원 사랑과 수직적 차원 사랑의 상관관계는

요한일서 4장 20절에서 설득력 있게 제시되고 있다. "누구든지 하나님을 사랑하노라 하고 그 형제를 미워하면 이는 거짓말하는 자니 보는 바 그 형제를 사랑하지 아니하는 자는 보지 못하는 바 하나님을 사랑할 수 없느니라."

와우! 바로 이것이다. 내 주변 사람을 사랑하는 문제로 그렇게 발버둥을 친다면, 하나님을 사랑하려는 내 몸부림은 얼마나 크고 깊겠는가? 하나님의 실재(實在)를 인정하는 것도 중요하고, 하나님 말씀의 진리에 지적으로 동의하는 것도 중요하며, 하나님의 교회의 공식적 사역에 참여하는 것도 중요한 일이다. 하지만 내 삶의 모든 측면이 하나님을 향한 사랑에 의해 구체화되고 그 사랑으로써 움직여가는 것은 이와 전혀 다른 일이다.

그렇다, 죄의 권세는 예수님이 하신 일로써 무너졌지만, 죄의 존재는 여전히 남아 있고 점차 뿌리 뽑혀 가고 있는 중이다. 그래서 우리 마음에는 아직도 죄가 있다. 이는 우리 마음이 여전히 변덕스럽고, 여전히 반항적이어서 자기 길을 고집하고, 여전히 하나님과 하나님의 영광을 망각하며, 자기 스스로 규칙을 정하려 하고, 하나님의 나라보다는 자기 자신의 나라를 여전히 더 사랑하며, 받을 자격 없는 것을 여전히 요구하고, 자기 방식으로 자기가 원하는 것을 얻어내지 못하면 여전히 하나님의 선함에 의문을 품는다. 우리 모두가 이런 일에 빠져드는 이유는, 우리가 하나님을 마땅히 사랑해야 하는 만큼 사랑하지 않기 때문이다. 우리는 자기 자신을 사랑하는 경향이 있고 세상을 사랑하는 경향이 있다. 반면 아버지께 대한 사랑은 우리 안에 전혀 없을 때가 아주 많다.

따라서 사나 죽으나 나의 소망은 하나님을 향한 내 사랑의 온도(溫度)에서는 절대 찾을 수 없다. 그 소망은 오직 나를 향한 하나님의 사랑의 강도(强度)에서만 찾을 수 있다. 내 마음이 다른 연인을 찾아 달아나는 그런 날들에도 이 사랑은 하나님의 은혜의 선물로서 내게 주어진다. 그러니 나를 향한 하나님의 사랑은 정말 얼마나 아름답고 성실한가.

더 깊이 묵상하고 격려를 얻으려면 요한일서 4장 10-21절을 읽으라.

~

[10] 사랑은 여기 있으니 우리가 하나님을 사랑한 것이 아니요 하나님이 우리를 사랑하사 우리 죄를 속하기 위하여 화목제물로 그 아들을 보내셨음이라 [11] 사랑하는 자들아 하나님이 이같이 우리를 사랑하셨은즉 우리도 서로 사랑하는 것이 마땅하도다 [12] 어느 때나 하나님을 본 사람이 없으되 만일 우리가 서로 사랑하면 하나님이 우리 안에 거하시고 그의 사랑이 우리 안에 온전히 이루어지느니라 [13] 그의 성령을 우리에게 주시므로 우리가 그 안에 거하고 그가 우리 안에 거하시는 줄을 아느니라 [14] 아버지가 아들을 세상의 구주로 보내신 것을 우리가 보았고 또 증언하노니 [15] 누구든지 예수를 하나님의 아들이라 시인하면 하나님이 그의 안에 거하시고 그도 하나님 안에 거하느니라 [16] 하나님이 우리를 사랑하시는 사랑을 우리가 알고 믿었노니 하나님은 사랑이시라 사랑 안에 거하는 자는 하나님 안에 거하고 하나님도 그의 안에 거하시느니라 [17] 이로써 사랑이 우리에게 온전히 이루어진 것은 우리로 심판 날에 담대함을 가지게 하려 함이니 주께서 그러하심과 같이 우리도 이 세상에서 그러하니라 [18] 사랑 안에 두려움이 없고 온전한 사랑이 두려움을 내쫓나니 두려움에는 형벌이 있음이라 두려워하는 자는 사랑 안에서 온전히 이루지 못하였느니라 [19] 우리가 사랑함은 그가 먼저 우리를 사랑하셨음이라 [20] 누구든지 하나님을 사랑하노라 하고 그 형제를 미워하면 이는 거짓말하는 자니 보는 바 그 형제를 사랑하지 아니하는 자는 보지 못하는 바 하나님을 사랑할 수 없느니라 [21] 우리가 이 계명을 주께 받았나니 하나님을 사랑하는 자는 또한 그 형제를 사랑할지니라 / 요일 4:10-21

28

**오늘 내 마음의 진짜 사랑은
내가 무엇을 슬퍼하고 무엇을 기뻐하는지에 따라 드러날 것이다.**

우리의 삶은 슬픔과 기쁨으로 구체화된다. 이는 우리 삶의 대단하고 의미 있는 순간에만 해당되는 말이 아니다. 우리 삶의 하루하루는 특유의 경험에 따라 슬픈 순간과 기쁜 순간으로 구분된다. 날마다 우리는 어떤 일 때문에 슬프거나 미칠 지경이 되거나 화가 나거나 실망하며, 일상적으로 우리는 어떤 일에 대해 흥분하거나 행복해 하거나 기뻐하거나 의욕이 생기거나 혹은 감사한다. 슬픔과 기쁨이 교차하는 지점에서 우리 마음의 진짜 사랑이 드러난다.

함께 생각해 보자. 일주일 내내 기분 좋았던 적이 있다면, 그 한 주간을 돌아볼 때 어떤 일에 흥분했고 어떤 일이 흡족해서, 혹은 무엇 때문에 그렇게 행복해서 그 한 주간을 그렇게 기분 좋은 한 주간으로 기억하는가? 사람들과의 관계가 행복하다면, 그 관계의 어떤 점이 내게 기쁨을 준다고 생각하는가? 이 부분을 읽을 때는 솔직해야 한다. 무엇이 내 마음에 기쁨과 만족을 안겨 주는가? 아니면 이면을 돌아보자. 사는 것이 정말 실망스럽다면, 무엇이 나를 그렇게 낙담시키는가? 타인의 삶이 부럽다면, 그 삶의 어떤 점이 그런 부러움을 불러일으키는가? 아침에 잠깨어 하루를 시작하고 싶은 의욕이 없다면, 구체적으로 무엇이 내게서 삶의 의욕을 앗아갔는가? 시간을 갖고 이 질문들을 창문 삼아 자기 마음을 들여다보기를 바란다.

여기 핵심 질문이 있다. 지난 몇 주 동안 내가 느낀 기쁨, 즐거움, 슬픔 혹은 분노는 어떤 식으로든 하나님 나라와 얼마나 관계가 있는가? 이 문장을 타이핑하면서 나 자신도 가책을 느낀다. 내 기쁨이 내 방식대로 행동하고, 내 길을 가로막지 않는 사람과 일 그리고 마음에 둔 어떤 물건을 실제로 손에 넣는 것과 얼마나 깊게 관련되어 있는지를 생각하면서 나는 가책을 느낀다.

하지만 은혜가 있기에, 내가 늘 그렇지는 않다. 하나님의 은혜가 얼마나 넓고 깊은지 내가 마음으로 파악할 때도 있으며, 그럴 때 나는 기뻐한다. 하나님 나라의 일에 마음이 사로잡힐 때도 있다. 사람들을 섬기면서 기쁨을 느낄 때도 있다. 하나님을 예배하면서 깊은 만족감을 느낄 때도 있다. 내가 늘 그렇다고 말할 수 있다면 좋겠지만, 사실은 그렇지 않다.

그러므로 오늘, 내 마음을 살펴보는 시간을 가지라. 내가 느끼는 슬픔을 해석해 보는 시간, 내가 느끼는 기쁨을 분석해 보는 시간을 가지라. 그러면 나를 변화시키는 하나님의 은혜의 증거를 보게 될 테니 말이다. 하지만 그 은혜가 나를 좀 더 변화시킬 필요가 있다는 증거도 보게 될 것이다. 그렇다, 나는 내게서 구원받아 왔고 지금도 구원받고 있지만, 내가 어떤 일을 슬퍼하고 어떤 일을 기뻐하는지를 보면 내 마음이 여전히 어떤 싸움을 벌이고 있는지 알 수 있으며, 그래서 나와 마찬가지로 여러분에게도 날마다 자신을 자신에게서 구해내고 변화시키는 은혜의 역사가 계속될 필요가 있다.

더 깊이 묵상하고 격려를 얻으려면 골로새서 1장 2-14절을 읽으라.

² 골로새에 있는 성도들 곧 그리스도 안에서 신실한 형제들에게 편지하노니 우리 아버지 하나님으로부터 은혜와 평강이 너희에게 있을지어다 ³ 우리가 너희를 위하여 기도할 때마다 하나님 곧 우리 주 예수 그리스도의 아버지께 감사하노라 ⁴ 이는 그리스도 예수 안에 너희의 믿음과 모든 성도에 대한 사랑을 들었음이요 ⁵ 너희를 위하여 하늘에 쌓아 둔 소망으로 말미암음이니 곧 너희가 전에 복음 진리의 말씀을 들은 것이라 ⁶ 이 복음이 이미 너희에게 이르매 너희가 듣고 참으로 하나님의 은혜를 깨달은 날부터 너희 중에서와 같이 또한 온 천하에서도 열매를 맺어 자라는도다 ⁷ 이와 같이 우리와 함께 종 된 사랑하는 에바브라에게 너희가 배웠나니 그는 너희를 위한 그리스도의 신실한 일꾼이요 ⁸ 성령 안에서 너희 사랑을 우리에게 알린 자니라 ⁹ 이로써 우리도 듣던 날부터 너희를 위하여 기도하기를 그치지 아니하고 구하노니 너희로 하여금 모든 신령한 지혜와 총명에 하나님의 뜻을 아는 것으로 채우게 하시고 ¹⁰ 주께 합당하게 행하여 범사에 기쁘시게 하고 모든 선한 일에 열매를 맺게 하시며 하나님을 아는 것에 자라게 하시고 ¹¹ 그의 영광의 힘을 따라 모든 능력으로 능하게 하시며 기쁨으로 모든 견딤과 오래 참음에 이르게 하시고 ¹² 우리로 하여금 빛 가운데서 성도의 기업의 부분을 얻기에 합당하게 하신 아버지께 감사하게 하시기를 원하노라 ¹³ 그가 우리를 흑암의 권세에서 건져내사 그의 사랑의 아들의 나라로 옮기셨으니 ¹⁴ 그 아들 안에서 우리가 속량 곧 죄 사함을 얻었도다 / 골 1:2-14

29

오늘 나는 내가 하나님보다 똑똑하고
내 방식이 하나님의 방식보다 낫다는
망상에 빠져들고픈 유혹을 받을 것이다.

이 같은 생각은 죄의 기능적 모순 중 하나다. 죄는 어떻게든, 어떤 형태로든 우리 모두를 바보로 만들지만, 그와 동시에 우리가 하나님보다 똑똑하다고 우리를 설득하기도 한다. 우리는 스스로 지혜롭다 일컬으면서, 하나님께서 하시는 일이나 하나님께서 우리에게 명하시는 일을 지극히 어리석게 본다. "＿＿ 하시는 하나님을 어떻게 경배할 수 있단 말인가요?"라고 말하는 사람이 얼마나 많은가? "하나님께서 정말 나를 사랑한다면 왜 ＿＿ 하시는 겁니까?"라고 의아해 하는 사람은 또 얼마나 많은가? "조금 ＿＿ 하는 것이 뭐가 그렇게 잘못인지 모르겠습니다"라고 말하는 사람이 얼마나 많은가? "＿＿가 정말 그렇게 나쁜 짓인가요?"라고 묻는 사람이 얼마나 많은가?

무엇이 최선인지 내가 다 알며 그래서 나 자신의 지혜보다 더 큰 지혜는 사실상 필요하지 않다고 자기 자신을 설득할 능력이 우리에게는 실제로 있다. 나는 우리들 대부분이 이런 행동을 생각보다 훨씬 많이 한다고 믿는다. 우리는 하나님께서 위험하다고 하신 일의 위험을 과소평가하고, 하나님께서 우리를 위해 정해 놓으신 한계가 정말 필요한지 의문을 품으며, 자기 죄 앞에서 이 죄가 사실 그렇게 나쁜 죄는 아니라고 주장한다. 어떤 상황, 어떤 관계에서든 날마다 우리는 내가 하나님보다 똑똑하다고 생각하고 싶은 유혹을 받는다.

하나님의 은혜가 우리를 건져 주지 않으면, 우리는 다 눈에 보이지 않는 위험을 향해 달려가는 지혜로운 바보들이다. 그래서 우리는 자신의 어리석음에 대한 물리적, 경험적 증거를 부인하면서 필요 이상으로 많이 먹는다. 과소비로 도무지 갚을 길 없는 빚더미에 앉고 나서야 더는 지불 능력이 없다는 사실에 깜짝 놀란다. 이기적이고 비판적인 태도로 인간관계를 맺으며 살아 놓고는 우리 사이가 왜 그리 긴장되어 있고 왜 그리 거리감이 생겼는지 의아해 한다. 그 때문에 바울은 이렇게 말한다. "하나님의 어리석음이 사람보다 지혜롭고 하나님의 약하심이 사람보다 강하니라"(고전 1:25). 바울의 말은, 설령 하나님이 어리석을 수 있다 해도 하나님의 가장 어리석은 순간이 우리의 가장 지혜로운 순간보다 무한히 더 지혜로우리라는 것이다. 우리를 얼마나 겸손하게 만드는 말인가!

그렇다면 나는 어떤 지점에서 나 자신이 하나님보다 똑똑하다고 말하고픈 유혹을 받는가? 어떤 경우에 내 계획이 하나님의 계획보다 나를 위해서 더 낫다고 주장하게 되는가? 하나님께서 정해 주신 한계를 넘어가는 게 이치에 맞다는 논리를 어떤 경우에 나 자신에게 펼쳐 놓게 되는가? 어떤 경우에 죄를 가리켜 죄가 아니라고 말하고픈 마음이 드는가? 어떤 경우에 사실은 은혜가 필요하지 않다고 자기 자신에게 말하는가? 하나님께서는 어리석다고 하시는데 나는 지혜롭다 하는 것은 무엇이고, 하나님께서는 지혜롭다 하시는데 나는 어리석다 하는 일은 무엇인가? 아담과 하와처럼, 삶에는 하나님의 방식보다 더 나은 길이 있을 수도 있다는 비논리를 받아들이게 되는 경우는 어떤 경우인가? 내 방식대로 살 수 있도록 삶을 내 손아귀에 쥐고 싶은 때는 언제인가? 내가 하나님보다 똑똑하다고 생각한 적이 있다면 그 지독한 어리석음을 고백하고 하나님의 지혜를 향해 달려가라. 지혜의 정의 자체이신 분께서 은혜로써 나를 지혜롭게 해주시기를, 즉 나 자신의 지혜를 사랑하기보다 하나님의 지혜를 사랑하는 사람으로 만들어 주시기를 다시 한 번 기도하라.

더 깊이 묵상하고 격려를 얻으려면 욥기 40장을 읽으라.

GOODTV 개역개정성경
욥기 40장 오디오클립으로
연결됩니다.

30

기도란 독자적 능력에 대한 소망을 버리고
생명과 경건함을 위해 필요한 모든 것이
그리스도 안에서 내게 주어졌음을 믿는 것이다.

기도는 예배 행위다. 기도는 복종의 행위다. 기도는 순종의 행위다. 그리고 기도는 시인(是認)하는 행위이기도 하다. 기도의 모든 예가 다 내 상태를 인정하고 내 필요를 받아들이는 하나의 고백이다. 그렇게 하지 않는 기도는 일종의 종교적 낭송문일 수는 있으나 기도는 아니다. 기도할 때 나는 내 기도를 들으시는 분의 용서하시고 능력 주시고 구원하시는 은혜가 아니면 그분께서 기대하시는 나일 수 없고 그분께서 기대하시는 일을 할 수 없음을 다시 한 번 고백한다. 기도는 내가 독립적으로 나 자신을 보증하는 태도를 제거한다. 기도는 내가 철저히 의존적인 존재라는 사실을 내 눈 앞에 들이대면서, 필요하지 않다고 내가 그렇게 자주 부인하고 싶은 그 도움을 부르짖으라고 말한다.

누가복음 18장 9-14절에서 그리스도께서 말씀하신 바리새인과 세리의 비유는 다른 어떤 성경구절보다 명쾌하게 이 사실의 핵심에 닿아 있다.

> 또 자기를 의롭다고 믿고 다른 사람을 멸시하는 자들에게 이 비유로 말씀하시되 두 사람이 기도하러 성전에 올라가니 하나는 바리새인이요 하나는 세리라 바리새인은 서서 따로 기도하여 이르되 하나님이여 나

는 다른 사람들 곧 토색, 불의, 간음을 하는 자들과 같지 아니하고 이 세리와도 같지 아니함을 감사하나이다 나는 이레에 두 번씩 금식하고 또 소득의 십일조를 드리나이다 하고 세리는 멀리 서서 감히 눈을 들어 하늘을 쳐다보지도 못하고 다만 가슴을 치며 이르되 하나님이여 불쌍히 여기소서 나는 죄인이로소이다 하였느니라 내가 너희에게 이르노니 이에 저 바리새인이 아니고 이 사람이 의롭다 하심을 받고 그의 집으로 내려갔느니라 무릇 자기를 높이는 자는 낮아지고 자기를 낮추는 자는 높아지리라 하시니라.

세리는 우리 모두가 기도할 때마다 입에 올려야 할 기도를 했다. 세리가 부르짖어 구한 자비는 우리 각 사람에게 끊임없이 필요한 자비다. 기도를 내가 원하고 내게 필요하다 여겨지는 생필품 목록 정도로 격하시킨다면 이는 기도를 비천하게 만드는 것일 뿐만 아니라 내 기도의 대상이신 분께서 나와 내 기도가 받아들여질 수 있도록 하려고 치르신 사랑의 희생의 가치를 떨어뜨리는 행위이기도 하다. 참된 기도의 핵심은 수직적 차원의 고백이지 수평적 차원의 욕구가 아니다.

바리새인의 기도는 전혀 기도가 아니었다. 기본적으로 바리새인은 하늘을 향해 고개를 들고 이렇게 말했다. "여기 제가 있습니다, 하나님. 저는 의로울 만큼 의롭고, 그래서 지금은 사실 당신의 도움이 필요 없습니다." 저기 멀지 않은 곳에 서 있는 저속한 세리와 다름없이 자신도 죄인이요 딱한 처지일 수 있다는 생각만으로도 바리새인은 불쾌해졌다. 자기 의가 기도와 충돌하면, 기도는 신앙 낭독문, 곧 스스로를 은혜 졸업생이라 여기는 자의 입에서 나오는 공허한 낭독문이 되어 버린다. 빈궁하고 연약한 상태 그대로 예수님께 달려가라, 그리고 예수님은 그런 나를 절대 불쾌히 여기지 않고 은혜의 품 안으로 늘 반갑게 맞아 주신다는 사실을 알라.

더 깊이 묵상하고 격려를 얻으려면 야고보서 5장 13-16절을 읽으라.

~

13 너희 중에 고난 당하는 자가 있느냐 그는 기도할 것이요 즐거워하는 자가 있느냐 그는 찬송할지니라 14 너희 중에 병든 자가 있느냐 그는 교회의 장로들을 청할 것이요 그들은 주의 이름으로 기름을 바르며 그를 위하여 기도할지니라 15 믿음의 기도는 병든 자를 구원하리니 주께서 그를 일으키시리라 혹시 죄를 범하였을지라도 사하심을 받으리라 16 그러므로 너희 죄를 서로 고백하며 병이 낫기를 위하여 서로 기도하라 의인의 간구는 역사하는 힘이 큼이니라 / **약 5:13-16**

사명선언문

너희가 흠이 없고 순전하여……세상에서 그들 가운데 빛들로
나타내며 생명의 말씀을 밝혀 _ 빌 2:15-16

1. 생명을 담겠습니다
만드는 책에 주님 주신 생명을 담겠습니다.
그 책으로 복음을 선포하겠습니다.

2. 말씀을 밝히겠습니다
생명의 근본은 말씀입니다.
말씀을 밝혀 성도와 교회의 성장을 돕겠습니다.

3. 빛이 되겠습니다
시대와 영혼의 어두움을 밝혀 주님 앞으로 이끄는
빛이 되는 책을 만들겠습니다.

4. 순전히 행하겠습니다
책을 만들고 전하는 일과 경영하는 일에 부끄러움이 없는
정직함으로 행하겠습니다.

5. 끝까지 전파하겠습니다
모든 사람에게, 땅 끝까지, 주님 오시는 그날까지
복음을 전하는 사명을 다하겠습니다.

서점 안내

광화문점 서울시 종로구 새문안로 69 구세군회관 1층
02)737-2288 / 02)737-4623(F)

강남점 서울시 서초구 신반포로 177 반포쇼핑타운 3동 2층
02)595-1211 / 02)595-3549(F)

구로점 서울시 동작구 시흥대로 602, 3층 302호
02)858-8744 / 02)838-0653(F)

노원점 서울시 노원구 동일로 1366 삼봉빌딩 지하 1층
02)938-7979 / 02)3391-6169(F)

분당점 경기도 성남시 분당구 황새울로 315 대현빌딩 3층
031)707-5566 / 031)707-4999(F)

일산점 경기도 고양시 일산서구 중앙로 1391 레이크타운 지하 1층
031)916-8787 / 031)916-8788(F)

의정부점 경기도 의정부시 청사로47번길 12 성산타워 3층
031)845-0600 / 031)852-6930(F)

인터넷서점 www.lifebook.co.kr